中国城乡规划·建筑学·园林景观博士文库

转型期城市公共服务设施供给模式——以广州为例

[教育部人文社会科学青年基金“转型期城市公共服务的社会剥夺特征、形成机制与公平建构研究(11YJC840011)”资助]

著者　高军波
导师　周春山
学科　人文地理
学校　中山大学

东南大学出版社
SOUTHEAST UNIVERSITY PRESS
·南京·

内容提要

城市公共服务设施的供给及空间分布事关城市居民生活质量和社会公平。社会经济体制综合转型改变了供给模式的主体结构及相应的制度设计，使转型期中国城市公共服务设施供给作为一种社会矛盾的焦点凸显出来。本书通过构建城市公共服务设施供给模式研究框架，以广州为例，在广泛调查和典型案例分析基础上，实证研究了转型期城市公共服务设施分布的现状格局、空间规律，以及供给模式变化、特征及演进机制，并基于新公共服务理论，重构转型期城市公共服务设施供给模式，促进公平有效供给。

本书可供城乡规划、城市社会学、城市地理学、城市建设及城市管理等领域的研究人员和高等院校城市规划相关专业师生阅读参考。

图书在版编目(CIP)数据

转型期城市公共服务设施供给模式：以广州为例/
高军波著. —南京：东南大学出版社，2013.9
（中国城乡规划・建筑学・园林景观博士文库/赵和生主编）
ISBN 978-7-5641-4558-3

Ⅰ.①转… Ⅱ.①高… Ⅲ.①城市—社会服务—服务
设施—供给—研究—广州市 Ⅳ.①D669.3

中国版本图书馆 CIP 数据核字(2013)第 226180 号

书　　名：转型期城市公共服务设施供给模式：以广州为例
著　　者：高军波
责任编辑：徐步政　　　　编辑邮箱：xubzh@seu.edu.cn
文字编辑：葛　虹

出版发行：东南大学出版社
社　　址：南京市四牌楼 2 号　　　邮　　编：210096
网　　址：http://www.seupress.com
出 版 人：江建中

印　　刷：江苏兴化印刷有限责任公司
排　　版：南京新洲制版有限公司
开　　本：700mm×1000mm　1/16　　印张：17.25　　字数：296 千
版　　次：2013 年 9 月第 1 版　　2013 年 9 月第 1 次印刷
书　　号：ISBN 978-7-5641-4558-3
定　　价：49.00 元

经　　销：全国各地新华书店
发行热线：025-83790519　83791830

主编的话

回顾我国20年来的发展历程,随着改革开放基本国策的全面实施,我国的经济、社会发展取得了令世人瞩目的巨大成就,就现代化进程中的城市化而言,20世纪末我国的城市化水平达到了31%。可以预见,随着我国现代化进程的推进,在21世纪我国城市化进程将进入一个快速发展的阶段。由于我国城市化的背景大大不同于发达国家工业化初期的发展状况,所以,我国的城市化历程将具有典型的"中国特色",即:在经历了漫长的农业化过程而尚未开始真正意义上的工业化之前,我们便面对信息化时代的强劲冲击。因此,我国城市化将面临劳动力的大规模转移和第一、二、三产业同步发展、全面现代化的艰巨任务。所有这一切又都基于如下的背景:我国社会主义市场经济体制有待于进一步完善与健全;全球经济文化一体化带来了巨大冲击;脆弱的生态环境体系与社会经济发展的需要存在着巨大矛盾……无疑,我们面临着严峻的挑战。

在这一宏大的背景之下,我国的城镇体系、城市结构、空间形态、建筑风格等我们赖以生存的生态及物质环境正悄然地发生着重大改变,这一切将随着城市化进程的加快而得到进一步强化并持续下去。当今城市发展的现状与趋势呼唤新思维、新理论、新方法,我们必须在更高的层面上,以更为广阔的视角去认真而理性地研究与城市发展相关的理论及其技术,并以此来指导我国的城市化进程。

在今天,我们所要做的就是为城市化进程和现代化事业集聚起一支高质量的学术理论队伍,并把他们最新、最好的研究成果展示给社会。由东南大学出版社策划的《中国城市规划·建筑学·园林景观》博士文库,就是在这一思考的基础上编辑出版的,该博士文库收录了城市规划、建筑学、园林景观及其相关专业的博士学位论文。鼓励在读博士立足当今中国城市发展的前沿,借鉴发达国家的理论与经验,以理性的思维研究中国当今城市发展问题,为中国城市规划及其相关领域的研究和实践工作提供理论基础。该博士文库的收录标准是:观念创新和理论创新,鼓励理论研究贴近现实热点问题。

作为博士文库的最先阅读者,我怀着钦佩的心情阅读每一本论文,从字里行间我能够读出著者写作的艰辛和锲而不舍的毅力,导师深厚的学术修养和高屋建瓴的战略眼光，不同专业、不同学校严谨治学的风格和精神。当把这一本本充满智慧的论文奉献给读者时，我真挚地希望每一位读者在阅读时能迸发出新的思想火花，热切关注当代中国城市的发展问题。

可以预期，经过一段时间的“引爆”与“集聚”，这套丛书将以愈加开阔多元的理论视角、更为丰富扎实的理论积淀、更为深厚真切的人文关怀而越来越清晰地存留于世人的视野之中。

赵和生

序言

20 世纪 80 年代以来，伴随着经济社会体制的综合转型，中国在政治、经济、社会等领域都发生了急剧变革，从根本上改变着城市发展及空间演进的动力基础，为国内外关注中国城市发展的学者开辟了一个鲜活的研究领域。目前中国城市发展正经历着由单纯注重物质、经济空间建设到重视“以人为本”的发展方式转变，提升生活品质和社会公平成为城市社会地理研究学者和规划师新的工作目标和职责。社会经济变革及其带来的城市转型一直是我关注的领域，高军波是 2007 年入学的，也是我独立指导的第一届博士生。综合多方面考虑，指定他以“转型时期公共服务设施供给”这个方向为他的博士论文选题，在中山大学城市与区域规划系多位教授的指导下，高军波最终完成了他的博士论文“转型期中国城市公共服务设施供给模式及形成机制研究——以广州为例”。以此为基础的学术专著《转型期城市公共服务设施供给模式——以广州为例》，系统研究了转型期中国城市公共服务设施供给的主体结构、运行设计、形成机制及模式重构，成果对丰富转型时期“非经济层面”社会问题研究及促进城市公共资源的公平合理配置具有重要的学术价值和实践意义。

本书以城市公共服务设施供给模式为主题，构建基于供给主体结构和运行机制设计两个子系统的研究框架，重视多视角结合、多学科交叉，对转型期广州城市公共服务设施供给模式进行了全面、系统的研究：一是通过对史志资料的解析，从单一的供给主体，垄断的供给决策、生产提供和监督过程等方面，明晰了计划经济时期的城市公共服务设施供给模式，以及供给效率、效益低下和空间布局机械均衡的配置特征；二是通过宏微观视角的案例研究，基于多元化的供给主体结构和多样化的供给决策，生产、提供垂直分离及开放式全方位监督机制特征，构建了转型期政府主导、市场主导和社会主导三种主类供给模式及政府委托市场、政府委托社会及政府规制下市场主导的三种亚类模式，并认为政府—市场—社会合作联动是协调多供给主体利益的理想模式；三是基于问卷调查数据及 GIS 空间分析技术，实证研究了广州城市公共服务设施空间分布不均衡及社会分异特征，公共服务设施空间分布“人的不公平”和“地的不公平”同时并存，与计划经济时期相对均衡的空间布局截然不同，它体现了城市公共服务设施供给模式转型的显著负面效应;四是转型期城市公共服务设施供给模式是政府制度与政策的结构性制约与市场企业组织、社会非营利组织及公众的主体能动性之间互动、冲突及博弈的结果,体现出结构与能动性特征;五是基于新公共服务理论,构建公众需求导向的政府主导嵌入式网络化城市公共服务设施供给模式,能有效协调多方参与主体的利益定位和实现机制,促进转型期城市公共服务设施公平有效供给。

本书是作者在大量的社会调查和案例解析基础上完成的。在研究的过程中,作者依托研究课题对广州中心城区 116 个街镇的 1‰人口进行了问卷调查,收回有效问卷 3 594 份,并通过访谈收集了大量直观感性信息;另外以花都区的教育设施、越秀区的医疗设施及番禺区的垃圾焚烧发电厂选址为案例,分别进行了系统深入的调查、访谈和资料收集,这些扎实的田野调查工作是本研究顺利完成的基础,尤其是这种踏踏实实做研究的态度更是难能可贵。

本书是我主持的国家自然基金项目阶段性成果,是作者经过三年持续的思考、探索及倾心研究而完成的。作为作者的博士生导师,我对其所取得的学术成绩感到高兴,也乐于为该书作序,以资鼓励。当然,作者虽然已经尽最大的努力,书中仍难免有一些不足和有待商榷的问题,尤其是在理论提炼方面有待于在今后的研究中进一步深化。在三年的博士学习期间,高军波博士勤于思考,勇于探索,其刻苦钻研品格,给我留下了深刻的印象,我希望他在未来的漫长科研道路上继续前行,在未来的人生征程中越来越精彩。

2013 年 9 月 10 日

前言

城市公共服务设施是城市社会性服务业的依托载体,其供给及空间分布事关城市居民生活质量和社会公平,是战后西方国家城市科学相关研究中的一个重要领域。城市公共服务设施供给模式与社会经济发展背景紧密相关,社会经济体制综合转型改变了供给模式的主体结构及相应的制度设计,使转型期以来中国城市公共服务设施供给模式表现出与计划经济时代截然不同的特征和问题,甚至会作为社会矛盾的焦点凸显出来。国内直接以公共服务设施为主题的研究较少,相关研究集中在设施规划、融资及空间布局评价等方面,零散地见诸于相关文献,而社会经济体制转型背景下涉及供给主体结构及运行机制制度安排的综合供给模式演变研究仍未系统展开。因此有必要借鉴国外相关理论视角开展我国城市公共服务设施供给模式转型研究,丰富转型时期"非经济层面"社会问题理论研究。

本书选择居于我国社会经济体制改革和发展前沿的广州为研究对象,采用宏观和微观、定量与定性相结合的研究方法,综合运用 GIS 空间分析、社会调查、事件史分析等多种研究手段,对广州城市公共服务设施空间分布现状格局、供给模式变化、特征及演进机制进行实证研究。文章首先讨论城市公共服务设施内涵及本文研究对象界定,对国内外相关研究进行综述,并提出研究思路和研究框架;其次基于从计划到市场的演进路径,分别探讨转型前后广州城市公共服务设施供给特征及供给模式,然后结合案例重在分析转型期以来广州城市公共服务设施供给模式变化及形成机制,最后论文基于新公共服务理论重构转型期城市公共服务设施供给模式,并总结论文的研究创新和不足,提出进一步研究方向。

研究结果表明:(1) 基于计划经济时期高度集中的社会经济体制和整体化社会结构,城市公共服务设施供给主体单一,政府垄断供给决策、生产提供和监督全过程。城市公共服务设施供给模式单一,供给过程效率低下,服务效益不高,空间分布机械化均衡特征显著。(2) 社会经济体制的综合转型改变公共服务设施供给主体结构及相应制度设计,政府公共组织、市场企业组织及社会非营利组织和公众,作为独立利益主体参与城市公共服务设施供给。利益定位和实现机制的差异,重构了传统供给模式的制度设计,形成了基于差异化利益定位的供给决策机制、决策与生产垂直分离的提供机制和开放式供给的全方位监督机制;多元化参与主体促成了多样化的供给模式,形成了政府主导(G—G)、市场主导(M—M)和社会主导(S—S)三种主类供给模式及政府委托市场(G—M)和政府委托社会(G—S)及政府规制下市场主导(M—G)的三种亚类模式。政府—市场—社会(G—M—S)合作联动模式理论上是协调三方利益的最佳机制,是转型期城市公共服务设施供给重构的理想模式。(3) 基于GIS空间分析和社会分异评估,发现广州城市公共服务设施空间分布不均衡,不同阶层居民所拥有的公共服务设施使用机会及不同类型社区所具备的公共服务设施配套都存在显著空间差异,城市公共服务设施供给过程中"人的不公平"和"地的不公平"同时存在,社会分异特征显著,与计划经济时期相对均衡的空间布局截然不同,由此表明供给模式变革是转型期广州城市公共服务设施不公平空间分布格局形成的根本原因。(4) 转型期城市公共服务设施供给模式形成体现了结构能动性互动机制,是政府制度与政策的结构性制约与市场企业组织、社会非营利组织及公众的主体能动性在公共服务设施供给过程互动、冲突及博弈的结果,其本质就是不同参与主体的利益冲突和利益协调的过程,体现了结构与能动性的互动特征。(5) 城市公共服务设施供给模式转型存在显著的负面效应。供给模式转型丰富服务设施供给类型,提高供给效率和服务效益;但也存在显著负面效应,主要体现在政府与市场主导城市公共服务设施供给,公众诉求难以有效表达;公权与资本相结合使城市公共服务设施供给与需求相脱节,市场机制引入加剧其空间分布不公平;基础性公共服务设施供给中的政府投资不足;供给模式决策机制中的公众参与制度设计不合理及供给过程缺乏有效监督等。(6) 基于新公共服务理论,构建公众需求导向的政府主导嵌入式网络化城市公共服务设施供给模式,协调多方参与主体的利益定位和实现机制,促进转型期城市公共服务设施公平有效供给。

本文的主要创新点有:(1) 将城市公共服务设施作为单独研究对象,构建供给模式的系统研究框架,丰富转型期"非经济层面"社会问题理论研究。(2) 注重过程研究。基于不同供给主体利益协调机制变革分析,重在探讨供给模式演进过程中相关利益主体功能——角色转型及作用机制。(3) 基于新公共服务理论重构转型期城市公共服务设施供给模式。

高军波

目录

1 绪论

1.1 研究背景和意义

1.1.1 研究背景

1) 理论背景

(1) 城市社会空间的极化生产:对转型期社会公共资源供给模式的反思

城市中不同社会群体间的大部分冲突都可以视为对城市正外部性追逐和对负外部性拒绝的综合体现(诺克斯,平齐,2005)。城市公共服务设施大多具有强烈正外部效应和不可移动特点。各种公共服务设施的外部性相互叠加,最终形成不同阶层社会群体在居住区位选择中竞争和冲突的根源,即对正外部性资源("友好型服务设施")尽可能的追求和对负外部性资源("厌恶型服务设施")尽可能的拒绝。转型期城市公共服务设施供给模式变革,使供给主体结构及运行机制体现出了与计划经济时代截然不同的特征。基于市场化和社会化改革,企业营利组织和社会非营利组织承接政府释放的部分公共服务供给职能,而传统利益格局分化进一步驱动不同参与主体的利益定位和利益实现机制差异化,使传统供给模式面临重构。在市场机制作用下,出于社会需求的复杂性和供给主体自身利益追求考虑,城市公共资源和公共投资空间分布会因不同阶层社会群体的聚集而集中在特定地域空间。通常那些拥有较高社会地位、财富或权力的强势群体占据最有利的优势区位和资源,导致在社会与空间的相互生产作用中公共资源布局的社会分化被不断延续和加剧。

(2) "非经济层面"社会问题关注:公共服务型政府构建的必然要求

当前,"以人为本"的科学发展观与"和谐社会"发展目标的提出,是对发展中的社会形势进行自觉应变和对发展目标的主动提升,是逐步从以经济建设为中心的非均衡发展向促进经济社会全面协调可持续发展的重大战略转型,其发展目标是构建公共服务型政府。

经过 30 年的发展,我国改革开放发展进入关键时期,改革的核心就是社会利益格局的调整。在公共服务设施供给上,政府公共部门、市场营利组织及社会非营利组织成为具有独立利益定位的参与主体。在市场化和社会化背景下,政府陆续将传统经济条件下的一些公共服务供给责任逐步分权给市场和社会。但实践证明,面对我国公民自主能力仍不完善的社会,市场机制本身的逐利特性难以保证城市公共资源的有效、公平供给,政府主导仍不失一种公平有效的供给机制(刘佳燕,2009)。国家在十二五规划展望中强调政府支出环节的调整,增加公共物品的实物转移和供给(新华网,2009)。这些基于"非经济层面"社会问题关注是政府职能转型重要标志,通过强化政府公共服务职能,建设公共服务型政府。

2) 实践背景

(1) 城市公共服务设施供需矛盾要求完善其供给模式

计划经济条件下城市公共服务供给数量不足、效率低下和结构失衡的矛盾,与公共服务供给决策机制的强制性、公共需求表达机制的欠缺和公共服务供给运行机制的单一性有着莫大关系[中国(海南)改革发展研究院,2006]。转型期以来,政府基于新公共管理理论,推进公共服务供给的市场化改革,确立了城市经营的管理体制。城市经营模式创新性地重塑了传统公共服务供给模式,提高了公共服务供给效率。但同时也产生一系列问题:首先,强调竞争、以对待消费者一样为城市居民提供公共服务,会造成对城市弱势群体利益的忽视和权利的不尊重,弱势群体会因为购买力的欠缺而不能像其他居民一样自由表达意见和享受服务,公共服务供给公平被损害。其次,城市公共服务设施供给与需求脱节。基于城市公共服务设施经济属性的差异,市场获利能力不同,一方面公益性设施在配套过程中备受"冷落",而赢利性设施的供给备受"追捧";另一方面,城市公共服务设施的配置标准僵化,缺少公众参与,居民意愿反映程度较低,导致服务设施供给与需求相脱节,是一些城市公共服务设施闲置的重要原因。因此,基于城市居民需求意愿重构供给模式是公共服务设施供给改革的重要出路,也是公共服务型政府建设的应有之意。

(2) 转型时期社会结构分化带来的挑战

2003 年,我国人均 GDP 突破 1 000 美元,意味着进入社会发展的高风险阶段,其根源在于传统的社会等级秩序和利益分配机制随着市场经济秩序的建立逐步不复存在,而新的协调机制尚不完善,出现社会结构紧张甚至断裂、失衡的现象(孙立平,2004)。因此,通过城市公共资源的供给协调已经失衡的社会利益关系具有极其重要的意义。

我国目前公共服务供给相对需求而言还不相适应,不但表现在供给规模的不足,还包括品质和空间配置上的结构性短缺。因此,公共需求的全面快速增长同公共性产品供给的严重不足被认为是我国当前最主要的社会矛盾(高尚全,2006)。公共产品供给的规模不足及结构性短缺主要源自社会经济转型背景下社会结构的分化和供给机制的重构:首先,随着社会经济水平的提高,城市居民社会需求从基本生存资料更多地转向发展资料和享受资料,从而对公共产品供给在质和量上都提出了更高和更多元的要求(刘佳燕,2009);其次,转型期以来,中国社会人口结构和阶层结构出现重大变化,具有不同社会属性、文化背景或利益关系特征的群体逐步出现。基于差异化的竞争能力,不同社会群体对有限的城市资源形成不同获取能力和满意程度。第三,转型期以来,我国城市公共资源的供给主体和供给机制逐步多元化,传统供给模式面临重构。在市场化力量驱动下,城市公共产品的供给效率得到提高,但加剧了社会结构分化背景下的城市公共资源供给及配置的不公平水平。

(3) 城市规划公共政策属性的回归关注不同社会群体的利益协调

转型期以来,我国的城市规划也经历了从“纯粹物质工程设计的技术工具”转向“独立的行政职能”,进而向“综合空间政策”演进的过程,呈现从单纯的技术规范转向公共政策的趋势,是我国城市规划最具革命性的改革。城市规划转向公共政策,构建和完善与公共政策相适应的城市规划体制,需要重点关注城市公共资源的提供以及协调城市各利益群体关系,保障城市公共利益,重点完善公众参与机制,真正体现城市规划作为公共政策的透明度和参与性,维护公众利益。

改革开放以来,我国城市化水平以年均超过一个百分点的速度发展,城市在整个国民经济、社会及治理中的地位愈发重要。在此背景下,随着政府职能从经济建设主导向公共服务主导转化,城市规划更加关注如何为城市居民提供公共服务设施,并保证城市公共资源有效供给及合理分布。在城市公共服务设施供给上,其价值导向运行机制面临调整。因此城市公共服务设施供给模式的完善是城市规划公共政策职能回归的必然要求。

1.1.2 研究意义

1) 理论意义

(1) 丰富转型期“非经济层面”社会问题理论研究

在传统供给模式下,城市公共服务设施历来被认为是政府分内事,社会公众被定位为服务设施的消费者和供给过程的“局外人”,没有参与供给决策及运行监督的权力。政府垄断城市公共服务设施的供给过程,而服务设施的消费者和直接利益相关主体，利益诉求难以得到有效表达。在社会经济体制转型期，随着市场化和社会化改革的深入及公民社会的逐步发育，城市政府的职能也将逐步从经济建设转向公共服务供给，其目标是要构建服务型政府。城市公共服务供给主体结构由政府、企业、非营利组织及公民多主体联合，因此基于新公共服务理论构建公众需求导向的城市公共服务设施供给模式，实现公共服务设施供给模式中主体多元化、形式多样化和过程协商化，重在探讨政府、市场、社会的利益关系及利益整合。这种以城市公共服务设施供给问题为导向，探讨转型期城市公共服务设施供给模式演进及特征，不同于现有以经济发展为主的研究，一定程度上丰富了转型期“非经济层面”社会问题研究。

(2) 基于城市地理学视角的转型期社会公共资源公平有效供给研究

城市公共服务设施是重要的社会公共资源，因为具有显著的正外部效应及不可移动性的空间分布特征，导致其供给及空间分布事关城市居民社会福利和社会公平。西方城市地理学研究表明，城市公共服务设施空间分布具有“隐性收入增加体(Hidden Multipliers of Incomes)”及“基本收入再分配机制(Fundamentally Redistributive Mechanisms)”功能，是引导不同阶层社会群体空间竞争的重要社会公共资源。往往是最有权力、地位及学识的人拥有最佳区位，能够实现公共资源正外部性最大化，而弱势群体的资源使用机会获取则需要付出更多社会成本，导致公共资源空间分布“反比例法则(Inverse-Care Iaw)”特征突出。同样，转型期以来，我国社会结构阶层分化，在市场机制作用下，不同阶层社会公众拥有的公共服务设施资源使用机会不同，弱势群体的公共资源使用机会和利益诉求难以得到有效尊重和表达，甚至会作为社会矛盾的焦点表现出来，与计划经济时期社会资源分配存在显著不同，其根源在于社会公共资源的供给模式变革。由于市场机制作用及协调制度设计缺失，以及多元参与主体的不同利益定位和实现机制差异，引导公共资源空间布局的社会分异。因此基于城市地理视角的城市公共服务设施供给模式研究有助于实现社会公共资源的合理有效供给。

2) 实践意义

(1) 有利于城市公共服务设施供需矛盾解决

随着城市化水平及城市居民生活水平的不断提高，城市常住人口规模和公共服务需求快速增长，给现有的城市公共服务供给体系带来巨大压力，不但表现在总体供给规模上的不足，更表现为品质的下降和空间布局上的结构性矛盾。因此，公共服务需求的快速增长同公共性产品供给的严重不足被认为是我国当前最主要的社会矛盾,这种矛盾在城市社会表现最为明显。公共服务供给规模的总体不足原因在政府仍以经济增长而不是以公共服务供给为主导职能;而公共服务供给结构性矛盾的原因在于供给模式缺陷,仍停留在“以供定需、统一供给”的传统城市管制供给阶段,对不同社会群体的差异化公共服务需求考虑不足,所以政府垄断的供给模式是公共服务供给结构性矛盾的根源。

探讨转型期以来城市公共服务设施供给模式特征及演进机制,对协调政府、企业、非营利组织及公众的利益需求,促进多利益相关主体在平等基础上进行参与、沟通、协商和合作,保障公众利益诉求的充分表达和尊重具有重要意义。以公众需求为导向,构建合理有效的城市公共服务设施供给模式,有利于促进政府职能的转型和城市公共服务设施供需矛盾的解决。

(2) 有利于推进城市公共服务设施供给过程中政府角色的转变

公共行政管理学认为政府行政范式共分为三类,即统治型政府、建设型政府及服务型政府。与此相对应,存在城市管制、城市经营和城市治理三类城市管理模式,而政府在三种政府范式和城市管理模式中都扮演不同的角色。基于传统公共行政理论的统治型政府中,政府的角色是全能的政治统治者。在城市管制模式下,政府负责所有城市公共物品和服务的供给,包括公共物品和私人物品;建设型政府范式的理论基础是新公共管理理论,强调在公共部门引入私人部门的管理理念和管理技术,推行城市经营管理模式,提高城市竞争力。在公共设施供给实践中,政府与市场合作,提高城市公共服务的供给效率,但却导致公平的流失和社会分化。而基于新公共服务理论的服务型政府,强调政府的职能从经济建设主导转变为以公共服务供给为主,推行城市治理的城市管理模式。在城市公共服务设施供给过程中,以公众需求为导向,在平等基础上参与、沟通、协商和合作,从而实现公共服务设施的公平、有效供给。在城市治理模式下,城市政府的角色也从城市管制模式管制者转变为多利益主体的引导者和协调者,城市政府角色和政府职能的转变也是公共服务型政府构建的必然要求。

(3) 为公共服务型政府构建寻找实践切入点

建设公共服务型政府是现阶段我国政府行政体制改革的基本目标。公共服务型政府的起点在于对公民权利的尊重和保护,要以公众公共服务需求为导向,在功能上转变为城市公共服务的提供者。在城市经营模式下,城市政府是一个准市场主体,甚至成为一个“超级企业”(张京祥,罗震东,2009),在经济、政治利益驱动下,政府投资和城市管理重点在于追求城市经济效率。公共投资主要集中在获利能力较强的"经济型基础设施",而公共服务设施,因其获利能力稍弱而不被重视,结果是城市公众的公共服务需求和公共利益仍得不到切实尊重和满足。目前城市公共服务设施供给过程中的矛盾就是这种现象的体现,其根源在于公共服务设施供给模式中的政府处于市场垄断地位,而公众需求得不到合理有效的表达和尊重。因此基于新公共服务理论重构转型期城市公共服务设施供给模式,强调政府、非营利组织及公众、企业在服务设施供给过程中的多元参与,保障各方的参与权力和利益诉求表达机制,有助于转型期城市政府职能定位的转型和政府与其他相关利益主体的关系协调,推动公共服务型政府的构建。

1.2 研究综述

1.2.1 核心概念

1) 城市公共服务设施

(1) 国外城市公共服务设施内涵和分类

维基百科(Wiki Pediaencyclopedia)认为,"Public Services"是指由政府直接或间接为其公民提供的服务;公共服务具有公共物品属性(消费的非排他性和非竞争性),但绝大多数是绩效产品,可以通过市场供给。目前西方国家公共服务(Public Services)所包含的内容有教育、健康服务、公共信息和档案(图书馆)、垃圾收集处理、供电、供气、消防、警察及军队、公共交通、公共住房、邮电通讯、城镇规划及其他社会服务(维基百科,2009)。

在国外相关研究中,城市公共服务(Urban Public Services)和城市公共设施(Urban Public Facilities)意义基本相同,均指由政府直接或间接为其公众提供并为所有人共享的服务和设施(Jarir. S, Dajani, 1973)。Lineberry等将城市公共服务设施分为两类:一类是城市生活必需设施,包括交通设施、给排水、警察及安保设施;另一类是提高城市居民舒适及发展水平的设施,包括图书馆、公园绿地、医疗保健、休闲娱乐及垃圾收集等设施(Lineberry. R. L, R. E. Welch, 1974)。Ennis将城市公共设施进一步明确为"硬"和"软"两类,前者包括交通、给排水、通讯、电力等基础设施网络;后者是指学校、医院、社区中心及商业服务等城市公共设施(Ennis. F, 2003)。其他学者也基于不同视角讨论了城市公共设施类型(表1-1)。

表 1-1 国外城市公共服务设施类型

作者	公共服务设施表述	公共服务设施类型
Bryan D. Jones Kaufman(1974)	Urban Public Services	分为两类类型:一种是通过流动性直接为家庭和社区服务,包括垃圾收集、建筑督查、安全巡逻及消防设施;第二种就是依托固定服务设施,居民必须出行才能享受服务,包括图书馆、医院及学校等
Lineberry Welch (1974)	Urban Service/ Services	公园、娱乐设施、图书馆、路灯、警察局、消防设施、交通、供水、卫生设施、垃圾收集处理等
E. S. Savas (1978)	Urban Public Services	是指由联邦、州和地方政府为所有人提供的日常服务。主要包括教育、警察和消防保护、医疗服务、社会服务、邮电、交通、道路建设、街道清理、除雪除冰、交通控制、供水,废水收集处理、固体垃圾收集处理、娱乐设施、图书馆和公园
Kenneth J. etal(1991)	Urban Facilities	警局、消防设施、公共住房、环境控制、垃圾收集、学校、医院、公共服务中心、公园及娱乐设施
Alex C. Michalos Bruno D. (1999)	Urban Public Services	图书馆、学校、医院、公园、(老年人、青少年)娱乐设施、体育设施、给排水、垃圾收集处理、影剧院、艺术馆、消防设施、安保设施、土地利用规划、动物保护
Rhys Andrews (2007)	Urban Public Service	健康设施、地方行政设施、教育设施、社会服务设施、消防设施、安保(警察)设施、监狱、垃圾收集处理

总体上看,基于城市公共服务设施空间布点特征,可以将其分为三类:① 定点服务设施,如教育、医疗、文体和商业服务设施等。② 网络服务设施,如供水、污水、电力、街道等。③ 流动服务设施,如安全巡逻、消防及街道环卫站等。其中定点服务设施空间分布事关城市公共资源配置公平,是国内外相关研究重点。

(2) 国内城市公共服务设施内涵

在国内,城市基础设施是指为城市社会生产和居民生活提供公共服务的物质工程设施,是保证城市社会经济活动正常进行的公共服务系统,包括市政性(工程性)基础设施和社会性基础设施两种类型(李德华,2001),或分为社会性基础设施和技术性基础设施两类,是发挥社会经济各部门各种功能必不可少的基本条件(黄建中,赖寿华,2002)。如图 1-1 所示,狭义上的城市基础设施多指工程性基础设施，广义上的城市基础设施是工程性基础设施和社会性基础设施的总和（刘佳燕，陈振华，2006）。社会性基础设施在基础属性和建设模式上都与市政性基础设施有着截然不同的特点（表 1-2），正是这些特点，影响其供给模式及演变机制，更与广泛的社会公平内涵紧密相连。

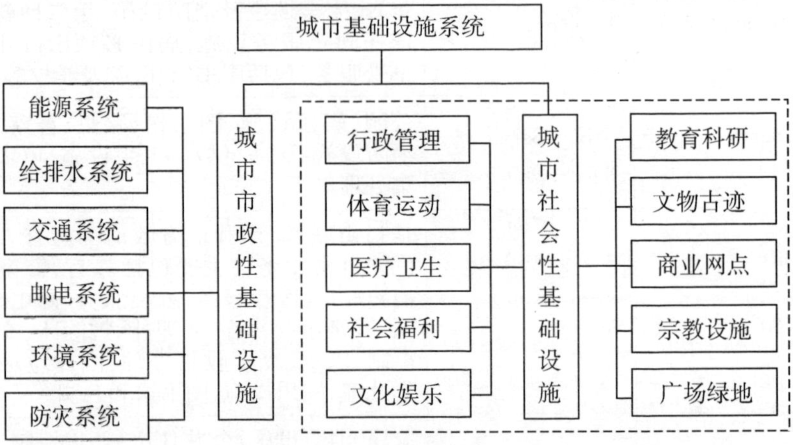

图 1-1　城市基础设施分类

表 1-2　市政性基础设施与社会性基础设施的特点比较

类型		市政性基础设施	社会性基础设施
基本属性特点	产品形态	有形的公共物品	无形的公共服务
	服务功能	生活必需设施	集体消费和社会再生产，关系基本生活质量
	价值体现	土地的交换价值	土地的使用价值
	效益	显著的短期效益——必须性和迫切性	长期效益——相对的间接和滞后性
	需求	需求同质、注重标准化	强调需求的满足和差异性
建设模式特点	供给主体	供给很大程度上受到更高级别政府和资本影响	由于公益性特点，较难吸引市场投入，主要依靠地方政府提供
	布局形态	网络布局	点状分布
	内部关联性	网络内部相互之间的共生关系	独立布局和提供服务，甚至相互之间存在竞争关系
	规划和开发管理	普遍较为系统和规范	容易被忽视，规范和管理系统性都较为滞后

在《城市居住区规划设计规范》(GB 50180-02)中,公共服务设施(俗称“公建配套”)类型与社会性基础设施类型基本一致。2005 年 3 月,广州公布了《广州市居住区公共服务设施建设标准》,将公共服务设施归并为六类,分别为教育设施、医疗卫生设施、文化体育设施、社区服务与行政管理、邮政及市政公用设施及商业服务设施,概念内涵基本为城市社会性基础设施范围。因此本文认为城市公共服务设施是指由政府直接或间接为城市居民社会生活服务的社会性设施,是社会性服务业的依托载体。主要包括行政管理、商业服务、文化娱乐、医疗卫生、教育、体育、科研、宗教及社会福利等。

城市规划用地分类将公共设施分为“城市公共设施”和“居住区公共服务设施”两个层次,除了对于规划编制过程具有一定作用之外,并没有更为深刻的内涵和意义(邹兵,吴晓莉,2002)。因为从实际功能上看,二者只有服务范围和服务对象的差别,没有实际使用用途的不同;同样在投资模式和经营管理方式上,既可以由政府投资统一兴建,也可以通过商业运作模式兴建,两个层次区分也无法明晰其产权归属,对市场经济体制具有同样的适应性能。因此,本文认为城市公共服务设施的概念范围应该涵盖城市公共设施和居住区公共服务设施两个层次。

在空间分布上,相对于城市居民的空间连续分布状态,教育、医疗及文体等服务设施则呈“点状”分布在城市建成区,难以保证所有居民享有平等的使用机会。基于其社会性基础设施的强正向外部效应,会引发不同阶层社会群体在住房市场上竞争和冲突,并导致转型期城市公共服务设施供给的社会分异,体现了转型期政治经济体制变革和城市社会空间重构特征。

综上,本书将城市公共服务设施界定为由政府直接或间接供给,呈点状分布于城市区域并服务于社会大众的教育、医疗、文体、商业等城市社会性基础设施,包括城市公共设施和居住区公共服务设施两个层次。

2) 城市公共服务设施供给

基于奥斯特罗姆的制度分析理论,公共服务供给(Provision)和生产(Production)存在严格的区别。公共服务供给是指消费者得到产品的过程,包括服务活动的授权、资助、获取和监督;公共服务生产是指公共物品和服务得以存在的过程。提供公共产品的组织未必要直接实施生产,所以,公共服务供给和生产紧密相连但又互不相同,具有可分割性。公共服务供给是政府职能,但不意味政府必须组织公共服务生产,供给职能不等于生产职能。从世界各国公共物品和服务供给的实践出发进行抽象,其供给有三种实现机制:政府供给、市场供给及自愿供给,不同供给机制的实现方式存在差别(表 1-3)。因此,就城市公共服务设施供给而言,是指政府为了满足城市居民的社会公共服务需求而提供服务设施的过程，包括城市公共服务设施供给决策、规划设计及运营管理三个主要环节。政府具有城市公共服务设施供给主导职责，市场营利组织、社会非营利组织及公民个人在一定的制度安排下，也可成为城市公共服务设施的生产主体。

表 1-3　公共物品和服务的三种供给机制比较

机制	政府供给	市场供给	自愿供给
决策机制	集体选择	自主决策	分散决策，个人选择
使用机制	安排政府支出，用于纯公共品和准公共品	具有消费排他性，并以高于费用的水平收费于准公共物品	对象为公益事业，方式是直接捐助或通过中介机构间接捐助
筹资机制	强制规范的税收为主，使用者收费为辅	使用者收费	自愿，无偿或部分无偿
激励约束机制	政府内部监督，立法机关监督，公民监督，相邻区域政府间差异化供给，上级政府的肯定作用	内部监督，消费者、立法及执法机关监督，优惠税收政策，宽松的社会环境，公平评价体现	直接与委托监督相结合，力度大；优惠税收政策、褒奖政策，以及有效的捐助管理透明度

3）城市公共服务设施供给模式

何为模式？费孝通先生曾提出模式是指“在一定的地区、一定历史条件下，具有特色的发展的路子”，他将模式内涵等同为发展模式。周义程进一步将其模式内涵的基本特征总结为如下四个方面：① 地域性；② 历史与文化传统；③ 发展路径；④ 特色（周义程，2008）。

就城市公共服务设施供给模式而言，其组成要素包括供给主体结构和相应制度设计两个层面的内涵，其中供给主体结构就是城市公共服务设施供给过程的参与主体及多个主体之间的合作和竞争关系。不同社会经济体制下的参与主体存在显著差异，当前供给主体主要包括政府公共组织、市场企业组织、社会非营利组织及公众。而与供给主体相应的制度设计就是公共服务设施供给的运行机制，包括公共服务设施供给决策机制、生产和提供机制及监督管理机制三个基本要素。其中决策机制是城市公共服务设施供给基础，生产和提供机制是供给过程根本，提供的核心在于资金投入和计划安排，生产的核心是服务的产出，是技术性的具体操作阶段，而监督管理机制是公共服务设施供给保证（图 1-2）。整体上看，城市公共服务设施供给模式的变革受制于特定的制度政策背景和对服务设施需求的考虑。因此城市公共服务设施供给模式的演变与其说是理论逻辑范畴，不如说是个实证的、历史的范畴，由特定社会经济体制环境下的制度条件、历史背景、发展目标、社会结构所决定(刘成，2005)。综上所述，城市公共服务设施供给模式是指在特定社会经济体制背景下，由供给主体及相应制度设计所构成的公共服务设施供给体系。转型期我国社会经济体制的多重性变革，是驱动供给模式演进的动力根源。

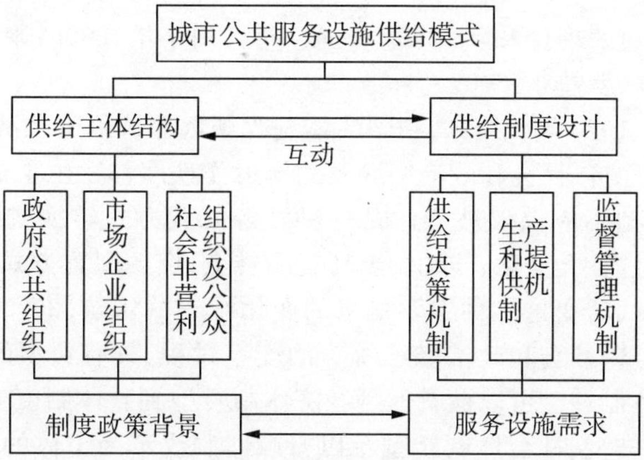

图 1-2 城市公共服务设施供给模式内涵体系

4) 转型

(1) 转型的内涵

何谓“转型”？可以从狭义和广义两个层面理解。狭义上的“转型”是指一个发生根本性变化的过程，从基于国家控制产权的社会主义集中计划经济转向自由的市场经济，是一个新制度代替旧制度的过程；广义上的“转型”强调是一个发展制度、发展环境发生明显变迁的过程(张京祥，罗震东等，2007)。因此，从广义上讲，在全球化的影响下世界上大部分国家都被纳入了发展的转型过程。

在西方发达国家，最重要的体制转型主要表现在如下三个方面：经济组织方式的全球化、生产方式由福特主义转向后福特主义及基于公民社会强化的治理方式的变化，相应的研究也主要集中体现在这些领域(侯百镇，2005)。而在发展中国家，研究的重点在于对前社会主义国家转型的研究。基于研究对象的特殊性，对于“转型”的理解更多的是指从基于国家控制产权的社会主义计划经济转向自由的市场经济，是一个新制度代替旧制度的过程(Gibbs，Jonas，2000)。国外研究对“转型”和“改革”的含义进行了严格的区分。转型是一个发生根本性变化的过程，结果是一个新的制度代替了旧的制度;而改革则是指在原有的社会制度范围内做些改进,不会发生制度的根本转变。

(2) 中国体制转型的多重性特征

中国体制转型的研究还主要集中在经济领域。一是由传统计划经济体制转向现代市场经济或称"社会主义市场经济体制";二是指由落后的农业国转向现代的工业国。因此,经济体制转型是中国转型的主要含义,且对于"转型"和"改革"也不加区分,一般都是指从传统的集权计划经济向现代的市场经济过渡的理论和实践(魏立华,卢鸣,闫小培,2006;魏立华,闫小培,2006;张京祥,罗震东,2007)。

实际上,1980 年代以来,中国的体制改革远非仅限于经济领域,30 年的改革使中国经济、社会和政治格局及总体运作秩序都发生了根本性的变化。中国体制转型不应仅仅被看作是一种资源配置方式转换或经济制度的变革,而应该是"社会文化、传统制度环境的转变,资源配置方式转变和政府权利行为方式的转变这三种主要变量的变化统一"(伍装,2005),即中国的体制转型是经济、社会和政治多维统一的变革过程,具有典型的多重性特征。因此,中国体制转型可以被看作是经济体制转型到整体制度变迁的过程,包括经济体制转型、社会体制转型及以行政体制改革为主体的政治体制转型(图 1-3),其中转型时期政府职能改革的基本目标就是建设公共服务型政府(张京祥,罗震东,等,2007)。

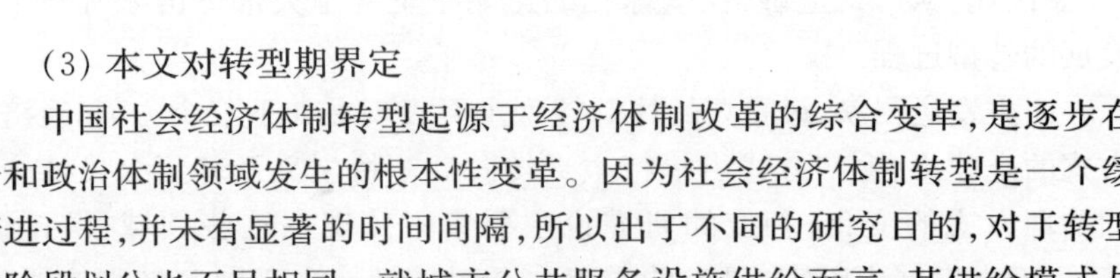

图 1-3 中国体制转型的多重性特征及演进

(3) 本文对转型期界定

中国社会经济体制转型起源于经济体制改革的综合变革,是逐步在社会和政治体制领域发生的根本性变革。因为社会经济体制转型是一个缓慢渐进过程,并未有显著的时间间隔,所以出于不同的研究目的,对于转型期的阶段划分也不尽相同。就城市公共服务设施供给而言,其供给模式与社会经济发展背景密切相关,受不同时期政府职能定位、城市管理体制、供给主体结构及服务需求复杂程度等综合因素影响。虽然在 1980 年代以后的不同时期,城市公共服务设施供给主体结构及运行机制同样存在较大区别,但大多为供给模式变化程度差异,而不是本质差别。如 1994 年的分税制改革后，地方政府具有更广泛的公共服务设施供给自主权，但与1980年代开始的行政分权效果并无根本区别，可以看作是转型期分权化改革的继续和深化。综上所述，基于城市公共服务设施供给模式的根本性区别，本文将新中国成立以来广州城市公共服务设施供给过程分为计划经济时期（转型前）和转型期（改革开放后）以来两个阶段。城市社会经济体制转型在时间上开始于1980年代初，以“明确市场经济取向的改革目标，用大规模的政策和法律推进市场经济体制建设”[①]为标志（魏立华，2005）。

（4）转型时期的经济、社会及城市治理特征

改革开放以来，我国的经济、社会及城市治理特征与计划经济时期相比发生了根本性的变革，其根源在于实现了始于经济体制改革的政治、经济和社会治理的全方位制度变迁。

在渐进的经济体制转型过程中，经历了“计划经济为主，市场调节为辅”“公有制基础上的有计划商品经济”及“社会主义市场经济”几个阶段。经济体制的转型逐步使生产、资源分配及产品消费都更多地依靠市场机制进行，受供求、价格机制及竞争机制共同约束。基于渐进的经济体制改革设计，目前我国市场机制对资源配置的基础性作用仍在逐步完善过程中，且由于相关政府规制的不健全，市场行为存在诸多不规范。在参与城市公共服务提供过程中，企业营利、追求利润最大化的本质决定在市场机制作用下，企业公共服务提供往往追求付费能力最强的公众而忽视弱付费能力的居民，产生城市公共服务配置的不公平、不公正。

社会经济体制转型深刻影响社会结构，其最重要的后果包括引起社会阶层分化、社会不平等加剧及非营利组织的迅速发展和公民社会的崛起。在改革开放前，所有城市居民工作、收入差距及身份差距都较小的特征在转型期以来被逐步改变，对城市空间结构的调整和重构具有巨大的影响作用。公民意识的回归和公民社会的发展，使非营利组织成为转型期社会治理的重要一极，它代表公众意愿，反映公众需求，是沟通政府与社会的关键桥梁，能够增强公众与政府和市场之间的谈判和博弈能力。因此，社会经济体制转型期社会结构变革对城市空间结构及城市公共资源的分配产生重要影响。广州的公民社会发展高于全国水平，但社会力量仍比较薄弱，对公众利

---

① 中国战略与管理研究会社会结构转型课题组（1998）认为，社会主义经济体制国家的改革过程分为三个阶段：一是在意识形态目标约束下的自下而上的局部性改革，称为“侵蚀阶段”，始于农村的经济体制改革，是旧有经济体制瓦解阶段，是局部性的；二是明确市场经济取向的改革目标，以大规模政策和法律推进的市场体制建设，过渡到城市，典型特征是“双轨制”，称为“转轨阶段”；三是全面社会重建，其中最重要的是结构重建、制度重建和组织重建，称为“重建阶段”。

益诉求表达及对政府公共部门城市经营行为的制约能力不足，是城市公共资源供需矛盾产生的重要原因之一。

在从计划经济向市场经济转型过程中，我国城市政府逐渐完成了从中央和上级政府分支机构向相对独立的利益主体角色的转换，城市政府在地方的经济社会管理事务的决策空间得到拓展。就其掌握的资源和承担的职能而言，城市政府正逐步演变成为具有独立利益和行为目标的"准市场主体"（张京祥，罗震东，2007）。在经济社会体制转型背景下，城市政府利益具有二重性，包括城市公共利益和作为机构的自身利益两个层次。作为公共利益的代表，城市政府的职责在于增进城市公共利益，完善公共服务供给；但基于城市政府自身利益的存在，城市政府又具有谋求自身特殊利益的需求（王佃利，2009）。由于城市经营管理体制模糊了政府自身利益和城市公共利益的区别，在转型期政府职能改革不到位及监督机制不健全的背景下，城市政府倾向于把追求自身利益作为主导性的价值取向，利用城市政府对行政、公共资源的垄断性权力，以企业管理理念和技术，或与市场营利组织结为伙伴关系，共同主导城市公共资源的供给，而忽略自身代表公众作为城市公共资源代表和监督者的角色。

1.2.2 研究综述

1）国外城市公共服务设施供给研究

（1）城市公共服务设施供给理论演进

二战以后，西方由于国家公民社会的崛起，城市公共服务的社会需求和供给范围不断扩大，进入了公共部门管理改革时代，公共服务的供给及管理方式发生了巨大变革。基于不同的公共服务供给理论，政府公共服务供给政策及城市公共服务设施研究出发点和研究内容也有不同。根据西方国家社会经济背景变化、公共服务供给理论演进及公共服务设施研究重点的差异，将西方国家公共服务设施研究分为三个阶段：

① 1945—1970 年代：公共服务"单中心"供给理论

西方国家城市公共服务设施的完善供给始于 19 世纪末。出于经济和产业的发展需要，西方国家首先将公共健康设施纳入政府统一配置范畴。二战后，受社会经济环境影响，西方国家普遍建立福利国家制度，实现全民福利化，认为政府是社会公共服务的唯一提供者，能够保障居民享受较好的物质生活设施，因此公共服务由政府"单中心"提供从一开始就得到多数派的支持。1954 年 Samuelson 基于市场失灵理论进一步论证了公共服务由政府供给的必要性。他认为由于公共服务具有区别于私人物品的非排他性和非竞争性,市场机制在公共服务供给领域几乎全部失灵,而政府供给则可以达到社会资源配置的“帕累托最优”(Samuelson. P. A., 1954)。但事实上,由于政府的自利性,其高度垄断的供给行为会破坏稀缺资源趋于最优配置的过程,产生“政府失灵”现象。

② 1970—1990 年代:公共服务双主体联合供给理论

20 世纪 70 年代,在战后最严重的经济危机的压力下,西方国家新自由主义兴起,其核心就是提倡自由价值观,反对国家干预,恢复自由经济传统,在公共服务供给领域提倡引入市场机制和与第三部门合作,理论基础是新公共管理理论和政府与第三部门联合供给理论。

新公共管理理论最显著的特征就是将市场机制引入公共服务供给领域,即通过社会公共服务供给的民营化,减少政府在公共服务供给领域的干预,利用私有机制的功能来满足公众的需求。民营化过程不是财产简单地由公共部门向私营部门转移,而是政府和企业之间角色和关系的改变,包括所有权、运营、控制和管理(Batley. R, 1996)。萨瓦斯总结出政府促成民营部门进入公共产品和服务领域的三种途径,即授权、撤资及置换(表 1-4)。公私合作伙伴关系(PPP)是新公共管理理论的一种实现模式,广泛应用于各类公共服务设施的供给实践,有助于实现公共服务供给过程公私合作“双赢”(Savas. E. S., 2006)。

表 1-4 城市公共服务民营化途径

类型	方　式
授权	合同;特许经营;公私部门竞争;公私部门合作;拨款、贷款及税收优惠等;委任;凭单生产
撤资	出售;无偿划转;清算
置换	缺省;撤销(减载);自愿行动;放松管制

第三部门是指不以营利为目的的社会组织,第三部门的出现是市场失灵和政府公共物品和服务供给不足的结果(Kirwan. R. M., 1989)。因为非赢利组织不受“分配约束”,不会为了追求利润而降低品质,公共物品和服务若由非营利组织的第三部门完成,生产者的欺诈行为便会得到有力的遏制(周燕,梁栋,2005)。汉斯曼根据公共服务供给的资金筹集及其实际配置特征,提出政府和第三部门合作关系的四种模式:政府主导模式、第三部门支配模式、双重模式和合作伙伴模式(Hansmann. H, 1988)。杨进一步将两者关系明确界定为对抗、补充和合作互补三种类型(Young. D, 2000)。公共设施和服务的双主体联合供给理论在政府权力下放、引入竞争机制和实现供

给主体多元化方面实现了创新性突破。但由于政府和企业的“自利性”及公共服务供给过程的“信息不对称”往往会产生不利于公共利益的“契约失灵”现象。同时由于第三部门在资金和政策上对政府的依赖，容易丧失自主性，导致政府与第三部门合作易陷入“官僚化”而产生“志愿失灵”。

③ 1990 年代以来：公共服务的多元供给

进入 90 年代以后，随着科技产业的快速发展以及经济全球化，社会贫富差距越来越明显。凯恩斯学派经济政策和新自由主义都饱受批评，由此引发了西方福利国家的合法性危机。在福利制度上折中新自由主义和福利国家的思想与政策，第三条道路福利制度兴起。在公共服务供给上主张实现投资主体的多元化，使政府、市场、社会和个人都参与对福利资金的投入，扩展社会保障对象以避免社会分化。公共服务的多元主体互动供给理论包括公共服务供给治理和新公共服务理论。

管治理论兴起于 20 世纪 90 年代，认为随着经济领域和社会领域自组织力量的发展，在私营部门与公共部门、政府与非政府组织之间的传统界限逐渐被打破，公共物品和服务的供给过程也演变成为政府、市场、第三部门组成的复杂合作网络的治理过程。治理是政府、市场和社会非营利组织主体之间关系实现秩序化的方式，它包括更为复杂的机制、过程、关系和制度，可以借助不同利益相关者通过集体行动表达他们的利益和协调他们的差异(Young. D, 2000)。管治理论就是要在公共物品和服务领域建立起一种有效的协调机制，在政府、市场和社会三方之间努力构建多元权力与权利均衡，强调功能互补、权利依赖的合作关系，实现参与主体各方的“多赢”合作(刘筱，闫小培，2006)。

新公共服务理论指的是关于政府公共行政在以公民为中心的治理系统中所扮演角色的一套理念。新公共服务理论认为，政府公共部门在其管理公共组织和执行公共政策时应该集中于承担为公民服务和向公民放权的职责，工作重点是建立一些明显具有完善的整合力和反应力的公共机构。King 和 Stivers 认为政府有责任充当“中间人”，将多元参与供给主体都集中在谈判桌前进行磋商和谈判，形成政府、公民、社会组织及市场主体多维互动的新局面(King. C, Stivers. C, 1998)。其理论渊源主要包括民主公民权理论、社区与公民社会理论、组织人本主义和后现代公共行政等理论(周燕，梁栋，2005)。

综上所述，西方国家城市公共服务供给模式先后经历了政府单中心供给、政府与市场或政府与第三部门双主体联合供给及政府、社会、市场及个人多元主体供给三个阶段，是一个从重视政府到重视非政府组织，从重视提供者到重视消费者，从重视公共管理到重视公共服务，从重视单项服务到重视服务体系的过程。利益取向的公共性和公共权利运行多向度是公共服务供给改革的本质趋势，目的是期望实现公共服务供给效率和公平的均衡，其理论演进过程如表 1-5 所示。

表 1-5 战后西方国家城市公共服务设施供给理论演进

	1945—1970 年代	1970—1990 年代	1990 年代—
供给模式	单中心供给	双主体联合供给	多元供给
供给主体	政府	政府—企业、政府—第三部门	政府、市场、第三部门及个人
理论基础	公共物品理论	新公共管理理论、政府—第三部门互补供给理论	管治（治理）理论、新公共服务理论

(2) 城市公共服务设施供给模式变革

现代经济学认为公共物品和服务的提供有两种途径，一是消费者付费，另一种是征税，即不管你消费与否，你必须付费。但第三方式逐步崛起——自愿服务部门，它是出于自愿贡献动机资助服务提供，即不管你消费与否，你都可以选择你是否付费。自愿服务部门存在是假设大多数人认为搭便车是"道德错误"(Sugden. R, 1984)。组织理论认为公共机构、营利组织和作为第三部门的非营利组织有着不同的激励和制约机制，产生不同的行为和结果，影响服务提供的生产和交换成本。因此，充分认识不同组织机构的运行机制对公共设施和服务供给模式的选择极为重要(Ferris. J. M. , E. Graddy, 1994)。

① 传统供给模式

在传统的经济理论中，政府是城市公共服务设施供给的主体，其理论基础有如下三个学说：第一个是公共物品理论。根据公共服务设施特征，公共服务设施中部分被定位为公共服务，私营公司不能够充分提供，或根本不会参与公共服务设施的提供（提供者不能收费，消费者无需竞争）。第二是市场失灵理论。一些特殊类型的公共设施市场供给效率低，甚至不可能由市场供给，可能导致市场失灵，包括垄断倾向设施（供水设施）、投资巨大或受益不确定设施（大型地下设施）、正外部性（接种疫苗）、负外部性（工业污染）及生产者和消费者知识信息不对称设施（健康服务）。第三是社会公平理论。不论居民是否有能力或付费意愿，都应享有由政府主导供给的基本公共产品和服务，如教育和医疗健康服务设施。奥斯特罗姆将公共产品纯政府型供给理论称为单中心理论，其特征就是只有政府一个供给主体，政府这个单一的权力中心来决定公共服务供给内容、供给规模及供给路径。

政府机构及公共事业通常运行效率低下，原因在于缺乏私营机构员工所具有的高效激励，这种理念驱动政府机构改革和公共服务私有化改革。戈尔报告强调提高效率的重要性，提出“重视结果，而不是繁文缛节”；在政府公共部门，基于政治多中心原因，公共服务供给需要平衡具有不同偏好倾向的权力要求，从而导致决策过程犹豫不决和僵局，激励弱化。其实如同经济，政府决策也难以琢磨，但必须接受多样化的折中妥协(Cox. K. R.，1984；Dixi. A，1997)。在发展中国家，高比重义务教育(尤其是中学)阶段的私立学校高就学率，是公共支出有限导致的结果。绝大多数公众希望送子女到公立学校，但却被拒绝，由此被迫就读私立学校，由此造成的“过剩需求”(James. E，1993)，是引发教育设施供给矛盾的根源。

② 市场化供给模式

新古典经济理论和政府失灵理论都强调市场竞争机制的效率。公共服务的非竞争提供将导致分配低效和生产低效，政府有责任保证公共服务供给，但并非一定要政府生产，要实现政府角色由公共服务实际生产者向提供者转变，更多的关注公共服务供给的政策标准、制定、组织安排、融资及生产者规范(Batley. R，1996)。

发展中国家城市政府面临的最复杂问题之一，就是相对于城市人口规模迅速增加及居住拥挤程度，城市公共服务设施供给严重不足。政府对于解决公共服务设施供给不足的方法主要是增加公共部门服务设施投入和改革服务设施供给参与主体结构。政府失灵及投资不足使政府在公共服务设施供给过程中功能逐步萎缩，从服务设施最主要的供给主体转变为启动供给战略变革的协调人(Ibem. E. O，2009)。实际上，股东是民营机构中心，最高管理者和董事会对下属管理人员及员工激励有着全部控制权，虽不会有类似政治“多中心化”问题，可以具有较高服务供给效率，但也存在自身问题(Dixi. A，1997)。公共服务供给市场化改变了公共服务供给中服务提供者的直接或间接角色。世界银行根据公共服务所有权责任、融资、运营及维护特征提出了公共服务提供的五种制度选择，分别是公办公营、公办私营(包括私人垄断、私营提供者竞争及竞争性市场)、社区或用户提供及混合提供(表1-6)由于维持设施提供的财务困难及机构调整原因，西方发达国家在私有化道路上走得最远，并声称通过合同外包等形式取得公共服务提供效率的重大提升(Bank. W，1995)。

表 1-6 市场化背景公共服务供给模式及供给特征

供给模式	供给特征
公办公营	政府部门单一供给，但在不同级别政府或政府与公共机构之间存在直接或间接提供的分别
公办私营	公共部门拥有服务直接或间接供给的责任，但将服务提供的某些部分协议外包给私营企业
私办私营	(1) 私人垄断，但政府仍具有明显的间接供给者角色，如管制安排； (2) 私营提供者竞争，政府角色是颁发准入许可和经营管制； (3) 竞争性市场，政府支持私营消费者和生产者之间竞争
社区或用户提供	由社区或使用者供给，在实践中受政府控制
混合提供	(1)"合资企业"，公共提供中的受益者参与； (2) 合资企业，公共和私营直接提供者之间的联合

在地方公共服务设施合同外包供给过程中，地方政府面临诸多选择，包括与其他政府公共组织合同，与营利公私合同及与非营利组织的合同(Ferris. J. M., E. Graddy, 1994)。其中公私伙伴关系是公共服务设施市场化供给的重要表现形式，应用最为广泛，即政府将服务供给过程合同外包给利润最大化的公司。英国公私伙伴关系衍生出的一种新模式——私营资本的启动受到广泛关注，这种模式在实践中被应用到绝大多数公共服务设施的供给领域，包括医疗健康、教育及文体等服务设施。

在 1998—1999 年和 2003—2004 年间，在私营部门投资公共服务领域中，PFI 模式投资额占总规模比重达到 10%～13.5%，共完成了 451 个项目，其中包括 34 所医院、119 间健康服务机构及 239 间新建或改造的学校。PFI 与其他 PPP 模式相比，其特点主要体现在：首先是合同外包内容涵盖了规划设计、建设、融资及项目运营管理，将整个项目长时间外包给财团，通常是25～30 年；其次是制定系统服务提供标准。政府制定出需要提供的基本服务标准，但财团有权决定如何实现政府既定标准。合同期内承包财团有权在保证基本服务的同时，利用设施进行营利性经营。最后是对于合同期满后的服务设施处理方式并没有明确规定。在实践中，学校、医院等服务设施都移交给公共部门，而其他设施则由私营部门经营负责(Bennetta. J, E. Ioss, 2006)。总体上看，PFI 与传统的合同外包实践有着很大的不同，传统的合同外包将服务设施建设过程的不同阶段分包给不同的私营公司，要求政府制定不同的服务提供标准，且政府在合同期内和合同期结束后都拥有服务设施的所有权(Savas. E. S, 2006)。

"服务反比法则(Inverse-Care Law)"最初所反映的事实就是市场力量对健康服务的冲击。时至今日,虽然市场或私营部门被鼓励参与医疗健康设施服务供给,但效果大多正如 Hart 所说:"市场永远不会将其投资从最为有利可图的地方转移到最为需要的地方"(Hart. J. T, 1971)。因此,在市场经济条件下,仅以市场力量来决定什么人获得什么水平的公共设施服务,其结果的不公平仍将是公共服务设施系统的主要特征。

③ 分权化供给模式

近二十年来,分权化成为发达国家和发展中国家政治改革的核心事务,但各方观点仍存在较大差异。支持者认为分权能够提高政府对城市居民需要的响应程度。反对者认为在分权化背景下,地方政府因缺乏财力、人力和技术资源而对公共服务需求无能为力,因此支持权利仍然应该保留在拥有相对丰富资源的中央政府手中(Zhang, Zou, 1998)。Rondinelli 等通过实证分析认为通过中央政府分权,提高地方行政管理能力,能够对地方居民的公共服务设施需求做出迅速反应,尤其是能够提高被中央政府所忽视地区的公共服务设施可到达性(Rondinelli, Cheema,1983)。

世界银行研究也表明,居民对分权之后地方政府及服务设施供给满意度显著提升(Bank. W, 1995)。Fisman 和 Gatti 通过 180 个样本国家数据比较分析,认为财政分权能够降低公共服务供给的腐败机率,分权化与政治参与、社会发展及经济管理质量存在正相关(Fisman. R, R. Gatti, 2000);Faguet 通过对比,发现政府在分权前后存在如下变化:在投资领域,分权前的中央政府投资主要集中在交通、化工及能源,占投资总额的 73%;分权后地方政府将 79%的资金投入到教育、城市发展、卫生及水资源管理方面。说明中央和地方政府的投资优先考虑因素存在差异;在投资的地理分布上,中央政府投资呈现严重的空间不平等现象,而分权后的地方政府投资的空间分布则相对公平;分权化极大改变了公共投资方式,日益关注地方需求,根据地方需求来决定投资方式的选择(Faguet. J, 2004)。

④ 第三部门(非营利组织)供给模式

第三部门也称非营利组织,是指不以营利为目的的社会组织,第三部门的出现是公共设施和服务的市场和政府供给不足的结果(Kirwan. R. M, 1989)。同时,非营利组织的出现是因为公共设施或服务提供者与购买者之间的合同关系难以确立(Watt. G, 2002)。因为非营利组织不受"分配约束",不会为了追求利润而降低品质。公共物品和服务若由非营利组织的第三部门完成,生产者的欺诈行为便会得到有力的遏制。现实中非营利组织出于对名声的关注而保证服务提供质量，这类服务对营利组织具有排斥性。非营利组织服务提供高度集中在一些具有一定的公共物品性质的服务领域。如儿童看护，医疗服务、教育及老年人照顾等。在这些部门，服务的提供者和购买者通常都有一种公德意识，并认为保证服务质量水平至关重要。他的假设前提是这些服务与其他大多数服务存在重要区别，如金融、保险等专业服务，那些领域较少存在公德意识(Francois. P, 2003)。

从 1980 年代初，美国联邦政府和州政府将其部分职责从政府公共部门转向非营利组织，包括教育、住房、医疗及健康服务等。一定程度上，非营利组织可以看成是企业组织和政府机构的混合，但又与二者不同。与营利组织不同(类似政府)，非营利组织没有所有者，也不存在利润分配；另一方面，与政府机构不同(类似企业)，非营利组织必须在资源基础上筹集资金，但无须交税。非营利组织最确切的影响在于产生了一种不同于政府和市场的行为方式。在具体的服务设施供给过程中，当非营利组织进入一个有政府公共机构及营利组织主导的服务领域时，比如学校、医院及图书馆等，他们提供服务类型和规模的影响因素与公共组织和营利组织显著不同。因为非营利组织运营资金来源于自愿捐赠，所以必须保持财务收支平衡。非营利组织往往会针对没有达到满意资助目的的活动采取行动，认为这样会具有更高价值。因此，非营利组织提供的服务组合及收费标准通常与政府机构和营利组织有着巨大的差异(James. E, 1983)。

(3) 城市公共服务设施供给区位研究

城市公共服务设施是由政府直接或间接主导供给的具有基本公共服务功能的设施，是城市政治服务的“骨架”，对城市环境及城市空间结构具有重要影响(诺克斯，平齐，2005)。根据城市公共服务设施运营特征，可以分为两种类型，一类是固定地点服务设施，属于资金密集型，分布于城市多个地点，其利用与设施可获得性与使用者动机密切相关，城市居民必须到达服务设施才能享受服务，具有典型消费性服务业特征。如医疗设施、教育设施、商业设施和文化体育设施等，距离靠近是影响此类设施利用的关键因素；另一类是直接向居民或社区提供，具有移动性和劳动密集特征，以服务设施的移动来完成公共服务的提供，如消防设施、垃圾收集等(Linbererry. R. L, 1977；Macintyre. S, L. Macdonald，2008)。与私营设施区位强调个体选择、利用或利润最大化不同，公共设施区位选择的明显特征在于这类设施供给体现市场条件下社会福利标准，因此公共设施区位理论并不仅仅关注区位效率，而是更多地关注设施布局的空间可达性和分布公平(Geoffrey, 2000)。

城市公共服务设施区位研究是城市公共服务设施科学合理的配置与布局、实现效率与公平最大化、保障城市健康发展的基础。优化配置的内涵不仅是指一定空间范围或一定人口规模所需要的设施得到优化或数量最优，还应该确定这些设施所在的位置优化或区位最优。Cooper 把韦伯工区位论扩展应用到多个设施的区位求解模型中，提出公共设施分布的区位—配置模型(Loeation Alloeation Model, LA 模型)，为设施布局提供解决方案，以使服务或商品能够以最有效的方式、更容易被人们所接近(Cooper. L, 1963)。1968 年，Teitz 提出了公共设施区位理论，他认为公共设施区位决策从根本上区别于个人设施区位决策，回答了在考虑效率与公平的前提下如何最优布局城市公共设施的问题(Teitz. M. B, 1968)，Teitz 开创了地理学中区位研究的一个新领域。Allister 提出了公共设施区位的公平效率权衡模型，效率用特定预算下的公共服务设施数量衡量，不公平的主导因素是距离。公共服务设施的理论基础是公共物品或公共服务，所以，公共设施与传统追求效率最大化区位论的不同在于试图将区位分析的公共因素纳入到具体分析当中(McAllister, 1976)。

近年来西方公共服务设施区位理论、模型与方法研究得到进一步发展，主要是基于弹性需求下的公共设施区位研究、关于公共设施区位的影响因素分析、从经济学角度分析设施区位及从设施可达性角度研究公共设施区位(表 1-7)(Johan, Mackenbach, 1997; Jahan. S. T, 2000)。研究表明，影响公共设施布局的区位因素有距离(真实与心理)、可达性(交通、管理、经济和心理易接近性)、外部影响(正负)、顾客行为模式、环境的舒适性等，研究还就服务设施分布的合理模式进行了探讨(图 1-4)。总体而言，国外公共设施区位理论体系日趋完善，数量模型层出不穷，研究角度逐步微观化，研究内容的深度和广度进一步拓展，研究方法也不断更新(方远平，闫小培，2008)。

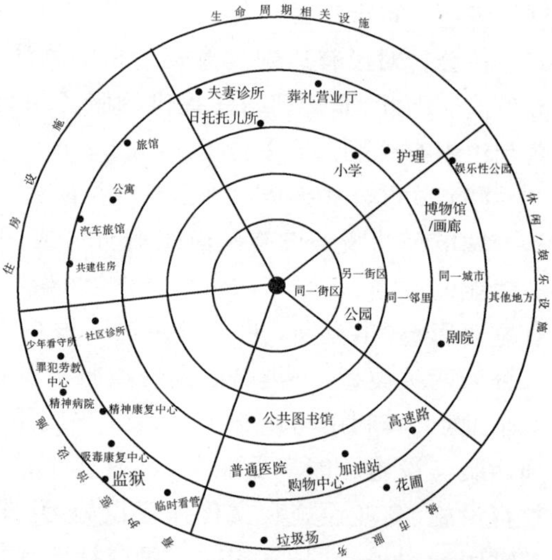

图 1-4 到达不同公共服务设施的理想距离

表 1-7 城市公共服务设施区位理论的演进

	主要研究范围	主要问题	理论与方法基础	设施类型
第一阶段 1960s	城市公共设施区位理论	如何关注效率与公平,如布局城市公共设施	新古典主义福利经济;数方法,模型构建;标准化理性	—
第二阶段 1970s	城市公共设施区位理论与数量时代	考虑到设施距离、模型、影响和外部性,涉及公平与效率如何能够实施	行为主义;数量方法;模型构建;标准化的合理性	通常没有说明,或大规模公共基础设施
第三阶段 1970—1990s	反驳传统:城市社会中成本与利益的分布	质疑国家寻求在当地社区布局公共设施;更广泛成本与效益是如何在城市社会分布的	政治地理学、国家理论;社会理论(差异,环境的种族主义)	环境的危险性
第四阶段 1980—1990s	保留传统:在人文服务理论环境中重构服务区位理论	公共设施模型如何在当地城市范围尺度配置以达到平衡顾客和关注社区	规划与模型构建范式;标准化合理性;区位—分配模型	人文服务

垃圾处理设施分布是废物管理的重要组成部分,不合理的垃圾处理设施空间布局将导致环境损害、社会和政治冲突及经济效率低下。因此垃圾处理设施选址受到广泛关注,是城市公共设施构成的重要组织部分,在过去十年里产生了许多追求更高效率的垃圾处理设施,Simone 从城市发展的时空维度构建了城市发展与垃圾处理用地关系,并基于 GIS 和 CA 模型进行了实证分析(Simone, Bishop, 2004),其时空互动机制如图 1-5 所示。

(4) 城市公共服务设施供给的空间公平与社会分异

① 城市公共服务设施空间分布的理论假设

Lasswell 曾将政治科学定义为"谁在什么时间、通过什么方式获得什么",而城市公共服务设施空间分布就是关注城市政府行为使哪些人获益,又使哪些人没有获得其应有收益。城市公共服务设施分布及影响研究仍少有人涉足,我们甚至不清楚公共服务设施分布现状的驱动因素以及"为什么公共服务设施分布会更有利于某些居民群体?"(Jones. B,C. Kaufman, 1974)。

美国城市公共服务设施供给研究起源于 1960 年代城市政治公平及政治问题解决。城市公共服务设施供给的空间分布研究基于如下三个假设:一是下层阶级假设,认为城市政治系统存在对下层阶级歧视,贫穷和少数民族

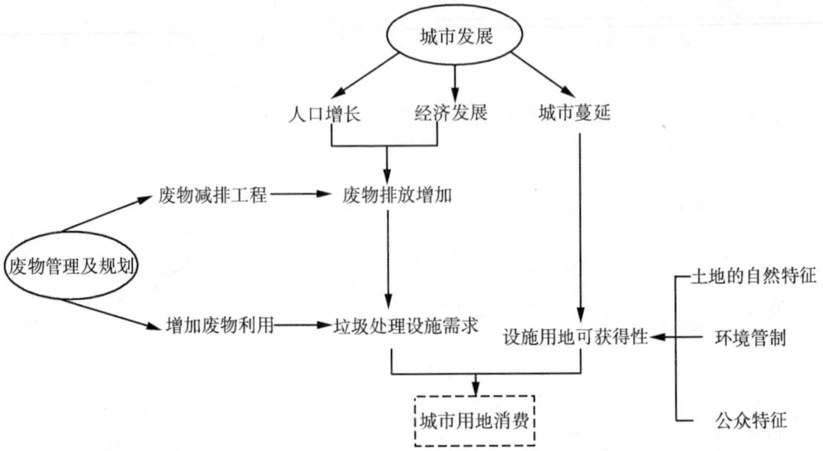

图 1-5　城市发展影响及废物管理时空互动机制

居民分享的城市公共服务少于平均份额。二是选举假设,认为政治精英将出于反馈其政治支持者推动城市服务设施再分配。结果出现两种情况,要么解决了公共服务设施分配的阶层歧视,要么加剧社会阶层歧视。三是官僚决策机制假设,认为政府的服务设施配置是基于官僚决策机制程序分配,虽仍会导致城市公共服务设施分布的空间不均,但在本质上不存在不公和非政治操作(Harpham. T, 2009)。

Linbererry 曾将下层阶级假设细分为种族歧视假设、阶层偏好及权利精英偏好三个方面,并基于城市生态思想提出城市公共服务设施分布的生态学假设,生态假设是以社区地理、社区历史、人口密度等因素解释城市公共服务设施空间分布格局,结果表明城市人口密度和住房特征能够较准确解释城市公共服务设施分布状态,呈现"非规则不平等"分布格局,认为西方城市的典型空间结构和管理决策规则是城市公共服务设施空间组织模式形成的决定因素(Linbererry. R. L, 1977)。

② 城市公共服务设施空间分布的影响因素

Jones 认为影响公共服务设施分布的因素包括:A. 辖区内可供分配的资源;资源总量影响整体公共服务水平,影响公共服务的分配方式而不是分布结果。B. 居民分布及特征,类似社会经济特征居民集中,能够影响公共服务设施分布方式。C. 公众参与公共服务设施分布决策的程度。D. 城市居民的需要。E. 决策者的偏好及服务理念,以及限制决策者行为的机构安排(Jones. B,C. Kaufman, 1974)。城市政府公共政策对城市公共服务设施供给和分布有着重要影响。政府公共政策制定对居民,尤其是对贫困群体和老年人要保证必须设施的可及性(Barbosa. O,J. Tratalos, 2007)。如在公共娱乐设施投资方面,地方政府的支出在基本保持不变的时候,而市场私有部门的投资幅度增加,将会导致低收入家庭在市场机制下难以获得休闲娱乐设施利用机会(Panter. J,A. Jones,2008)。

受经济重构影响,都市区外围大多经历经济和社会贫困,产生大量的社会贫困群体,由于就业机会和公共服务大多分布(儿童服务、教育、医疗等)在内城区域,地理区域错位加剧贫困群体的弱势经济地位。所以,政府再分配政策因弱势群体的分布区位而大打折扣(Baum. S,R. Hassan, 1993)。同样,选举和政体政治不同决定从城市政府分配政策中的获益程度。Jones 和 Kaufman 研究表明某些城市公共服务的分布受到行政决策机制和政治因素的双重影响(Jones. B. C. Kaufman, 1974),而"非规则不平等"、行政决策机制和执行标准的理性技术安排是城市服务设施分布的最好解释,他们认为在专业分工主导城市机构的日常工作系统中偏见不太可能发生。虽然公共服务设施在不同城市群体和区域间不能平等分布,但此不平等本身是一种"非规则不平等",而非人为故意为之。

③ 城市公共服务设施可达性及供给的空间公平

可达性是指一个地方与另一个地方的相对靠近和临近,城市公共服务设施可达性描述了公共服务设施分布区位与使用者之间的空间距离(Pooler. J. A, 1995)。可达性涉及个人移动性,个人移动性的度量极为复杂,包括汽车等交通工具的可获得性、一天中不同时段交通速度的显著变化,等等(Knox. P. L, 1980),本书是从城市公共服务设施物理距离的视角强调良好可达性对社会福利的影响。城市公共服务设施供给的空间公平是指与每个居民需要、偏好相关的公共服务设施在空间上的平均分布(kunzmann. K. R, 1998)。Rich 进一步指出公共服务设施分布如果能使每个人获得相同服务,且在获得服务之后能够使居民生活在一个更加平等的生活环境中,就意味着服务设施的配置公平(Rich. R. C, 1979)。Omer 认为城市公共服务设施空间公平应包括供给公平、可达性公平、利用公平及(满意度)结果公平(Omer. I, 2006)。

城市系统就是一个由稀缺且不均衡分布的公共资源和设施(如学校、公园、图书馆、医生及商店等)构成的集合,而各种公共服务设施的利用和消费依赖其可及性,地理区位临近显得至关重要。公共服务设施供给对城市居民分布产生重要影响。因此对公共设施和服务的居住靠近被认为是提升健康及福利的重要途径(Kwan. M. P, A. T. Murray, 2003)。居住靠近不仅可以使居民较容易及较直接利用和享受便利的商店、体育、健康服务设施及紧凑的邻里关系，还可以通过减少时间和费用支出，使个人或家庭收入能更加自由地用于其他支出(Kinman. E. L, 1999)。距离是决定城市内不同地区生活质量的重要决定因素，因为距离不同会形成对于机会和诸如工作地、商店、学校、诊所、公园、体育中心等服务设施的可达性差异，距离临近不仅意味着更多的选择和机会，而且时间及交通成本也较低，与城市居民社会福利直接相关。因此“从最低层次上讲，城市或区域生活质量意味着其居民对工作岗位、教育设施、医疗设施、基本的公共社会服务、自然且丰富的休闲娱乐设施具有较好可达性”(Pred, 1977)。所以可达性被认为是影响居民真实收入的重要因素，是代表生活质量的重要组成部分，在分析城市社会内部空间结构时尤为重要(Knox, 1979)。

在美国、英国、新西兰及加拿大等发达国家，城市公共服务设施可达性研究引起广泛的注意，而发展中国家相关研究刚刚起步，成果较少。现有研究一般具有两个重要目标：一是在特定空间尺度范围下(如邻里尺度)建立一种新方法，度量到特定公共服务设施的可达性，如到公园、学校及商业服务设施等；二是结合居民的社会经济属性地位探讨城市公共服务设施布局的社会分异(Kwan. M. P, A. T. Murray, 2003；Lotfia. S, M. Javad, 2009)。现有研究涉及不同设施类型，跨越不同的空间尺度。现有研究涉及的公共服务设施类型有公园绿地(Talen, 1997；Hillsdon. M, J. Panter, 2006；Barbosa. O, J. Tratalosa, 2007)及开放空间(Witten. K, R. Hiscock, 2008)、医疗健康服务设施(Luo. W, F. Wang, 2003；Tanser, Gijsbertsen, 2006)、娱乐设施及健康食品供应设施(Cummins. S, S. Macintyre, 2002)等。在空间尺度上涉及从邻里单位空间到全国层次(Pearce, Witten, 2006)。

在市场经济条件下，城市居民从城市公共服务设施空间分布中的获益程度与其克服设施利用的物理距离及经济障碍的能力和意愿，以及跨越公共领域的社会、心理和教育障碍有关(Knox. P. L, 1980)。相对人口的空间连续性分布而言，点状分布的公共服务设施不可避免地产生空间布局的不均衡，而城市空间组织是城市不同社会政治群体利益冲突的反映，所以，服务设施区位加剧了不同社会群体可达性不公平(Allard, 2004)。对城市“受欢迎”和“不受欢迎”设施区位的可进入性及临近性差异是影响城市居民实际支出水平的重要因素，地理学家和城市社会学家因此将城市服务设施空间分布结构称为收入“隐形增加机制”(Miranda. R. A, I. Tunyavong, 1994；Allen, 2007)。城市公共或准公共设施外部性与再分配影响尤为相关，认为在外部性的影响下，城市服务设施分布往往有利于富裕邻里，结果通常是那些最富有、最有权利以及最有学识的人占据最有利的区位以获取公共服务设施的正外部性，同时避开产生负外部性的设施（Harvey. O, 1973；诺克斯，平齐，2005）；Linbererry 进一步讨论了面对城市公共服务设施分布的空间不公平，城市居民的“退出”“申诉”或“忍受不公”三种选择路径（图 1-6）（Linbererry, 1977）。

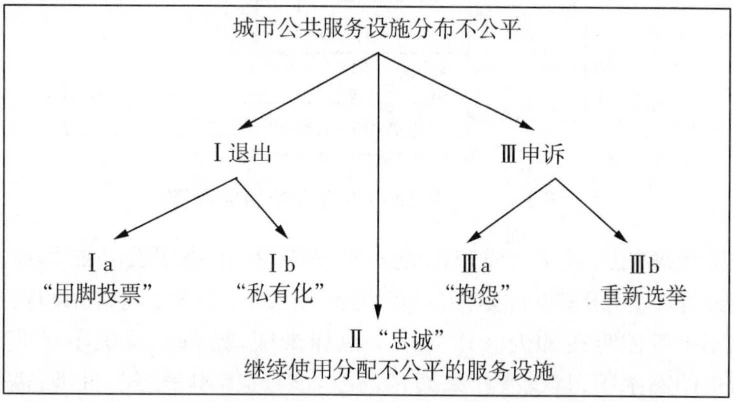

图 1-6 城市公共服务设施不公平分布下的居民策略选择

④ 城市公共服务设施供给的社会分异

居民社会经济特征不同，对地方政府服务设施需要和需求存在差异。低收入居民对警局安全保护设施、健康设施及针对低收入者的教育培训设施利用比例高。而图书馆、夏令营及学校艺术设施则更多由高收入社区消费（Andrews. R, 2007；Barbosa. O, J. Tratalos, 2007）。较高社会阶层居民对其需要设施具有可及性并能满足其需求，例如教育设施、商业设施及追求社会公平能力。且上层阶级地位居民可以通过选举或被选的过程参与政治，成为社会活动组织者。所以本质上讲，城市公共服务设施可达性及社会分异是个相对概念，对不同阶层和群体使用或消费服务设施的影响因素存在差异，其可达性程度也会发生变化。王法辉等将服务设施利用可达性因素分为空间因素和非空间因素两类，通过因子分析，整合两方面因素，确定城市公共服务设施可达性不足区域。其中空间因素用出行时间表示，非空间因素即非地理障碍和设施，包括年龄、性别、民族、收入、社会阶层、教育及语言能力（Wang. F, W. Luo, 2005）。政治地位及需求能调节城市公共服务设施分配和利用，城市公共服务设施分布模型中关键变量是不同社区所享有服务设施数量或水平（质量），这是服务设施分配过程的产物（图 1-7）（Jones. B, C. Kaufman, 1974）。

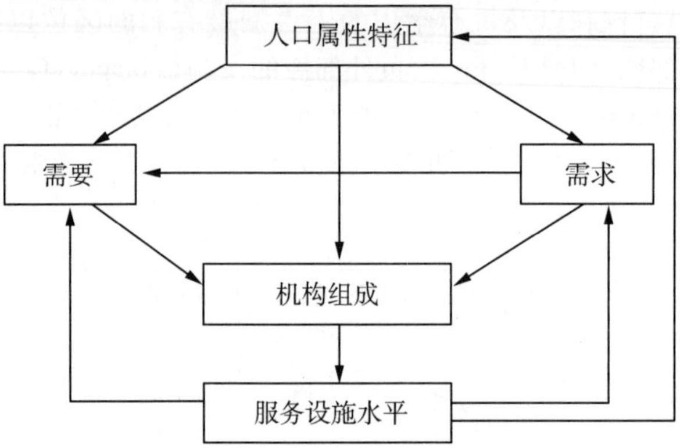

图 1-7　城市公共服务设施供给模型

经济发展加剧了社会成员的收入不平等,也促进了公共服务设施布局的社会分异。在 OECD 成员国家里,近来相关研究都发现富裕和贫穷地区的健康不平等差距在加大。作为一个地理表征,新西兰健康不平等已经上升到历史的高水平,且没有丝毫缓和迹象。对健康不平等的处理,需要新西兰政府在社会经济再分配上给出更大的承诺(Pearce. J,D. Dorling, 2006)。无论如何定义或度量,分异(Segregation)都是不愿看到的居住状态,尤其是从公共政策视角。对于空间分异研究大多是基于单一指标的区域或城市尺度分析,Wong 提出基于邻里尺度的地方综合评估方法。通过构建一套基于两个隔离维度的相关地方评价指标,进行多个时段隔离水平的比较,从而实现空间隔离状态的时空演变分析(Wong. D. W. S, 2008)。

Erkip 比较了黑人聚集社区、劳动阶层社区和中产阶层社区对公共服务设施利用差别,其中黑人和白人社区差异最为显著。黑人社区更多利用政府福利设施,与政府法律机构联系密切;而白人中产阶级则与政府安全机构、交通设施联系较多。不同社会阶层的公共服务设施利用差别原因探讨不应只关注"人的贫困",更应该是"地的贫困"(Erkip. F. B, 1997)。较低社会经济地位居民比较高社会经济地位居民承受着较重的健康压力和较高的发病率。健康的社会经济不平等是健康政策的主要挑战。不仅仅因为健康不平等本身的不公平,而且是因为弱势群体的健康负担的减轻可以提高全体居民的平均健康水平(Kinman. E. L, 1999)。因此,世界卫生组织(WHO)提出将"人人拥有健康"作为其首要目标(Powell. M, G. Boyne, 2001)。健康服务商业化问题仍是公共健康平等的主要威胁,贫困地区在健康资源分布过程中继续被忽略。应改进现有政策,确保好的健康资源分布在最为需要的地方(Watt. G, 2002;Kontodimopoulos. N, P. Nanos,2007)。

2）国内城市公共服务设施供给研究

（1）城市公共服务设施供给模式研究

① 经济学视角的公共物品供给模式研究

经济学认为公共物品的公共性和私人性是具有程度之分的，科学探讨这两个特性的程度和权重，能正确决定其供给主体及相应制度设计，选择合适的供给模式。公共物品供给是众多因素决定的函数，按照完全市场理论的公共性决定产品供给存在很大的局限。提高公共物品供给效率取决于如何发挥市场的作用，提高政府管理水平（刘成，2005）。冯云廷等认为城市公共服务提供的制度安排存在多个潜在的选择和多样化供给模式，对于非纯公共物品类服务，政府投资与民间投资行为之间不应该是替代的，而是互补的。改革实践证明，公共设施与服务领域引入竞争是增加有效供给、提高效率、改善服务质量的最有效的手段（冯云廷，骆德武，2007）。

综合国内外现有供给模式，公共物品可以由政府、市场和社会供给，但不同的主体结构及制度安排都存在一定的缺陷。潘文轩认为应针对不同公共物品选择不同的制度安排，提高不同制度安排对公共服务设施供给效率，是公共物品供给制度安排和机制设计的重要内容。政府、市场（企业）和志愿事业组织之间的组织边界比较清晰，但功能边界却不清晰，原因是公共物品和私人物品的边界模糊。因此合理界定政府、市场和社会三者功能边界，是保证公共物品充分有效供给的前提。并通过实证分析，潘文轩发现在公共服务供给的投资主体上，城市政府的供给责任不断加大，但相应的投资支出却不能随之相应增加，从而城市政府公共产品和服务的供给负担越来越重（潘文轩，2006）。基于公共经济学视角，宋英杰从产品消费属性角度将公共事业划分为纯公共产品、准公共产品和特殊私人物品三个类别，认为公用事业产品不等同于混合产品，公用事业改革不等价于民营化、市场化。根据不同类别产品的消费特性，公用事业产品供给模式是以财政供给模式为基础，以混合供给模式为主要方向，以私人供给模式为补充（宋英杰，2007）。

② 城市公共服务设施供给模式变革

在我国传统公共服务体制中，政府角色存在错位或缺位特征。政府包办城市公共服务设施供给全部过程，制度设计呈现国营和国家垄断偏好；而随着民间和政府共同作为服务设施供给主体，其供给的制度设计必然呈现多元主体供给模式的市场化倾向；目前城市公共服务设施供给一方面为了适应市场化改革，引入市场经济机制，但另一方面，传统体制的特征还广泛存在（王雅丽，张春艳，2003），它是城市公共服务供给效率低下、供需矛盾产生的重要原因。因此政府必须转变传统公共服务理念，创新公共服务体制，做好对公共服务供给的宏观调控，对公共服务的供给过程进行严格的监督检查,且对关系到国计民生的公益事业还必须进行直接经营和直接干预(李丹燕,陈烈,2001;陈为邦,2005)。周义程称传统条件下公共服务供给方式为纯政府型供给模式,是指由政府独家包揽公共产品提供和生产的一种典型性公共产品供给模式(周义程,2008)。蔡彤从政府行为负外部性的角度探讨了政府在公共决策、公共产品供给过程中的失灵问题,认为公共物品及服务多元化供给是防范政府行为外部性的重要途径。需要正确定位政府职能,推动市场化进程;恢复公共部门之间竞争,重视与第三部门在公共物品供给过程中的合作(蔡彤,2005)。

随着市场经济体制改革的逐渐深入,王嶝嵘和周春山认为城市基础设施的供给主体、建设资金来源、供给对象、供给依据、空间布局等也随之出现了相应的变化,其中供给主体的转变是其他特征产生变化的根本原因(王嶝嵘,周春山等,2005)。徐清海认为发达国家城市公共服务设施供给的模式有如下六种,分别是:企业化模式、服务型政府模式、共同参与模式、社团模式、支持增长模式、福利模式。而我国公共服务设施供给的现状特征是高度垄断、总量不足和结构失衡;因此我国城市公共设施服务模式的改革选择应该是政府直接供给模式、特许经营供给方式及市场供给方式等多种方式相结合(徐清海,2006)。

基于城市公共服务设施的公共物品属性,韩艾军认为政府在市场经济条件下,公共物品的供给可以引入市场机制,效率会更高(韩艾军,2003)。针对我国公共产品供给中存在的问题和矛盾,陶小马、廖晓明认为问题产生的原因是投资不足、供给不足、供需矛盾和供给机制不合理,他们提出了优化公共产品供给的机制和对策(陶小马,孟葵,2002;廖晓明,黄毅峰,2005)。晋璟瑶提出城市居住区公共服务设施供给改革方式,基本供给思路和供给机制:即"渐进式"的改革方式——在经济属性分析的基础上调整设施分类和相应供给方式,逐步摆脱路径依赖的"锁定"作用影响;基本供给思路——责"钱"挂钩,规划先行,统一建设,分类管理;供给机制——根据经济属性将公共服务设施分类供给(晋璟瑶,林坚,2007)。结合我国城市规划的现行运行机制,颜辉武等提出从宏、中、微观三个层次进行城市公共设施规划分析的方法(颜辉武,涂超,2001)。对社区公共服务设施的投资主体、投资模式及融资渠道等问题,方茜提出建立多元化资金渠道建设公益性和社区公共服务设施的建议(方茜,陈妍,2008),但这种建议仍处于理论层面,并没有根据投资建设的主体对社区公共服务设施作更具体的分类,提出实际的规划指标。

教育改革引入了市场的教育服务设施供给机制,创造性地运用私人资本进行多种投融资模式。王彦才总结了当前的民办教育供给模式主要有"民办公助"、"公办民助"、教育储备金模式、股份制模式及"大学城"模式(王彦才,1999)。樊丽明研究表明民办教育供给状况受教育的特性、需求规模及多样性、私人资本和不同产业收益率、政府法律与政策等多种因素的影响和制约(樊丽明,2005)。基于文化产品的特殊性,左惠将其经济属性进一步分为纯公共物品类、准公共物品类及私人物品类文化产品,提出政府、市场和自愿供给文化产品的三类模式(左惠,2009)。

(2) 城市公共服务设施配套指标体系研究

从1978年开始,随着住房商品化改革的深化,城市公共服务设施配置逐渐不再由国家统一投资、统一配置,但仍以"千人指标"为主导供给标准(水亚佑,1991;史奉羔,1992)。1993年,原国家建设部颁布了《城市居住区规划设计规范》(GB 50180-93),要求居住区的配套建设设施,必须与居住人口规模相适应,城市居住区公共服务设施建设指标研究至此开始兴起(赵民,林华,2002;苏振民,林炳耀,2007)。

随着社会主义市场经济体制改革,均质的城市居民社区状态被打破,城市居民逐步实现从"单位人"向"社会人"回归,城市公共服务设施配置主体及指标规范都得到了较大调整(表1-8)。在市场机制的作用下,城市居民出

表1-8 各阶段城市公共服务设施配置规范与指标体系回顾

时期	住区公共设施配套管理机制	特 点
1950年代	套用原苏联模式	街坊一般以托幼设施为中心,内部无其他生活服务设施
1964年	原国家经委颁布有关城市规划文件——对居住区规划中的部分定额指标做了规定	颁布《居住区公共服务设施定额指标》,共规定了儿童教育、医疗卫生、商业饮食、服务、文娱体育、行政经济和其他7类共40项设施
1980年	原国家建委颁布有关城市规划文件——对居住区规划中的部分定额指标做了规定(赵民、林华,2002)	颁布《城市规划定额指标暂行规定》,对1964年制定的标准进行调整,将其分为卫生、经济、文体、商业饮食服务、行政经济管理和其他7类共40项设施。开始使用"千人指标"控制规模
1993年	原国家建设部发布了国家标准《城市居住区规划设计规范》(GB 50180-93)	编制颁布了我国第一部正式的《城市居住区规划设计规范》(GB 50180-93)居住区的配套建设设施,必须与居住人口规模相适应。其配建设施的面积总指标,可根据规划组织结构类型统一安排、灵活使用
2002年	《城市居住区规划设计规范》(GB 50180-02)	在93规范基础上,做了局部调整

现职业、经济收入、文化价值观的差异，导致居民群体的公共服务设施需求分化，城市社区地域空间分层日益明显。因此，计划经济条件下形成的居住区公共服务设施配套体系已不能适应城市发展现状需求，需要调整配套思路使之适应社会主义市场经济发展（陈燕萍，2000；杨震，赵民，2002）。在建设方式上，原有的“千人指标”和“占住宅建筑面积的比重”的公共设施配置体系急需市场经济调节的有效补充（遇大兴，黄为隽，2000），周建军进一步提出针对市场不规范行为，要加强市场经济条件下公共服务设施配置的监管，特别是城市规划的自身的调控作用，通过法律规范，约束市场盲目和失灵行为（周建军，2000）。基于对市场经济条件下城市居住空间分异现象的分析，刘冰等建议城市居住区公共服务设施建设应从住区建设与管理模式上进行改进，提出加大住区周边的城市公共服务设施的投入，缩小住区内外部环境的差异，强化住区多层次的综合服务功能（刘冰，张晋庆，2002）。

在市场经济条件下，政府要调整职能，要发挥市场的资源配置优势。按照对公共服务设施的经济属性区分，政府应承担提供其中公共产品的义务和责任，市场负责提供私人产品（何剑枫，2000）。基于社会经济体制改革、技术领域的宏观发展趋势分析，唐子来推断居住区服务设施中公益性设施的需求趋势将会强于营利性设施。在公益性设施中，教育设施、老人设施和社区设施的需求将会越来越显突；在营利性设施中，服务型商业设施的需求趋势将会强于零售型商业设施，并出现了休闲服务和信息服务等新的需求类型。公共服务设施分布受人口结构变化、经济运行方式变化、生活方式变化、价值观念变化及信息化影响，出现需求分化、服务半径扩大、强调以人为本、强调服务功能等发展趋势（唐子来，1999）。因此在城市居住区未来的公共服务设施建设中要相对减少行政管理设施，增加金融、体育和社区便民设施，调整文化、医疗、教育和商业服务设施，增加居住区信息化、智能化项目（张仁俐，赵旭等，2001）。在运营方式上，杨团等探讨市场经济条件下公共服务设施的运营管理机制创新，明确公私伙伴关系（PPP）模式在城市公共服务设施建设中的优势和作用（杨团，2001；李秀辉，张世英，2002）。

（3）城市公共服务设施规划实践与服务设施导向开发

① 城市公共服务设施规划实践

城市规模的迅速扩张，城市公共服务设施的建设规模和服务能力日渐显得滞后于社会经济的发展。尽管造成这种现象的原因是多方面的，但缺乏公共服务设施专项规划以进行科学、系统、强有力的指导是很重要的因素（顾朝林，2002；刘佳燕，2006）。公共服务设施规划具有强化政府公共职能、提升城市品质、更好满足社会需求等深远意义。以问题分析为目标导向，李京生等在公共服务设施规划中提出构建多级服务网络、实现多元分异供给和发展多方协作机制的三条核心策略(李京生,张彤艳,2007)。

社区公共服务设施规划与城市规划中的居住区公共建筑规划之间的双向互动、兼容融合是完善社区服务设施建设的关键因素(胡伟,2001)。宣莹等总结了社区配套设施供给过程中的问题,主要包括建设主体相互推诿扯皮、公共服务设施投资难以落实、公益性设施配套与开发商利益之间矛盾及公众新需求与服务设施配套标准之间的矛盾。提出了加强政府规划引导、协调多方利益的规划策略(宣莹,陈定荣,2006)。基于当前我国城市社区公共服务设施建设在城市规划层面上存在的诸多问题,陈静敏提出"双向互动"机制是推动社区服务设施建设的根本途径(陈静敏,张研,2002)。甚至有学者直接提出了建立以社区为基本单元的城市规划新体系的理念(应联行,2002)。商业设施规划要与城市经济、人口及资源特征紧密相关,鼓励大型商业集团参与住区商业运行,加快商业结构调整并强化商业发展规划,推进住区商业服务设施体系形成(乔树东,2005)。户外体育运动设施也是公共服务设施的重要组成部分,结合我国城市内部开敞空间不足的特点,李艾芳等提出建设"外向型"居住社区体育设施,利用屋顶空间及地下空间及居住社区与学校体育设施互补等模式(李艾芳,李海娜,等,2005)。

张晓生以广州为案例,研究了广州郊区居住区公共服务设施配套。他认为郊区居住区公共服务设施配套体系完善与否、建设水平高低直接影响着广州住宅郊区化进程。城郊结合区域公共服务设施的配置与城市运营密切联系,与居民生活息息相关,其建设应融入更多经济层面、社会层面的思考(张晓生,2006)。要遵循"以人为本"的配置理念,统筹的配置原则、动态的配置过程,促使城郊结合区域公共服务设施良好运营,保障服务(李丹燕,陈烈,2001;周志清,2008)。基于人口老龄化的趋势,老龄人口公共服务设施研究是热点之一。黄捷基于人口老龄化趋势背景,研究了老龄人口对公共设施的特殊需求(黄捷,2007),欧莹莹考察了广州老年服务设施地区差异与等级差异,结果显示老龄人口服务设施配置与老龄人口分布基本吻合,但使用率低,需要调整社区老年服务设施系统,完善社区养老体系和老年服务设施运营机制(欧莹莹,2005)。王考进一步探讨了人口老龄化背景下广州老年人公共服务设施配套,结果表明广州社区老年公共服务设施在空间上分布不均衡,公共服务设施配套标准与人口老龄化发展不协调(王考,2008)。

② 城市公共服务设施导向开发

城市公共服务设施导向开发是重要的城市开发引导模式,即通过完善大型公共服务设施的配置，为物质生产、流通等创造条件，提升城区功能，带动城市新区的发展，从而影响城市整体经济的发展进程（王青，2008）。程文等认为大型公共服务设施主要指规模较大、服务辐射力强、城市区级或区级以上的用于行政办公、商业金融、文化娱乐、体育休闲、医疗卫生等的公共建筑设施，并提出大型公共服务设施的建设应从城市发展战略、城市交通体系与政策、城市经济与环境以及城市建筑设计等多角度进行综合一体化规划设计，以此促进城市重要服务设施项目的规划选址、规模布局、建筑计划等工作程序进一步规范和完善（程文，赵天宇，2003）。

随着城市化进程的加快，新城、新区项目上马较多，新城、新区或旧城更新项目是公共服务设施规划研究的热点之一。研究人员包括北京的刘佳燕、郑筱津；上海的赵广君、吴光伟、苏立琼；武汉的陈伟东、张大维；佛山的王嶝嵘等。外来人口是城市人口的重要组成部分，对城市的各项配套设施有着不同的需求，在规划中对其予以考虑（李贵如，张静，2008），能有助于缓解当前城市公共服务设施供需矛盾。

（4）城市公共服务设施空间布局的社会分异

① 城市公共服务设施配套与居住区位选择

住房是一种复杂的商品，它的意义超过定居地本身所提供的避风避雨的含义。居住还是个人保障、自主、舒适、财富和社会地位以及稀缺城市空间资源的接近程度，如教育、医疗和休闲设施是决定性主导因子（吴启焰，张京祥，等，2002）。居民购房在住房成本和城市公共资源之间进行权衡，这种权衡关系影响着居民的居住区位选择，由此可见，公共服务设施投资政策将在很大程度上影响城市的居住空间（苏振民，林炳耀，2007）。以北京为例，张文忠研究表明居民居住选择时最为关注的是居住区位、配套设施（医疗机构、教育机构、购物设施）及自然环境因素（张文忠，1999）。

不同价格商品住房对不同类型公共服务设施的可达性具有显著的差异。王松涛等研究发现商品住房对绿地公园、医院和健身场所“最短距离”可达性最强，而对大型商场、文化设施、体育场馆的“最短距离”可达性较差。重点高中、球类场馆、文化设施和绿地公园这四种公共服务设施较强的可达性对目前北京市新建商品住房的价格产生了拉动作用，即该四种公共服务设施的可达性特征被住房消费者和供给者所识别，并被资本化入住房价格（王松涛，郑思齐等，2007）。范炜认为城市居民的居住需求包括住房本身及其所在区位环境需求，区位环境包括购物环境、休闲娱乐环境、就医和就学环境及交通出勤环境，最终的选择一般会处于家庭成员各自就业、教育设施及生活设施的中间位置（范炜，2004）（图1-8），但忽略城市不同区位间及不同属性城市居民的居住区位偏好的差异。

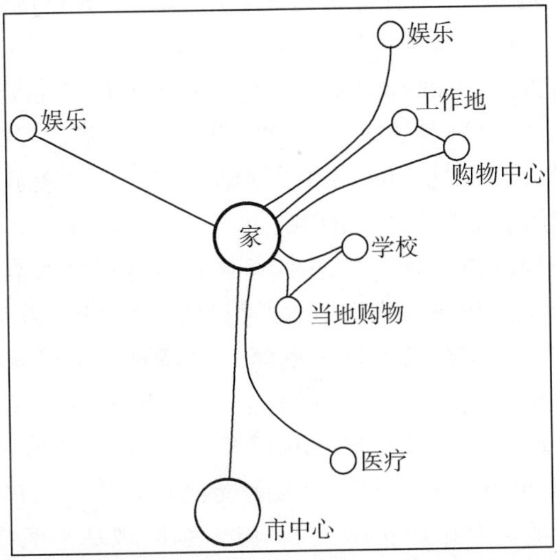

图 1-8 城市居民家庭活动范围内的主要功能设施元素

基于人们居住观念由生存型向舒适型转变，人居环境成为购房者考虑的重要因素，包括自然环境、经济环境（就业岗位、公共服务设施配套等）、社会环境（人口密度、居住群体组合、社会治安等）。薛德升和李郇以广州为案例，从城市居民的生活环境尺度、居住需求趋势和广州社会发展趋势及城市建设方面进行分析，表明城市居住热点区位应具有的条件是交通方便、环境优美，且各种配套设施完好（薛德升，李郇，1995）。所以，现代城市规划中居住区规划的基本理念是"功能混合"，即重视就业岗位和城市公共服务设施与居住区的配套建设（马清裕，张文尝，2006）。

② 城市公共服务设施空间布局评价

城市公共服务设施空间分布评价研究主要集中在医疗卫生设施领域。医疗设施分布与人口和地域因素密切相关，医疗设施布局应该以人为中心，而不是以环境、技术为中心。应在人口研究的基础上，通过对人口特征和人群的医疗市场需求量的分析，来确定医疗服务需求的性质，估算市场需求规模，然后根据医疗设施布局的合理性（网络建设）和便利性（合适的服务半径）来确定医疗市场的设施布局（彭希哲，梁鸿，1995；唐文韬，杨科等，2008）。周小平认为要通过优化城市医疗设施的供给和分布，使其与城市空间格局、规模和人口结构相适应，以更好地服务社会大众（周小平，2007）。陶海燕应用重力模型计算了广州市珠海区内居民的就医可达性指标，分析设施分布的薄弱区域，并对该辖区内的医疗设施的空间布局规划进行了探讨(陶海燕，陈晓翔，等，2007)。王远飞利用 GIS 中的泰森多边形方法研究了上海浦东新区的医疗服务可达性问题(王远飞，张超，2005)。吴建军等使用 GIS 技术和空间可达性指标评估农村医疗设施的区域分布特征，鉴别出资源分配较薄弱的区位(吴建军，孔云峰，等，2008)；基于 GIS 的两步移动搜寻法可以揭示较大区域(例如城市)内详细的空间分布差异性，能更合理地反映病人与医疗设施之间的相互作用(刘钊，郭苏强，等，2006)。

医疗设施布局的研究是评价医疗资源使用合理性和有效性的前提，上海市医疗设施分布存在不均衡现象，城乡之间、各区间、各县间分布不均衡现象显著，从整体上存在由市区—近郊—远郊的逐步递减的分布趋势(梁鸿，1995)。广州医疗设施以老城区组成的团块状高优势度区域为中心，优势度分值自中心向外围区域呈现环状递减，并且优势度高分值区域有向市区东部及北部延伸的趋势；基本医疗服务能满足大部分居民的需求，特别是越秀、海珠、荔湾的部分区域优势度高，但个别区域基本医疗服务现状差强人意，亟待改善(胡瑞娴，陈忠暖，2008)。另外，张旭等发现南京餐饮设施的发展具有地域不均衡性，数量总体上由中心向外围递减，呈圈层式发展，餐饮设施的空间分布与经济水平、人口分布因素、交通便捷程度、城市文化传统、空间结构演替等诸多因素有关(张旭，徐逸伦，2009)。

③ 城市公共服务设施空间布局的社会分异

林康和陆玉麒等认为公共服务设施空间公平性包括两层含义：一是空间可达性公平；二是空间可用性公平。从空间可达性角度探讨公共服务设施供给的空间公平，是地理学服务于当前经济社会建设的重要应用领域(林康，陆玉麒等，2009)。张文忠认为城市公共服务设施(如学校、图书馆、医院和消防局等)空间分布受行政制约较大，公平性和效率性是此类服务设施区位布局的主要因素。公共服务设施的区位选择不仅要追求移动费最小这一效率性，同时也应该考虑所有公民都能够均等地享受公共服务权利的公平性(张文忠，1999)。衡量公共产品服务的效果，可以有两项指标：一是总量指标及比例指标，如教育投入的总额及占 GDP 的比例；二是公共产品的空间分布状况。就我国目前的现状而言，首先是公共产品的总量投入不足，政府服务不到位。另一方面，在优化、完善公共产品服务方面，空间分布的相对均衡性，是一个非常重要的方面(唐娟，曹富国，2004)。

城市空间资源占有和使用具有不平等性。在土地和房地产市场化的中国城市，居民经济收入的多寡将直接影响他们对城市社会空间资源的可进入性(接近性；吴启焰，张京祥等，2002)，所以围绕住房所造成的社会公共资源分配不公是现代城市的主要社会问题之一。劳动力在市场中的地位决定了人们的居住地点，收入低的家庭只能住在社会服务差、交通条件差的区域。而高收入家庭则享受良好的城市环境和城市公共服务设施（艾大宾，王力，2001）。早在1996年，杜德斌就发现在市场经济起步较早的深圳蛇口，不同社会阶层的居住区服务设施配套存在显著差异，高级居住区设施精良，毗邻高档购物和娱乐中心，而外来工居住区设施简陋，卫生状况差（杜德斌，崔裴等，1996）。随着我国阶层空间分异的加剧，空间资源占有的不平等问题逐渐凸现，以商品住房为例，价格高的商品住房距离公共服务设施的距离最近，可达性要优于低价商品住房（王松涛，郑思齐，等，2007）。

现在城市公共资源的分配、配置，往往是以权力为中心的来进行的。愈靠近权力中心，获分配、配置的资源就愈多，反之则愈少。因此，解决社会资源配置上的不公实乃当务之急，也是二次分配制度改革必须考虑的重大问题之一。社会经济发展水平伴随社会阶层分化的空间演替，在该规律制约下，各种生活行为空间类型和所构成的生活方式存在时空序列阶层式差异，致使生活消费行为场所的空间结构也呈现社会阶层化差异（王兴中，2004）；以娱乐设施为例，社会阶层化下的娱乐业空间等级是通过社区等级体系中的社区资源表现出来，阶层不同导致娱乐消费的档次和水平不同，随着阶层的提升，娱乐消费的费用在“增加”，娱乐场所（等级）（包括环境质量、服务水平、场所设施等）的等级在提高（王兴中，高丽，2008）。

3）国内外相关研究述评

西方城市公共服务设施供给研究起步早，伴随西方国家福利政策变革的持续开展，系统研究主要集中在供给模式变革、区位选择及空间布局和社会分异等领域；研究方法多样化，从区位分布模型到将居民社会经济属性与服务设施布局相结合的GIS综合空间分析，定量和定性相结合，新方法层出不穷且有逐步综合的趋势。从大卫·哈维的《社会公正和城市》起，西方众多学者从不平等和不公正的视角关注城市地域差异，对相关政策效应的评价也以是否消除或减少了地域不平等和不公平为标准，而对不公平程度及其产生的更广泛社会背景缺乏深入讨论（Powell. M，G. Boyne，2001）。在西方国家城市社会阶层进一步分化背景下，城市公共服务设施分布和使用机会公平受到越来越多的关注，而城市公共服务设施空间分布形态受制于供给主体结构及其运行机制调整，构建需求导向的供给模式，需兼顾供给效率与公平（Hare. T. S.，H. R. Barcus，2007）。以上是城市公共服务设施供给研究的重点，相关研究有进一步深入和细化趋势。

基于转型期社会经济背景，国内城市公共服务设施相关研究主题重在对市场经济条件下公共服务设施配套指标完善、供给模式变革及城市快速发展背景下城市公共服务设施建设实践的探讨。随着社会阶层分化研究的深入,城市公共服务设施社会分异及空间公平研究也日渐受到关注。但总体看来,国内城市公共服务设施供给研究起步晚,仍处于起步阶段,主要表现在研究主体分散不成体系,缺乏系统研究框架和理论支撑,对转型期城市政府职能转变和城市管理模式变革背景下公共服务设施供给主体、供给机制演变的分析不足,而由供给主体结构和相应制度设计构成的供给模式变化才是当前城市公共服务设施供给问题根源所在。正如阿马蒂亚·森所提到的:"即使饥饿是由食物短缺引起的,饥饿的直接原因也是个人拥有交换权力的下降。"同样,忽视公民权利、利益诉求和价值的供给模式是转型期城市公共服务设施供给问题产生的直接原因,而供给模式变革受制于转型期社会经济体制变革背景下供给主体结构及相应制度设计的变化。综上所述,对比国外城市公共服务设施供给相关研究,国内研究存在如下不足:一是宏观尺度的理论探讨较多,而出于微观视角实证分析不足,宏观与微观相结合的模式总结少有涉及;二是在社会经济体制的转型中,对城市公共服务设施供给主体结构及相应制度设计变革的作用机理、供给模式演进的社会空间效应评价及机制重构探讨不足,有待进一步研究。

1.3 理论基础与研究视角

1.3.1 理论基础

城市公共服务设施主要是指由政府直接或间接提供的社会性基础设施,本质上属于城市公共物品范畴,其供给模式形成及变革与社会经济体制背景密切相关,而当前城市公共服务设施供需矛盾解决需要尊重公民权利和公众利益诉求,确立以公众需求为导向的城市公共服务设施供给模式。因此,本文主要借鉴公共物品理论、政治经济学理论及行政管理学的新公共管理和新公共服务理论来探讨转型期广州城市公共服务设施供给模式及形成机制。

1）公共物品理论

(1) 公共物品内涵

公共物品理论最早出现在关于国家、政府职能的讨论中。在《人性论》中,大卫·休谟(David Hume)认为某些有益于个人的事务只能通过集体行动才能完成,即集体消费品(董礼胜,等,2007)。现代经济学上公共物品的概念是由萨缪尔森于1954年首先提出,他将公共物品定义为"具有消费的非排他性和非竞争性的物品",即每一个人对这种物品的消费并不减少任何其他人对该物品的消费(Samuelson. P. A, 1954)。

研究者大多从消费非排他性和非竞争性来定义公共物品内涵,而较少能从供给和需求两个方面相结合进行剖析。高鸿业和吴易风认为"公共物品是私人不愿意提供或无法提供而由政府提供的物品和劳务",将公共物品与政府提供直接对应,强调了公共物品私人提供的不经济(高鸿业,吴易风,1990),在国内较早从提供者角度来阐释公共物品内涵。胡代光先生将公共物品定义为"一个人对某些物品或劳务的消费并未减少其他人同样的消费或享受",其特性表现为消费的非竞争性和提供的非排他性(胡代光,周安军,1996)。这个定义表明公共物品除了在消费上具有公共性之外,同时在供给上具有集体性、规模性的特点,涉及公共物品消费和供给两个方面,是目前国内公共物品最有代表性定义之一,本书主要是从供给角度讨论公共服务供给,重在探讨公共服务设施供给主体结构变革、利益整合及机制重构。

(2) 公共物品特征

除了消费的非排他性和非竞争性之外,公共物品更具有强烈外部性和公平性。外部性是指一个经济主体行为的成本或收益自动外溢到其他经济主体上的现象。成本外溢说明存在着负的外部性,相反收益外溢则说明产生了正的外部效应。当一种公共物品生产出来,包括生产者在内的相关主体会因此得益,这类公共物品就是具有正外部性的公共物品。如良好的教育、文娱、医疗设施、优美环境等都具有强烈正外部性。

公共物品的本质属性在于其公共性,包括其供给和消费的公平性和公正性,其实非排他性和非竞争性本质上具有保证所有人消费和享用的内涵。公平性是公共物品的本质属性,也是政府治理的基本内涵。主要表现在四个方面:① 公共物品使用公平性。基于公共产品本身非排他性和非竞争性的特征,任何人都有权使用或消费公共产品,而这种使用或消费通常又不会影响到其他人的使用或消费,它对于每个人都是公平的。② 供给机制公平性。因为市场机制的逐利动机决定其在公共物品供给领域的功能失效。政府要建立一种公平公正的供给机制,向社会所有成员提供这些公共产品,保证公共物品的供给公平、分布公平和筹资公平。③ 供给取向公平。公共产品的供给目标是要实现社会总福利和人均总福利的最大化的需要,所以政府必须按照社会公众的集体意愿提供公共产品,而不能以获取利润为最终目的(董礼胜,等,2007)。④ 空间布局的公平性。基于公共物品的强外部性和对生活质量的重要影响，其供给不仅要考虑到供给的质量和规模，还要考虑到均衡的空间分布，要保证不同地区、不同阶层的社会居民都能方便地享有公共服务，因此公共物品的空间均衡分布是"公共服务均等化"的前提。

(3) 公共物品分类

从20世纪70年代以来，经济学者逐步统一认识，从非排他性、非竞争性和拥挤性三个特点出发，把物品分为纯公共物品、准公共物品和非公共物品三类。纯公共物品只是少数，在纯公共物品和私人物品之间大量的准公共物品是现实生活的物品主体。所以理论上存在一个"物品序列"，序列左端是纯粹的私人物品，右端是纯粹的公共物品，左右两端包含具有不同程度的消费排他性和竞争性的各种物品，从序列右端到左端，物品的私有性不断增大(图1-9)。现代公共物品理论不仅仅关注纯公共物品，而且重点关注物品系列两端之间的准公共物品，其在转型期的供给主体、供给机制变革及空间效应正是本书的关注重点。

图1-9 物品序列示意图

在供给上，传统公共物品理论认为公共物品投资的回报率低，资本系数高，不适宜民间资本的介入，政府公共机构应该承担起公共物品投资的责任。但实际上纯公共物品类型很少，更多的是准公共物品和私人物品。这些物品可以通过市场供给，且比政府供给更有效率。随着公共服务供给机制改革及市场机制的引入，公共物品的供给逐步形成政府、市场和非营利组织三个供给主体，政府负责纯公共物品供给及为市场和非营利组织公共物品供给提供制度环境，发挥市场竞争和效率优势，引导非营利组织供给的公平导向特征，是供给主体机构的核心。

城市公共服务设施本质上属于城市公共物品范畴，可以基于公共物品经济属性分为纯公共物品类服务设施、准公共物品类设施和非公共物品类设施三类。不同经济属性的公共服务设施供给过程的市场化程度、营利能力上的差异，对其供给主体选择、供给机制具有决定性影响。因此，可以进一步根据设施供给的营利程度，将公共服务设施分为营利性、准公益性、公益性三种类型，各类设施对市场经营的接受程度不同，其供给过程也要差别对待(表1-9)。

表 1-9 城市公共服务设施分类

物品类型	营利特征	市场化接受程度	设施类型
私人物品类设施	营利性	受市场规律支配	商业服务设施
准公共物品类设施	准公益性	建设不受市场支配，经营管理受市场支配	教育设施、医疗卫生设施、文化娱乐设施、体育设施
纯公共物品类设施	公益性	不受市场支配	市政公用设施（如消防设施）、行政管理设施、社区服务设施

2）政治经济学理论

政治经济学理论有助于将城市公共服务设施供给的社会过程与空间过程结合起来。本书主要借鉴分权化、资本循环理论及集体消费理论来剖析城市公共服务设施社会和空间过程。

（1）分权化

分权化是一个涉及多种形式、不同层次、不同程度的权利整合和分配的概念。因此分权化既包括纵向的中央向地方分权，同时也包括横向的政府向市场、社会的分权。如图 1-10 所示，分权化一方面是在各级政府之间和政府部门之间围绕政治与决策权、事权和财权分配而进行的权力、责任转移的过程，主要表现为权力在政府间平行或垂直移动的过程，具有政府间权力、利益关系调整的属性；另一方面，分权化是指不同层级政府部门在公共事务管理和公共服务过程中，将相关权力、责任向市场组织与社会转移的过

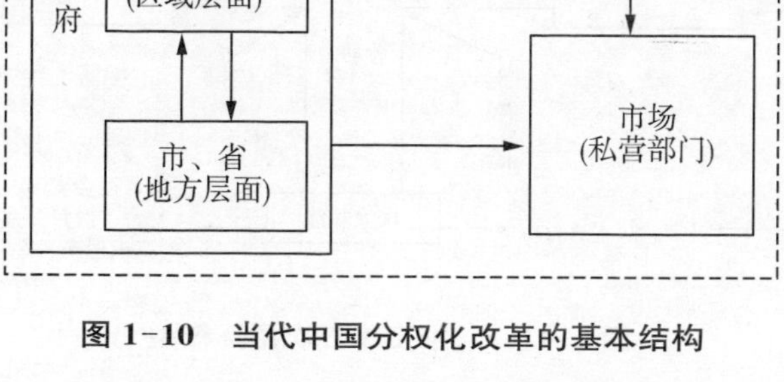

图 1-10 当代中国分权化改革的基本结构

程,表现为政府、市场和社会的关系结构(张京祥,罗震东,等,2007)。中国1978年以来的经济改革实质上就是在行政分权的框架下引入市场机制,通过对外开放与国际接轨,通过权力下放即行政分权推行经济的自由化和市场化(钱颖一,2003)。分权化、市场化和全球化是中国近30年来保持经济快速发展的制度基础,同时也是引发政治经济领域诸多问题的直接诱因,所以分权化、市场化是中国改革的政治经济学特征研究的切入点。

(2) 哈维的资本循环理论

1977年,哈维根据马克思主义关于资本主义生产和再生产的周期性原理,提出资本主义城市体系的一般分析框架,其基础就是"相互关联的资本循环"(图1-11),也就是资本的三级(次)循环(朴寅星,1997;赵静,2009),并以此来解释资本运动与城市空间发展的关系。资本三级循环包括:初级循环是生产资本,主要用于购买机器设备,以增加剩余价值;第二级循环是固定资本和消费资金,主要用于建造住房、道路等城市实体环境;第三级循环是用于科学技术、教育、医疗等劳动力再生产资本。哈维认为初级循环如果能产生剩余价值,资金将会流入第二级循环;第二级循环中,资本用作固定资本和消费基金,用于建造实体城市环境;资本循环的最后层次是进入第三级循环,用于科学技术、教育、医疗等社会公共事业的支出,其公共物品属性明显,事关城市居民的社会服务和社会进步,但公共物品的"非排他"和"非

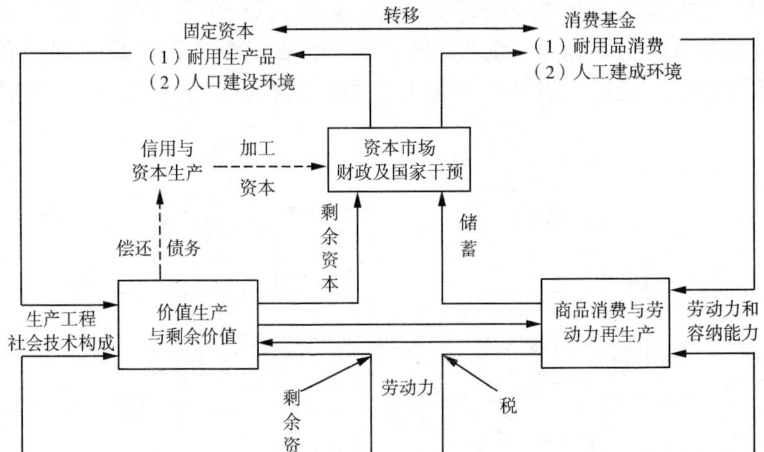

图1-11 哈维资本三次循环模型

竞争”属性又限制第三次资本循环的利润，私人资本不愿进行投资，所以资本是否进入第三次循环及其资本规模将取决于国家的干预。

(3) 卡斯特斯的集体消费理论

生产领域的研究范式一直占据传统社会学研究的统治地位，消费现象没有得到应有的重视。其实，在生产、交换和消费的环节上，消费问题成为发达资本主义国家城市中的核心问题(蔡禾，2004)。卡斯特斯 1972 年在他的著作《城市问题》中提出社会体系分析的精辟框架，他将社会体系划分为综合的经济、政治、意识形态体系和以间接方式最终决定整个结构的经济层次，意识层次将表现于象征空间，政治层次将表现于地方政府对城市行政管理的制度性空间(图 1-12)。他的核心概念是群体消费和国家干预。他认为城市是一个集体消费单位，包括公共住宅、教育、医疗等社会公共服务和公共事业。集体消费对资本主义社会的劳动力和社会关系再生产具有重要意义，但多为非盈利项目，国家在何时、何地、以何种方式、在多大程度上介入集体消费过程，将对城市公共事业和公共设施与城市空间形态的演变产生极大的影响(朴寅星，1997；赵静 2009)。卡斯特斯将集体消费与城市空间联系起来，从消费的视角分析城市空间形态演变，为城市公共服务设施空间分布的社会分异研究提供理论支撑。

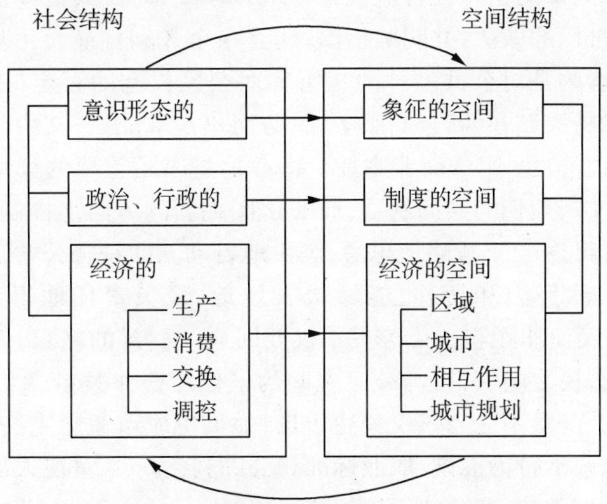

图 1-12 卡斯特斯的城市结构分析框架

3) 新公共管理及新公共服务理论

(1) 新公共管理理论

二战后，西方福利国家普遍面临的财政压力，导致传统的政府公共行政失效，需要新的政府管理方式。经济学方法在政治学中的应用为政府改革提供了理论基础。个人主义和“经济人”假设被引入用于政治与行政问题的解释，认为传统的官僚制模式不具有更好的责任机制、激励约束机制和灵活性，需要向灵活的、负责的、成本—收益对称的市场机制转变，市场可以提供比政府更好的公共物品和服务，市场力量应该最大化。因此，从1980年代初开始，西方国家的公共部门管理发生了重要变革——“以市场为基础的、灵活的、提供回应性服务的企业化政府管理方式逐步取代了旧的、僵化的、科层制官僚体制的政府管理方式”。新公共管理的内涵主要有如下三个方面：一是企业管理技术的采用；二是服务及顾客导向的强化；三是公共行政体系内的市场机制及竞争功能的引入（陈振明，2000）。虽然新公共管理反映了知识经济时代对政府管理的新要求，具有一系列的创新，但新公共管理追求“三E”（效率、效益、经济）的运行标准，被认为是削弱政府的公共价值观，其基于“经济人”假设的理论基础和对绩效的重视也都与公共价值观相冲突，受到越来越多的批判（王丽莉，田凯，2004）。

（2）新公共服务理论：对新公共管理的批判与超越

新公共服务理论承认新公共管理对西方国家政府所产生的重大影响，且“一些技术被证明的确是有益的”。但是，新公共服务批判新公共管理通过推行“从私人部门引入的价值观来寻求管理变革”及其把商业的价值迅速转移到公共部门的做法，并明确指出，建立在个人利益最大化基础上的新公共管理所蕴含的是对公共精神的损害和对公民权利的否定（王丽莉，田凯，2004）。登哈特夫妇在《新公共服务：服务而不是掌舵》一文中明确提出了新公共服务的内涵：① 服务而非掌舵。即政府越来越重要的作用就在于帮助公民表达和实现他们的共同利益，而非试图在新的方向上控制或驾驭他们。② 追求公共利益。③ 战略地思考，民主地行动。即符合公共需要的政策和计划，通过集体努力和协作，能够最有效地、最负责任地得到贯彻执行。④ 服务于公民而非顾客。公务员不仅要回应“顾客”的需求，而且更要关注建设政府与公民之间、公民与公民之间的信任与合作关系。⑤ 责任并不是单一的。即公务员不应当仅仅关注市场，他们也应该关注宪法和法令，关注社会价值观、政治行为准则、职业标准和公民利益。⑥ 重视人而不只是生产力（登哈特·罗伯特，登哈特·珍妮特，2002）。

由此可见，与新公共管理追求个人利益最大化的观念截然不同，新公共服务是建立在公共利益观念之上的，要求公共行政人员为公民服务并确实全心全意地为他们服务（表1-10）。新公共服务理论在批判的基础上实现了对新公共管理理论的超越：首先，新公共服务呼吁维护公共利益；公共利益

表1-10 传统公共行政、新公共管理与新公共服务的比较

	传统公共行政	新公共管理	新公共服务
主要的理论基础和认识论基础	政治理论，早期社会科学提出的社会和政治评论	经济理论，基于实证社会科学的更完善对话	民主理论，包括实证的、诠释的批判和后现代等不同的知识途径
主导理性和相关的人类行为模式	抽象理性，"行政人"	技术和经济理性，"经济人"或自利的决策人	战略理性，对理性的多种检验(政治的、经济的、组织的)
公共利益概念	在政治上加以界定，有法律表述	表示个人利益的集合	是共商共同价值观的结果
公务员回应的对象	委托人和选民	顾客	公民
政府的作用	划桨(设计和执行政策，关注政治上单一目标)	掌舵(充当催化剂、释放市场力量)	服务(协商和协调公民和社区团体的利益，营建共同的价值观)
实现政策目标的机制	通过现存的政府机构来实施项目	创造机制和激励机构，通过私人和非营利机构来实现政策目标	建设公共、私人和非营利机构的联盟，满足相互一致的需求
责任的途径	等级制——行政官员对经由民主程序产生的政治领袖负责	市场驱动——自我利益汇集产生令诸多公民团体满意的结果	多样化——公务员必须关注法律、社会价值观、政治规范、职业标准和公民利益
行政的自由裁量权	允许行政官员掌握有限的自由裁量权	有更大的余地实现企业家似的目标	自由裁量权是必须的，但是应受到限制的和负责任的
假定的组织结构	官僚组织以机构内自上而下的权威以及对委托人的控制或管制为特征	分权的公共组织，机构内仍保持基本的控制	合作型结构，有内部和外部共同的领导
假定的公务员和行政官员的激励基础	工资和收益，公职保障	企业家精神，理念上的压缩政府规模的愿望	公共服务，期望对社会有所贡献

是一种共同的事业，源于对共同价值准则的对话协商，所有公民的对话协商是维护共同利益的前提。其次，新公共服务强调尊重公民权利，并提出了“公民优先”的理念，政府必须以新的方式主动出击，去理解公民正在关心什么，必须对其需要和利益作出回应。最后就是重新定位政府的角色，政府功能要逐步从管制和命令转向协调和服务（王丽莉，田凯，2004）。综上所述，新公共服务理论以维护公共利益为价值出发点，重视公民权、公众需求和参与，对转型期服务型政府构建及以需求为导向的公共服务设施供给模式重构都有重要的指导意义。

1.3.2 研究视角

传统公共物品理论认为城市公共服务设施的公共物品属性特征突出，民间资本提供效率低下，政府公共组织才是公共服务设施最适合的供给主体。因此，在政府成为完全的供给主体背景下，其供给模式表现出政府垄断特征。从1970年代开始，随着经济学对公共物品社会经济属性探讨的逐步深入，有些学者认为公共物品经济属性并非唯一且不可变动的，真正纯公共物品只是“物品系列”中的一部分，不同类型公共物品属性边界也可变动。基于非排他性、非竞争性和拥挤性，城市公共服务设施也可以划分为纯公共物品类、准公共物品类和非公共物品类公共服务设施。在供给方式上，政府最适宜提供的领域是纯公共物品类服务设施，而准公共物品类和非公共物品类服务设施的最佳供给主体是民间资本。在政府和民间共同作为城市公共服务设施供给主体的条件下，城市公共服务设施供给模式具备多元化变革的理论前提。

城市公共服务设施供给模式变革与社会经济发展背景演变密切相关，社会经济体制转型改变了城市公共服务设施供给主体结构和制度设计，供给模式表现出与计划经济条件下截然不同的特征和问题。改革开放前，政府兼任城市公共服务设施供给的安排者和生产者，并基于“从上至下”的行政手段安排消费者的消费需求，供给模式单一，效率低下。转型期以来，基于一系列行政分权和市场化改革，传统一元利益格局被打破，政府、市场、社会成为独立利益主体参与公共服务供给。地方城市政府由“代理型政权经营者”转变为“谋利型政权经营者”，促成了以经济发展和提升城市竞争力为宗旨的城市经营模式。市场营利组织及社会非营利组织通过承接社会经济体制改革过程中政府释放的经济社会功能，成为公共服务设施的“新兴”供给主体。因此供给主体的多元化为转型期城市公共服务设施供给模式变革提供了现实基础。

综上，对城市公共服务设施社会经济属性认识的深化及供给主体的多元化是转型期城市公共服务设施供给模式演进的理论和现实基础，改变了城市公共服务设施供给模式的主体结构及相应制度设计(图 1-13)。由于转型期不同供给主体之间的地位和利益诉求不同，相互冲突的利益实现机制是当前公共服务设施供给问题产生的根源。因此基于转型期城市公共服务设施供给模式的演进特征及形成机制的认识，构建符合当前社会经济特征的供给模式对解决城市公共服务设施供需矛盾、促进社会公共资源合理有效供给具有重要意义。

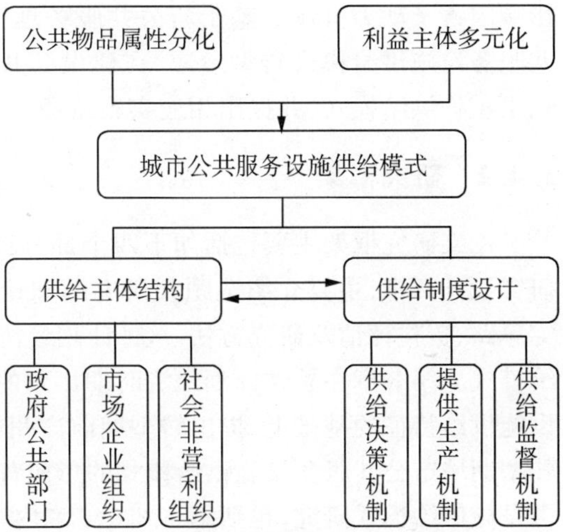

图 1-13　城市公共服务设施供给模式变革研究视角

1.4　研究思路与研究框架

1.4.1　研究思路

本书立足于中国社会经济体制转型的宏观综合背景，研究城市公共服务设施供给模式变化及动力机制，并以问题合理解决为导向，基于新公共服务理论，重构转型期城市公共服务设施供给模式，为社会公共资源的合理分配及公共服务设施供需矛盾合理解决提供理论基础。在此研究目的指引下，首先是对国内外城市公共服务设施供给相关研究进行综述和述评，把握相关研究的最新进展；其次以广州为对象，以供给模式历史演变及现实案例分析视角探讨广州城市公共服务设施供给模式的演变过程。计划经济时期的公共服务设施供给模式是转型期供给模式形成的基础，所以本书正文首先对转型前广州城市公共服务设施供给特征及模式进行系统总结，为后文展开铺垫；再次从公共服务设施供给模式的主体结构和运行机制的制度设计两个层面探讨转型期广州城市公共服务设施供给模式及特征；接着从案例实证剖析视角对比转型前后广州教育和医疗服务设施供给模式的演变；随后在总结转型期广州城市公共服务设施供给演进特征的基础上，探讨其影响因素及动力机制。基于新公共服务理论，本书最后评估了广州城市公共服务设施供给模式转型效应，在建设公共服务型政府和城市治理模式背景下重构供给模式，并提出相应实施路径。

1.4.2 研究框架

论文研究框架主要包括如下四个部分：① 研究铺垫。包括研究综述和研究设计两章，主要介绍选题和研究的理论和实践背景，提出理论假设、研究思路、资料评估及研究方法。② 计划经济时期广州城市公共服务设施供给模式。第 3 章在总结计划经济时期广州的社会经济背景和城市公共服务设施供给特征的基础上，提出转型期前广州城市公共服务设施供给模式，是转型期城市公共服务设施供给模式的形成背景。③ 转型期广州城市公共服务设施供给模式研究，包括第 3、4、5、6 章内容，首先以广州中心城区为例，在 GIS 空间分析及定量评估基础上，分析广州城市公共服务设施现状分布特征。其次从供给结构及相应制度设计方面总结转型期供给模式，然后结合花都中小学教育及越秀区医疗服务设施供给模式转变，探讨转型期广州城市公共服务设施供给模式演变影响因素及动力机制。最后在评估改革开放以来供给模式转型效应的基础上，基于新公共服务理论，重构公共服务设施供给模式，促进转型期城市公共服务设施合理有效分配。④ 结论与讨论。总结论文研究创新和不足，提出进一步研究展望(图 1-14)。

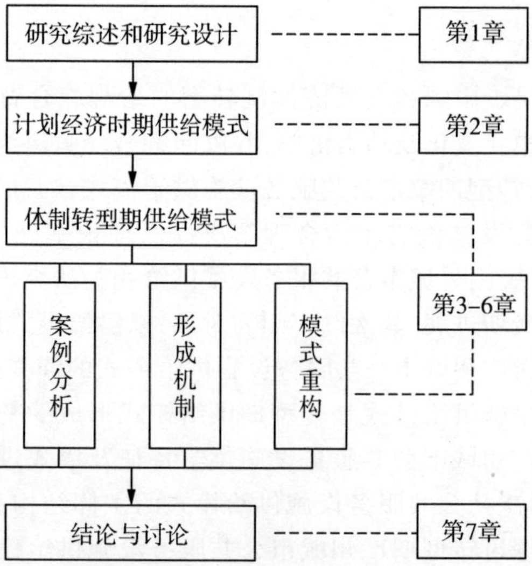

图 1-14　论文研究框架

1.5 研究区域、资料来源与研究方法

1.5.1 研究区域界定

本文以广州为研究对象，以中心城区 116 个街镇为定量评估区域，案例研究以花都区和越秀区为例(图 1-15)。本文选择广州为研究点，大致基于以下两点考虑：① 从转型期城市公共服务设施供给模式转型的代表性而言，

图 1-15　研究空间范围

广州是一个理想的案例城市；广州是我国对外开放和经济社会体制改革的先锋，经济发展迅速，社会领域活跃。在政府职能定位转型及城市公共服务设施供给改革方面处于全国领先位置。当前广州城市公共服务设施供给模式特征及困境在全国都很具典型性，文中涉及案例也为具有全国影响性事件，因此以广州为研究点对转型期城市公共服务设施供给模式展开系统研究具有较强代表性。② 从资料可获得性上看，广州也是一个理想的案例点。由于本人求学于广州，对广州文化、历史及社会氛围有着较为深入的了解和认同。在具体的资料收集过程中，获得师长及同门师兄弟的帮助。同时有幸多次参与广州城市公共服务设施规划(或布局调整)实践，对本研究主题的属性、布局特征及不同社会群体利用选择的影响因素有着更加深入的了解，并获取了研究必需的第一手资料，是本研究得以顺利进行的基础。

1.5.2 资料来源与资料评估

根据资料的来源不同，本研究资料可分为通过直接途径获取数据的第一手资料和通过间接途径获取数据的第二手资料两类。其中前者主要是通过笔者所进行的问卷调查、访谈及现场踏勘等手段获取的资料。后者包括广州城市公共服务设施供给的历史数据、现状规模及分布、与案例相关的媒体资料及现有相关研究文献等，主要来源于图书馆、资料室、网络及纸质媒体和与公共服务设施供给相关的各类机构和单位。

1）文献资料

相关文献资料主要通过中山大学图书馆、地理科学与规划学院资料室、广东省科技图书馆获取，包括与城市公共服务设施供给相关藏书、期刊及电子文献数据库、广州统计年鉴、广州建设年鉴、广州市志(第三卷)；同时我购买了与广州公共服务设施供给历史及城市治理理论相关书籍 10 多本，对现有的相关研究尤其是跨学科研究有了较系统的了解。另外我通过留学美国的同门师妹刘艳艳博士帮忙收集到《Infrastructure Provision and Urban Environment》《Equality and Urban Policy》《Conflic, Power, and Politics in the city: A Geographic View》等专著和多篇文章，对国外城市公共服务设施供给进行了系统的了解。文献资料是前人在本领域的研究成果，对本文研究最终定题有重要的支撑作用。

2）网络资料

网络资料包括国家公共服务设施供给相关法律、法规及政策，也包括案例进展的相关评论。法规政策等资料主要来源于各级政府门户网站，如广州市、区规划局、统计局、教育局和市政环卫局等网站。网络资料另外一个重要内容是对本文案例的相关评论，主要来自《新快报》《南方都市报》《南方周末》及《南方日报》等媒体的网络版，结合相关纸质媒体，有助本文跟踪案例进展，且对案例深入剖析也有重要的启发意义。网络资料中的政府政策法规是政策设施的准绳，具有高度可信度，而相关评论则只是代表作者个人对特殊问题的态度和见解，不能作为研究的依据，但对多视角剖析案例有一定的启发意义。

3）与公共服务设施供给相关的机构和单位

笔者曾拜访过广州市城市公共服务设施及案例相关资料的机构和单位，包括广州市规划局编制研究中心、番禺区规划分局、越秀区卫生局、花都区规划分局及教育分局，获取的资料主要包括2007年《广州城市公共服务设施专项调查数据库》、2009年《越秀区医疗机构目录》、2005年《广州城市居民交通出行调查数据库》、番禺区最新地形图(2009)、番禺垃圾焚烧发电厂选址相关材料、花都区最新地形图(2009)、中小学学校现状布点图、中小学校规模变化资料及教育工作总结(2000—2009)。其中越秀区2009年医疗机构目录包括新中国成立以来所有越秀医疗机构成立记录，包括医疗机构名称、地址、成立时间、所有制形式及医疗机构性质，是研究医疗服务设施供给模式变迁过程的珍贵资料(见附录一)。

4）问卷调查

问卷调查是本文一手数据的主要来源，包括两套问卷调查：一是借助广州市规划局因编制《广州城市绿地系统规划》需要而委托广州工业大学负责对广州中心城区进行问卷调查的机会，对广州中心城区1‰常住人口通过问卷进行调查，在106个街镇发放问卷，共回收有效问卷3 594份，问卷调查完成于2009年4月。因为本书中心城区评价范围是116个街镇，所缺10个街镇数据从最新统计年鉴上查找，并对应补齐。另外，通过调查过程的访谈，获取大量直观感性信息。第二套问卷调查针对花都中小学撤并过程展开，主要是了解学校撤并过程中政府、学校、学生家长之间的博弈互动及学校撤并产生的影响。选取花都区新华镇的新红棉小学、碳步镇第二小学和赤坭镇白坭小学的一、二、三年级共10个班发放问卷，让学生带回去请家长填写，次日带回。按照标准班制，每班50人，准备问卷500份(问卷见附录一)。问卷于2010年1月12日发放，13日带回，扣除家长未填、学生忘带及无效问卷，收回有效问卷374份，占问卷总量的74.8%。问卷调查为花都中小学撤并案例分析提供最为直接和最有说服力的数据，相关问卷样本见附录三。

5）访谈和现场踏勘

深度访谈和现场踏勘是对问卷调查和间接手段获取资料的最重要补充，能够从感性和深度两个方面增加对案例的了解。访谈主要是针对案例中的利益相关者展开，在番禺垃圾焚烧发电厂案例中的访谈对象包括大石会江村村民、华南碧桂园业主、外来工、村委会成员，访谈时间集中在2009年11～12月，通过多次现场探勘，对现存的垃圾填埋场及周边自然、人文环境进行了详细了解，并对相关现状进行拍照。在花都中小学撤并案例中，访谈对象包括教育局、规划局及8个街镇主管教育的党委委员(或副镇长)及教导办主任，并对每个街镇有代表性的学校进行走访，访谈各校相关老师和学生，也对相关现状进行拍照，访谈时间及对象见附录三，时间主要集中在2009年12月和2010年1月，详细事件安排及访谈内容见附录三。

1.5.3 研究方法

1）GIS空间分析法

空间分析是地理信息系统(GIS)的核心功能之一，空间分析可以揭示内在的规律和特征。GIS空间分析包含丰富的功能，常用的分析方法包括空间可视化、空间查询、空间计算、临近分析和网络分析等。本书根据需要，利用圈层分析、扇形分析、叠置分析等方法对广州城市公共服务设施的空间特征进行可视化表达。另外利用空间计算和网络分析计算不同空间单元的设施规模及可达性，并结合空间自相关技术，对服务设施分布的空间公平程度进行综合评估。

2）社会调查方法

社会调查方法就是应用科学的方法，对特定的社会现象进行实地考察，了解事件发生的原因及其作用机制，从而提出解决社会问题的对策。城市公共服务设施供给是纷繁复杂的城市问题之一，社会调查方法运用有助于解析事件运作过程及其作用机制，本书就是运用访谈、实地踏勘及问卷调查的社会学方法获取研究案例的第一手资料。

3）宏观评估与微观案例剖析、定性与定量分析相结合

宏观分析重在对事物特征的全面把握和认识，具有微观视角难以企及整体思维和针对性。因此在对广州城市公共服务设施供给模式及供给特征总结时，本书是从宏观层面出发，采用事件史的分析方法，按时间顺序追溯广州城市公共服务设施供给模式变革历程；针对公共服务设施供给特征的整体描述，基于数据可获得性，本文采用定量的方法，将中心城区公共服务设施分布与不同空间单元人口属性相对接，探讨服务设施供给的社会分异

及空间公平特征;但仅出于宏观视角的空间分析又难以认识事物变化的深层次原因及作用机理,因此宏观分析也需要借助能对事物进行更深入了解的微观分析,才能对研究对象进行更深、更全的认识。本文以典型案例研究为突破口,采用人类学、社会学的调查和研究方法,对当前广州城市公共服务设施供给问题产生过程、利益相关主体及利益机制进行更加深入的分析。因此,基于宏观和案例分析相结合及定量度量和定性演绎相结合,全面地了解广州城市公共服务设施供给过程、模式、矛盾及作用机制,能够为供给机制重构准备全方位的研究和探索。

2 计划经济时期城市公共服务设施供给模式

2.1 计划经济时期经济社会背景

2.1.1 高度集中的计划经济体制

1）计划经济体制特征

改革开放前，我国实行高度集中统一的计划经济体制，其根本性的特征是多层结构的行政管理和指令性计划控制（王于，1987）。纵向行政权力高度集中在中央政府，城市政府只是中央政府的派出机构，缺乏社会经济发展自主权，主要职能在于执行中央行政指令，完成经济发展计划指标。经济上，政府拥有几乎所有资产的所有权，通过行政分配而不是价格机制来协调经济活动、配置经济资源，上级政府的意志和需要决定了产品和资源的流向。政府成为一个大的企业管理机构，承担本应由企业承担的微观经济活动，企业缺乏经营自主权，成为政府的附庸，造成政府与企业职能的双重错位。

计划经济体制的优点是政府可以在一定时期内迅速集中各种资源，根据发展需要将资金、资源指派到特定部门或产业，对新中国成立初期的国民经济恢复和发展起到重要作用。但计划经济体制的负面影响也十分明显，表现在如下三个方面：一是各级地方政府发展动力不足，中央政府的高度集权使各级地方政府缺乏对本地域资源配置（包括公共物品和私人物品）的主导权，难以产生支撑经济运营的动力机制；二是各种资源投资成本—收益约束力弱，缺乏精确的经济核算工具，从而使各种政府投资难以取得相应的收益和经济、社会效果；三是各种物品包括公共物品、公共服务的供给主体单一，缺乏竞争机制，供给效率低下（历幡，1993）。

相对计划经济体制，市场经济是以价格机制为中心，引入竞争机制，通过市场供求和价格的变动引导资源分配，以提供效率为手段，追逐经济利润。基于不同的经济体制差异，政府在公共行政中的角色及相互关系、公民及企业的自主状况都发生很大变化，对公共服务设施供需产生较大影响。对比计划经济体制和市场经济体制，二者存在显著差异（表 2-1）。

表 2-1 计划经济与市场经济体制的差异

	计划经济	市场经济
经济运作主体	政府主导,企业处于从属地位	企业是市场经济运作主体
主体地位	上下级	平等
调控机制	指令性计划	价格、供求、竞争及风险机制
管理手段	行政命令	法律、法规
发展目标	追逐社会利益最大化	以企业利润最大化为主要目标
政府间关系	中央集权	多中心分权
政府职能	运动员和裁判员合二为一	裁判员
公民社会发展	没有主体公民意识	主体公民意识、议政、维权意识增强
企业自主状况	政府主导、操控	自主决策

2) 计划经济时代的广州经济发展

广州地处东南沿海,自然条件优越,交通条件便利,是一个传统上重要的港口城市。但20世纪以来,随着交通和贸易地位下降,广州经济发展速度减慢,在全国的经济地位日渐削弱,直到新中国成立初,广州仍是一个工业基础薄弱的消费性城市。新中国成立后,由于地处东南沿海的国防要地,且由于周边缺乏大型矿产资源,广州长期以来没有成为国家投资重点地区,因而经济发展速度下降,在全国经济地位也随之下降。

以1957年为中点,把计划经济时期广州的经济发展分为两个阶段,就可以明显看出广州各项经济指标在新中国成立初期的发展速度要远远高于后期(表2-2),主要经济指标在全国处于中下游水平(林初昇,1984)。

表 2-2 计划经济时期广州市经济发展速度变化(%)

项　目	1949—1957	1958—1979
工业总产值年变化率	16.03	8
轻工业总产值年变化率	18.88	7.37
重工业总产值年变化率	28.72	11.73
社会商品零售额年变化率	18.48	4.51
财政收入年变化率	17.95	5.48
全员劳动生产率年变化率	9.65	4.53

2.1.2 政府控制下整体化社会结构

在计划经济体制下，广州作为地方城市政府，在行政上只是中央政府行使社会管理权的派出机构，缺乏社会经济发展自主权，主要职能在于执行中央行政指令，完成社会经济发展计划指标；在社会上，基于政府“一元”管理体制，政府权力极其强大，几乎控制所有的社会领域。社会公共服务也由政府下属事业单位提供，社会组织发展不足，力量极其薄弱，基本不存在发挥社会功能的可能。

揭艾花总结了计划经济体制下城市生活领域的特殊制度安排，包括一切生活资源由国家垄断、单位制度界定市民生活空间、一元化的组织体系及社会流动的制度壁垒（揭艾花，2000）。其中单位制是一种普及的特殊组织形式，具有强化的行政职能、弱化的专业功能及广泛的社会联系特征。单位是一个“大而全”“小而全”的组织格局，不仅为其职工提供福利待遇，而且直接提供各种生活服务设施。包括幼儿园、中小学、商店、医院，等等，甚至有的“大单位除火葬场之外，居民所有生活需求都能在单位内得以满足”。

总体上看，计划经济时期政府总揽一切社会事务，统配一切社会资源，具有涵盖行政管理、生产和生活三大社会功能。在生产活动上，企业从属于政府，不存在私人营利组织。在生活活动上，只有极少的生活活动是由社区管理的，而当时的社区组织居委会实质是政府在基层的延伸和代表（图 2-1），因此，在高度集权的计划经济体制下，政府是社会结构的核心，是公共服务设施的唯一供给主体，通过政府下属的事业单位包办一切社会公共服务和设施的供给。企业和社会公众只是政府控制下整体化社会结构的组成部分，是公共服务设施的被动使用群体而不是积极供给参与主体。

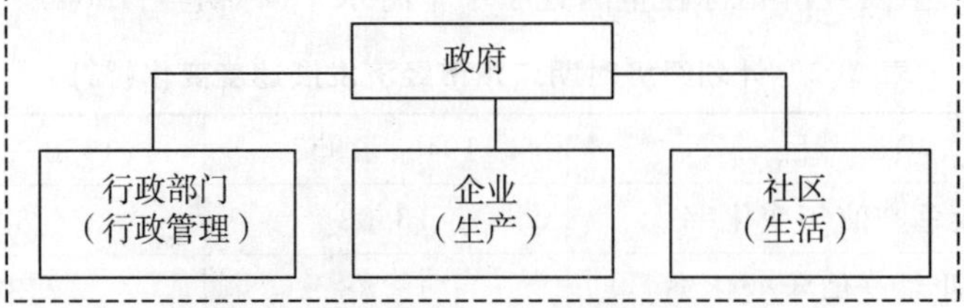

图 2-1　改革开放前中国的社会结构

2.1.3 计划经济时期城市管制模式

改革开放以前，我国城市处在传统公共行政管理体制下，城市管理是一种典型的城市管制模式。在城市管制模式下，广州与中国其他城市一样，城市职能定位仅仅是作为工业基地的一个空间存在,城市是计划经济体制下的一个生产单位,在全国一盘棋的统一管理体制下,城市与农村一样受制于中央政府的直接控制和管理,成为中央政府行使社会管理职能的派出机构,受命中央政府并执行其行政指令,主要任务是完成中央下达的各种经济指标。

就城市自身的管理体制来看,传统的公共行政体制及政府管制弊端主要有:一是纵向权力结构的高度集中。中央控制绝大部分财力资源、人力资源和社会资源的分配权,整个社会缺乏发展的活力与动力;二是政府组织结构不合理。城市政府按照计划经济体制管理需要进行机构设置,造成部门林立,人浮于事,行政效率低下的局面;三是国家财政负担重;四是行政管理干部素质不高(王佃利,2009)。高度集权的城市管制模式不仅未形成城市发展的有效激励,而且消磨了城市的积极性和创造力。

2.2 计划经济时期广州城市公共服务设施供给特征

从新中国成立到1970年代末是我国计划经济时期,其中1952年前为国民经济恢复期,多种经济体制并存;1953—1956年是社会主义改造期,确立公有制经济的绝对主导地位。从1953年起到1970年代末是政府垄断城市公共服务设施供给模式时期。事实上,基于供给效果差异还可以细分为两个时间段:一是"一五"时期(1953—1957年),确立了政府主导供给体制,以完善工业发展的住区配套为主要途径,供给规模迅速增加;二是"大跃进"及"文化大革命"时期(1958—1970年代末),是城市公共服务设施供给波动及停滞时期。但总体看来,在这两个时间段期间,城市公共服务设施供给的主体、资金来源、供给依据及机制基本一致,所以仍放在一起讨论。

2.2.1 财政预算划拨是供给资金主要来源

在国民经济的三年恢复期之后,广州开始了第一个五年计划建设,并同时对非公有制经济进行社会主义改造,到1956年底社会主义改造完成时,确立公有制经济的绝对主导地位。因此,通过"消灭市场,吞并社会"过程,政府成为公共服务设施供给的唯一主体,改变了新中国成立后短暂的多元供给局面。

在建设资金来源上,如图2-2所示,在1963年之前全部来自中央和广东省和广州市政府财政划拨,其后集体所有制也成为服务设施建设资金来源之一,但比例很小,这一现象一直持续到1970年代末。所以政府财政预算划拨是城市公服设施建设的主要来源。

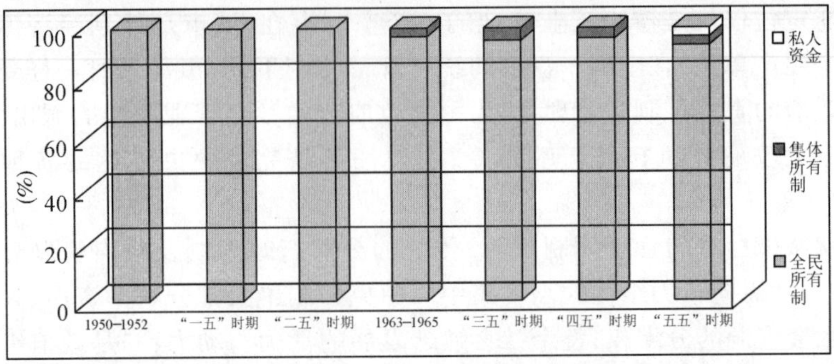

图 2-2　广州在计划经济各时期社会固定资产投资结构

在1950年代后期,在市政府的主导下,广州市体育设施也进入了一个大建设、大改造时期。先后新建的体育场地有:越秀山体育场、越秀游泳场、青年游泳场(后改名为珠江泳场),宝钢体育场、二沙头体育训练中心等,初步改变了新中国成立初期体育设施"简陋、不足"的局面,所需资金均由市政府专款投入(广州地方志编纂委员会,1995)。

国民经济计划下的生产性偏向投资结构制约广州城市公共服务设施供给。从1953年开始,照搬苏联经验,消灭"消费性城市",广州推行"重生产、轻生活,重工业、轻城建,先生产性建设、后非生产性建设"的方针,于1954年确立了重点发展工业(主要放在冶金、煤炭和机械工业上)的发展方向,建设生产性城市是这一时期广州城市建设的基本思想。广州在改革开放前共编制了13个城市总体规划方案,都坚持将广州城市性质定位为"社会主义生产性城市",生产性投资占主导地位,投资偏重于重工业,认为城市公共服务设施投资是非生产性投资,不创造直接经济效益,所有公建配套"拨款排在队尾,削减排在前头",其投资规模处于低水平波动(图 2-3),制约城市公共服务设施建设。

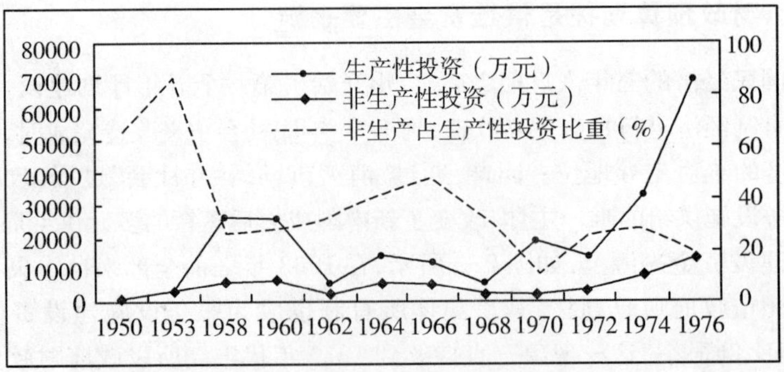

图 2-3　改革开放前广州市各类投资变化

2.2.2 城市公共服务设施体系基本完善

新中国成立后，政府通过没收、改造和新建等多种方式扩大城市公共服务设施供给。到1970年代末期，广州逐步构建了基本完善的城市公共服务设施体系。以文化娱乐设施为例，1979年广州共有各类文化娱乐场馆56个(表2-3)，仅电影院和剧院座位就有46 004个，另有开放式电影和表演礼堂22个。建成了以医院为主体的医疗服务设施体系，共有各类医疗机构1 653个，其中医院139间，病床数14 695张，万人医院病床数为29.78张，构建了满足城市居民基本公共服务需求的各类城市公共服务设施体系。

表2-3 1979年广州市区文化娱乐服务设施规模

设施类型	图书馆	博物馆 纪念馆	文化馆	电影院	剧院	合计
设施规模(个)	3	8	10	16	19	56

在社区层面，以工业区发展配套方式配置公共服务设施；为配合工业区的建设，遵照“有利生产、便利生活”原则，以工业区发展为中心、按建设生产性城市的目标来安排住区公共服务设施。广州市人民政府在1953年成立工人福利事业建设委员会，负责工人新村的规划与建设工作，促进工业区公共服务设施建设。

在1959年，广州编制城市总体规划第10方案，城市公共服务设施供给仍是以依托工业发展的住区配套为主。在空间分布上将原来较为分散的工人生活区连片进行统一规划，形成基本生活单元。公共服务设施分两级布置：一级是为全村服务的，如邮电局、银行、药店、书店等，集中布置在新村中心的商业大街上，消防站、医院、中学布置在独立地段，工人文化宫布置在新村入口处；另一级是基础生活服务设施，如小学、托幼、文化站等布置在住宅组群内(图2-4)，以员村工业区的“员村一条街”最为典型。生活区配套商店、煤店、酒楼、医院、学校、市场、银行、邮局、书店、派出所、消防队等50多项设施，占地面积21万m^2，深受工业区职工欢迎(广州地方志编纂

邮电新村　　建设新村

图2-4 1950年代广州工人新村

委员会,1995)。

2.2.3 空间布局沿工业区向东向南拓展

广州市在新中国成立后进一步巩固了中心城区的行政管理和商业服务中心地位,新建社区生活服务设施则主要随工业区发展向东、向南拓展。

新中国成立后,我国城市在发展上采取轻消费、重生产政策,城市逐步实现从消费型向工业生产型转变,是社会主义改造的首要任务。因此,计划经济时期城市中心区也由以经济活动为主转变为以行政办公活动为主,兼顾公共文化中心(梁江,孙晖,2006)。广州中心城区在新中国成立后保留了北京路和中山五路、太平南和长堤、第十甫和上下九路等三个市级的商业中心,并于1970年代在老城区建设了广州宾馆和友谊商店,进一步巩固老城区的商业服务中心地位。另外,通过建设公园、游泳池和工人俱乐部等服务设施,进一步完善了越秀区公共服务配套设施。直到1980年,城市中心城周边地区公共服务设施配套仍较落后(表2-4)。

表2-4 广州市区1980年文娱商业服务设施分布

区别	人口(万人)	影剧院(个)	千人指标(座/千人)	文化宫(个)	千人指标(座/千人)	商业网点(个)	千人指标(个/千人)
越秀区	47.74	14	32.1	3	10.5	1013	2.1
荔湾区	53.14	5	11.39	1	1.77	458	0.8
东山区	39.9	2	6.31	1	3.64	460	1
海珠区	42.22	2	6.37	1	2.8	409	0.8

居住区级公共服务设施则随工业布局,在郊区向东、向南发展。这一时期东部建立了员村、黄埔(包括吉山)、庙头等三个以工业为主的新区,向南则是沿南石头及赤岗两个方向发展(表2-5);其中南石头工业企业最为集中,主要有纺织、造纸、自行车、缝纫机及机械制造等。由于在工业区建设初期,强调先生产、后生活的建设方针,生活服务设施配套不足,很多工业区职工工作在工业区,生活在越秀、东山区,造成生活不便(林初昇,1986)。随着工业区发展,生活服务配套逐步完善,在居住区内部,公共服务设施分布有多种形式。一是将主要的设施布置在城市干道上,为本街坊服务的公共设施则布置在坊外,与其他街坊或与厂前区合用一套公共服务设施。二是在人民公社成立后,以食堂为中心,配置必要的托幼、服务站、供销店等生活福利设施,组成基本生活单元。三是将居住区规划结构分为居住区—小区—

住宅组群三级，居民经常使用的幼儿园、托儿所、供销店、服务站等在住宅组内布置，形成基本生活单元(广州地方志编纂委员会，1995)。

表 2-5 “一五”时期部分工业点分布表

时间(年)	名 称	位 置
1954	广州冶炼厂	庙头
1954	广州第一造船厂	白鹤洞
1955	华侨糖厂	西郊松洲岗
1956	广东罐头厂	员村
1956	广州玻璃厂	员村
1957	广州第一棉纺厂	员村

2.2.4 空间分布格局相对均衡

计划经济时期基本城市公共服务设施的均质化空间分布是“企业办社会”的结果，也是新中国成立初期满足城市居民生活需求的必然选择。教育设施可以体现计划经济时期城市公共服务设施供给空间分布的均质化过程。新中国成立初，广州有中学 80 所，其中私立中学 72 所，占总规模的 90%。包括教会办 12 所，同乡会办 19 所，私人设立 41 所。基于办学经济社会效益追求，中学大多集中在市中心的东山区和越秀区，而地域广阔的海珠区仅有几所中学，布局极其不均衡，学生就学困难。

新中国成立后，为了合理调整教育设施布局，政府重点发展公立中学，鼓励厂、矿、企事业单位办学，通过完善企事业单位的教育服务功能，均衡教育设施分布。1952 年 8 月广州第一所企事业单位子弟学校——石围塘中学的成立，拉开了广州单位办学的序幕。1957 年，广州市人民委员会发出了《关于人民群众举办中学暂行办法》，此后，厂、矿、企业事业单位群众团体办学规模逐步增加。到 1965 年，广州市由教育部门举办的全日制中学达到 100 所，另外还有其他企事业举办的中学 15 所，集体办中学 13 所。所以，公立学校规模增加，尤其是企事业单位通过完善自身教育服务功能，逐步实现教育设施空间分布均质化分布。

同样，以体育场地设施为例，也能说明公共服务设施空间公平分布特征。如图 2-5 所示，1979 年广州中心城的 5 个辖区中东山区体育场地设施规模最高，有 201 个，而最低的黄埔区有 144 个，区际差异较小。进一步分析发现，如果不算东山区，其他五区所拥有的体育场地设施规模最高值与最低值相差仅为24,说明区际城市公共服务设施供给规模相差很小,再次证明了计划经济时期城市公共服务设施空间分布格局相对均衡的特征。

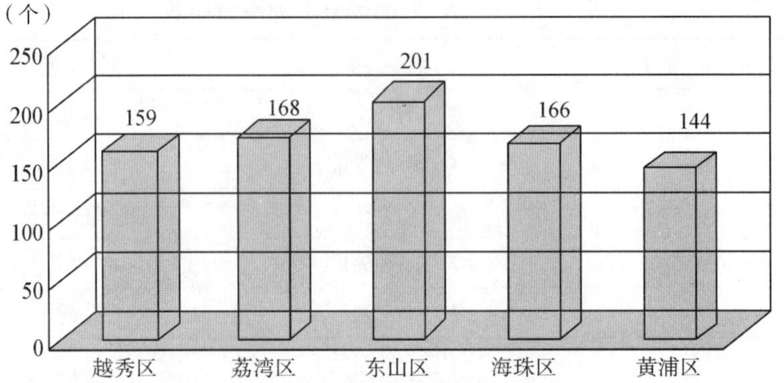

图 2-5　1979 年广州市区体育场地统计

2.3　计划经济时期城市公共服务设施供给模式

新中国成立初期,我国建立了中央高度集权的社会经济体制。从新中国成立到改革开放前,计划经济体制曾主导国民经济建设30多年,其间也主宰了城市公共服务设施供给主体结构和相应制度设计。总体上看,计划经济时期城市公共服务设施供给突出表现为计划经济体制所固有的"自上而下"特征,供给主体单一,投资不足,空间分布上的均衡性特征明显。本节从供给主体结构及相应的制度设计两层面分析广州计划经济时期的公共服务设施供给模式。

2.3.1　单一化供给主体结构

从新中国成立到1970年代末是我国计划经济时期,其中1952年前为国民经济恢复期,多种经济体制并存;1953—1956年是社会主义改造时期,确立了公有制经济的绝对主导地位。城市政府在不同经济所有制背景下的职能定位和能动条件不同,基于政府公共部门在城市公共服务设施供给过程中的地位差异,计划经济时期城市公共服务设施供给模式可以分为政府间接主导的短暂多元化供给模式和政府垄断直接供给模式两个阶段。经过两个阶级,政府在公共服务设施供给过程中的完全主体地位逐步得到确立。

1) 政府间接主导供给时期(1949—1952)

在1949—1952年的国民经济恢复时期,政府的主要任务是医治战争创伤，整治混乱的经济秩序，恢复和发展生产。经过多方努力，到1952年，广州工农业生产已超过历史最高水平，三次产业结构为20.01%、31.42%和48.57%（广州市基本单位普查领导小组办公室，1999），第三产业成为占国民经济比重最大的产业，服务业发展繁荣。

在这一时期，由于以公有制经济为主体的所有制结构尚未确立，公共服务设施呈现多元供给的局面。政府忙于稳定社会经济秩序，对于接管的学校和企业，政府是"想办法在不削弱私有经济、教育机构的同时限制他们，在政府能力范围内扩大政府的控制"（傅高义，2008），对非公有成分的公共服务设施供给主体采取"暂时维持现状，逐步引入必要、可行的改革"的方针。如在1950年，广州市政府只开办88所中学中的14所，对于74所私立中学，政府允许其在执行政府教育方针，自己解决经费基础上继续开办，与公立学校竞争生源。政府的策略是通过资助、降低学费，并提高公办学校的准入门槛，使其在录取最有能力的学生上具备竞争优势。在公有、私有供给主体并存时期，国有公办公共服务设施（如教育、医疗等）往往是变革的发起人，而私人机构经常是被迫追随其后（傅高义，2008），因此，广州形成了政府间接主导下的城市公共服务设施多元供给模式。

2）政府垄断供给时期（1953—1980年代初）

"一五"至1980年代初是政府垄断城市公共服务设施供给的时期，主要体现在政府是城市公共服务设施唯一的供给主体，供给资金主要来源于财政预算。如从1953年起，广州市区小学和幼儿园由区统一管理。到1956年8月，私立中小学改为公办，公立学校规模虽然剧增（图2-6），但教育经费仍由市政府负担，由市预算划拨到区，区财政局拨给学校。企业、机关和团体办学，其经费由主办部门（或单位）开支，这种模式一直延续到1980年代。

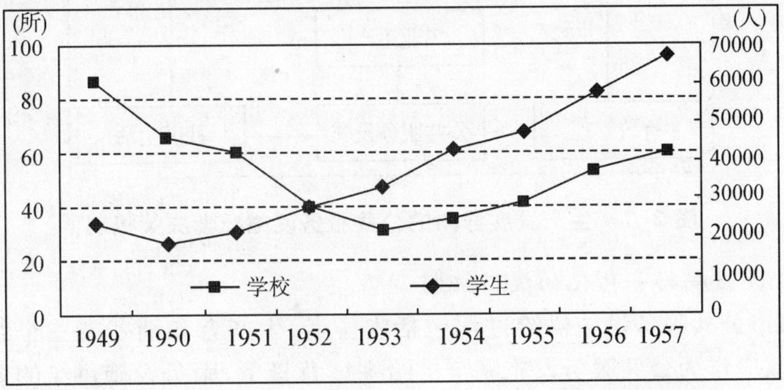

图2-6　1949—1957年广州中学学校及学生规模变化图

2.3.2 政府垄断供给的制度设计

1）政府包办供给的决策机制

在计划经济时期，政府是城市公共领域唯一的管理主体，政府垄断城市各个公共事务领域决策过程，通过自上而下的单一行政指令进行运作，是典型的全能统治政府范型。在此政府范型下，城市管理是采用中央高度集权的、以审批制度为主的城市管制模式，地方社会管理和经济发展权利都集中在中央政府，城市政府缺乏自主权，只能机械地执行中央政府的指令计划。

就广州而言，计划经济时期国民经济发展目标就是要“逐步变消费城市为生产城市”，从 1954 年起明确发展以冶金、煤炭和机械为主的工业体系到第二个五年计划期间（1958—1965）新建钢铁、有色金属冶炼、煤炭、炼焦等许多新的工业部门，广州奠定了重工业基础。但在中央经济发展全国一盘棋的背景下，广州仅是作为一个工业基地的空间存在，所以资金投入主要集中在工业领域，公共服务设施供给主要是与工业区发展配套的形式建设，以满足工业区工人生活需要（图 2-7）。如广州市人民政府就曾专门成立了工人福利事业建设委员会，负责工业区生活设施配套建设。

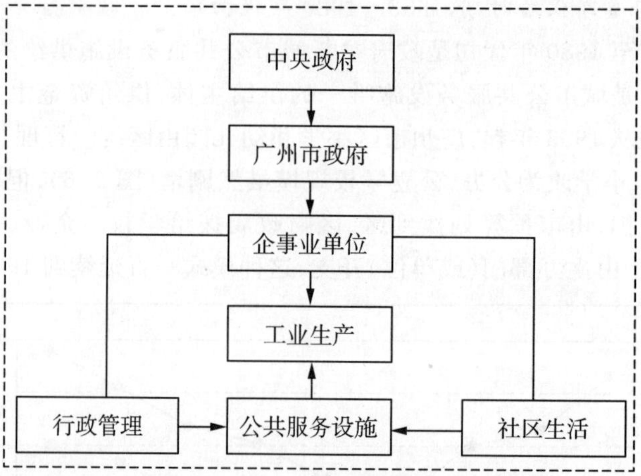

图 2-7 生产发展导向的公共服务设施配套决策机制

2）生产安排一体化的提供机制

城市公共服务设施供给过程包括安排者、生产者和消费者三个组成部分，在政府作为公共服务设施完全供给主体背景下，服务设施供给的安排者和生产者有一体化趋势，其根源是在社会主义改造完成之后，确立了基于生产资料公有制为基础的一元化利益格局。政府作为社会结构的核心主体，掌握全部生产生活资源，利用行政手段进行统一分配。在城市公共服务设施供给上，服务设施被认为是福利产品，不具商品属性，所以基本上是无偿提供给居民使用，价格并不反映真实的供求关系而仅仅是反映计划完成情况的指标(叶可央，2008)。国民经济计划对服务设施配置具有重要的主导作用，城市规划仅仅是国民经济计划的继续，体现出执行计划的工具功能，从而政府承担了服务设施供给的生产者和安排者角色。

由于计划经济条件下城市公共服务设施供给属于完全政府行为，公共行政部门是唯一行动主体，所以所需资金和用地，都是由政府负责解决。其中土地作为城市建设资源实行按需划拨供应，建设资金由国家统一拨付。在开发模式上实行“统一规划、统一设计、统一投资、统一建设、统一分配、统一管理”。针对不同的设施类型，相关行政部门作为执行国民经济计划任务负责来完成(图 2-8)。如医疗设施由卫生部门负责，学校新建、扩建和改建由教育部门负责，而商业网点由商业部门(如商业网点办公室)负责。城市公共服务设施的规划、建设审核、施工建设及设施运营过程都是由政府统一的专业部门完成，不存在供给主体差异。如 1956 年广州市人民委员会规定，凡工业系统建设配套由工业办公室审批，非工业系统由市建筑工程局设计公司审批(广州市财政局通讯组，1956)，而工业办公室及建筑工程局设计公司是市政府下属机构，执行政府政策，对市政府负责。

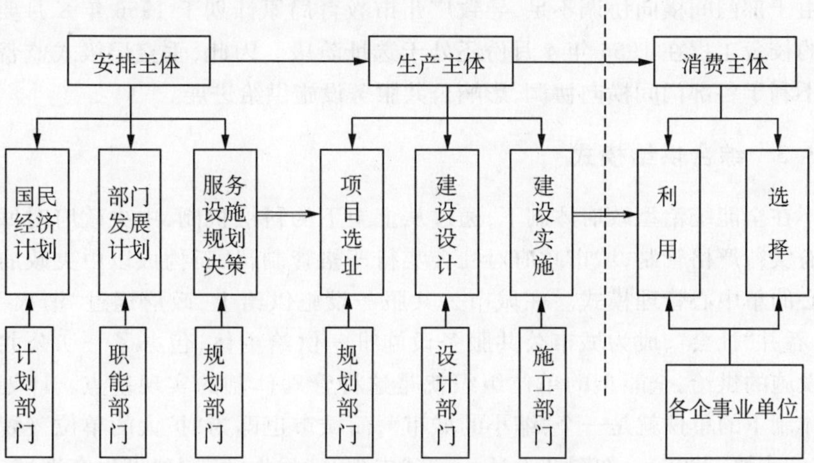

图 2-8　计划经济时期公共服务设施生产和安排一体化供给机制

3）垂直层级式监督机制

在高度集权的计划经济体制下，地方政府是中央政府在地方的代理机构,代理中央行驶管理职权,具有“代理型政权经营者”特征,接受中央政府领导,执行国民经济计划任务,对中央负责。中央对地方的垂直层级监督机制具有两种形式:一是行政层级监督,二是行业层级监督。顾名思义,行政层级监督就是基于行政级别的高低差异,高层级行政机构在既定经济社会指标方面对低层级行政机构进行督导和检查,是一个综合的全方位监督机制。例如,1956 年中央政府对广州基本建设进行全面检查,认为广州基本建设计划完成得不好,进度慢,远未达到中央政府规定上半年完成全年计划45%的要求。其中完成最差的是 4 个广东省级单位,完成进度仅为年度计划的 13.53%。经过中央的全方位检查,认为广州基本建设“存在较严重问题”(广州市财政局通讯组,1956)。行业层级监督就是在同一行业系统中,高层级机构对低层级单位进行行业任务完成情况检查,体现了同行业系统垂直层级间监督机制功能。

垂直层级式的监督机制具有联系通畅,监督专业等优点。但同时由于这种“长条状”管理模式缺乏横向沟通,在实践中易产生公共服务设施配置的多头领导,相互扯皮推诿,效率低下等问题。例如卫生部门新建或扩建医疗设施,基于垂直领导机制,完成上级卫生机构的建设任务即可,无须横向跨部门沟通。结果城市建设委员会认为其设施配套不符合城市规划,导致公共服务设施建设过程多次变更和返工。广州财政局通讯组资料显示,同样由于部门间横向协调不足,导致广州市教育局原计划于 1956 年 8 月要建成的校舍工程在 1956 年 4 月份还处于选址阶段。因此,垂直层级式监督机制不利于各部门间横向协调,影响公共服务设施供给进展。

2.3.3 综合供给模式

在全能统治型政府体制下,通过从上至下的科层机制,中央政府对城市政府实行严格管制,城市政府对社会实行严格管制,从而构成以中央政府为核心的单中心管理模式。在城市公共服务设施供给上,政府通过“消灭”市场,吞并“社会”,成为城市公共服务设施唯一供给主体,包办了一切公共服务设施的供给,全能型的单位组织就是这种管理体制的实现基点。计划经济体制下的单位就是一个“缩小的城市”,而城市也即为“扩大的单位”(魏立华,闫小培,2006)。如图 2-9 所示,在“先生产、后生活”、“建设生产性城市”的主导发展方针下,为了促进工业区发展,满足企事业单位职工生活对公共服务设施的需求,政府直接从事生产,并垄断服务设施供给的整个过程。城市公共服务设施大多以工业区生产发展中生活服务设施配套的形式供给,并以福利的形式供给城市企事业单位职工使用。如职工医院、子弟学校等都是计划经济体制下政府垄断公共服务设施供给模式的体现。

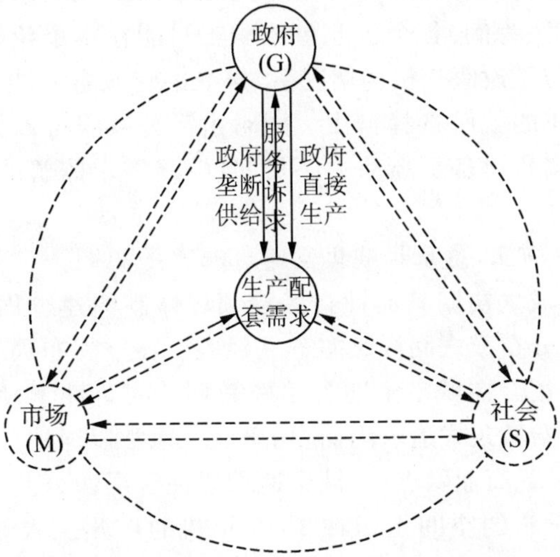

图 2-9 计划经济时期城市公共服务设施供给模式

2.3.4 供给模式特征

计划经济条件下,政府是城市公共服务设施垄断供给主体,包办一切公共服务设施的供给过程。这种政府垄断的公共服务设施供给模式的特征有:

1) 供给主体单一,供给效率低下

在计划经济体制下,政府垄断公共服务设施供给,并负责运营管理,供给决策主体与生产主体合二为一。但单一主体的生产效率低下,忽视成本与效益,造成公共服务设施供给缺位和错位并存。例如,政府公共企业承担多种义务和目标,不仅包括财务目标,稳定经济和收入等宏观经济目标,而且不得不自己解决本单位公共服务设施供给,分散企业投资,制约企业发展。"学工学农"模式下各企事业单位自己生产生活物质和公共物品,导致"企业办社会"、"学校办社会"现象遍地开花,子弟中小学等子弟学校就是政府垄断服务设施供给模式的直接写照。反过来,对公共物品生产企业而言,因为企业规模得不到市场扩张支持,追求效率目标最终无法实现,结果其他目标也难以实现,制约了企业的发展。

2) 以供定需,服务效益不高

政府垄断模式下的公共服务设施被定义为社会福利产品,而非市场条件下的商品。基于公众所属单位体制限制，各企事业单位职工对城市公共服务设施供给缺乏自由选择的权利。就业、入学及日常用品购买都是定点、定量供应。以就医为例，各企事业单位职工只能在本单位职工医院或指定医疗机构（本单位不设医疗机构情况下）接受医疗服务才能享受各种体制内优惠，限制了职工的就医选择自由。同时由于公共服务设施供给机构间缺乏竞争，技术提高和设备更新动力不足，且缺乏需求监督的压力，导致服务效益总体低下。

3）在空间分布上，追求机械化空间均衡性分布

如同新中国成立初期其他社会经济领域体制构建过程，城市公共服务设施供给及空间分布模式同样照搬苏联经验。在空间布局组织上以苏联的街坊制模式为模板。在城市土地利用按需划拨的条件下，城市公共服务设施供给的空间分布教条式追求均衡、均质性。通常以绿地、托儿所及学校为街坊中心，临街设置商业网点，机械化追求居住区层面公共服务设施均衡性分布，这种服务设施的空间组织在 1950 年代的广州工人新村建设中广泛存在。

2.4 小结

改革开放前，我国实行高度集中的计划经济体制。纵向权力高度集在中央政府，城市政府只是中央政府的派出机构，缺乏社会经济发展自主权，形成了以中央政府为中心的整体化社会结构，构建了传统公共行政体制下的城市管制模式。在城市公共服务设施供给上，广州计划经济时期城市公共服务设施供给受国民经济计划下的偏向投资结构影响，以工业区发展的生活服务设施配套为主要方式，初步构建了完整的公共服务设施供给体系，其空间分布格局相对均衡，主要发展方向是沿工业区拓展。在供给模式上，政府是完全供给主体，垄断一切公共服务设施供给决策，包办生产和供应的全过程，通过垂直层级式的监督机制控制城市公共服务设施供给效率和质量。总体上看，在改革开放前，纯政府垄断供给模式具有供给主体单一，效率低下，以供定需，效益不高的特征；在空间布局上，照搬苏联经验，追求机械化空间均衡分布格局。

3 转型期广州城市公共服务设施供给模式

3.1 广州城市公共服务设施现状空间分布格局

3.1.1 公共服务设施现状空间分布规律

1)"核心—边缘"空间格局

根据2007年广州城市公共服务设施专项调查数据,广州中心城区城市公共服务设施占地面积共计0.17亿m^2,建筑面积0.14亿m^2。其中荔湾、海珠和越秀三区公共服务设施占地面积646万m^2,占公共服务设施用地总额的38%;建筑面积709万m^2,占公共服务设施建筑面积总规模比例高达51%。天河区是广州新CBD所在地,用地面积和建筑面积分别达到378万m^2和422万m^2,占公共服务设施用地和建筑面积总额的22%和30%(图3-1)。由荔湾、海珠、越秀和天河构成的广州核心区拥有公共服务设施总用地规模的60%,建筑面积占总规模的81%,广州城市公共服务设施分布的核心区聚集特征显著。

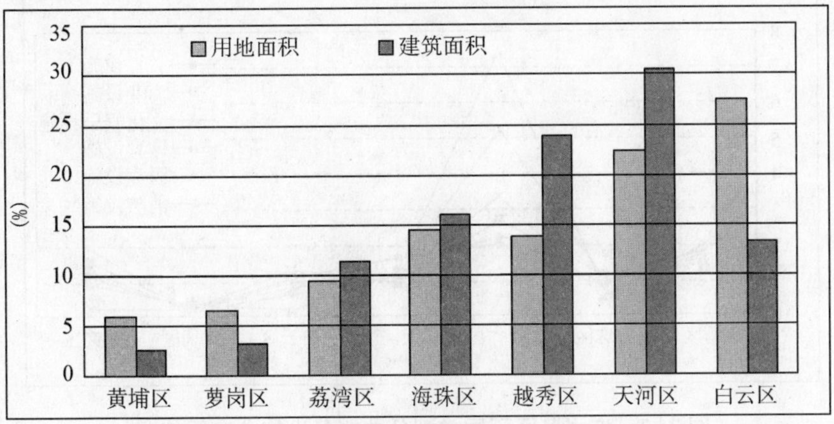

图3-1 广州公共服务设施分布的区际差异

总体上看,广州城市公共服务设施呈现以老城区为核心,老城区外为边缘地带的"核心—边缘"空间分布格局。荔湾、越秀、海珠是广州传统老城区，公共服务设施配置齐全，设施分布的空间密度达到 8.02 处/km^2，其中老城区文化娱乐服务设施和消防等市政设施供给规模分别达到市域的 54%和 53%，构成了公共服务设施供给格局的核心区。而白云、黄埔、天河及萝岗区属新开发城区，各类服务设施供给规模有限，且地域广阔，密度仅 1.08 处/km^2，是城市公共服务设施供给格局边缘地带。核心区和边缘区内部城市公共服务设施分布也并非均衡。在核心区内部，原越秀、荔湾和海珠各类服务设施供给规模占老城区的 75%，原芳村各类设施供给规模较小，而边缘地带各类服务设施供给呈组团分布，分散于各个新开发城区内。

2）聚集特征显著

基于各区人口分布规模，通过计算各类公共服务设施分布的区位商，测度公共服务设施空间布局的聚集程度。公共服务设施区位商就是某区特定设施规模占该类设施总量百分比与其人口占市域人口总量百分比的比值，表示该地区特定公共服务设施聚集程度。

$$L.Q=\frac{\frac{n_i}{p}}{\frac{N_i}{P}}$$

式中，$L.Q$ 是指公共服务设施区位商，n_i 是指某区 i 类公共服务设施的供给规模，N_i 代表市域 i 类设施的总量；p 代表某区人口规模，P 是指市域人口总规模(图 3-2)。

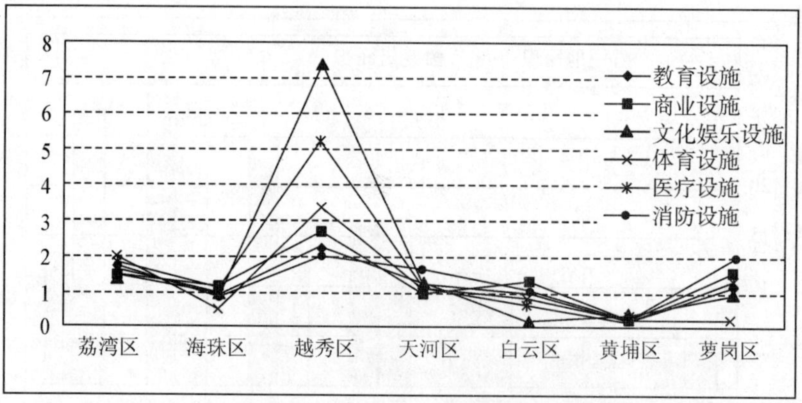

图 3-2 广州各区不同类型公共服务设施分布区位商

广州城市公共服务设施供给的空间布局区位商如图 4-2 所示，区际和分类设施聚集水平存在显著差异。在区际差异方面，越秀区各类公共服务设施供给的空间聚集水平最高,文化娱乐设施分布区位商高达 7.44,是各类服务设施供给区位商最高值。其次是荔湾区,各类公共服务设施区位商均大于 1,表示其空间聚集程度高于全市平均水平。黄埔区公共服务设施供给空间聚集水平最低,其中文化娱乐设施分布区位商仅为 0.30,仅为越秀区同类设施区位商的 1/25,表明黄埔区各类公共服务设施供给水平相对其人口规模严重不足。区位商计算表明,受地理区位、开发历史及人口密度等因素的“持续累计”影响,传统老城区公共服务设施供给的空间聚集程度高于新开发城区,区际设施集中程度差异较大。

对于不同类型公共服务设施而言,其供给的空间聚集水平也同样存在显著差异。从公共服务设施区位商高于平均值的比例来看,文化娱乐设施、医疗设施、体育及消防设施供给的空间聚集水平较高,教育设施供给的空间聚集水平次之,而商业服务设施供给的空间聚集水平最低,意味着相对广州城市户籍人口的空间布局而言,商业设施供给的空间分布最为均衡。

3) 圈层分化突出

圈层分析有助于揭示广州城市公共服务设施的圈层布局分异特征。以市政府所在地的广卫街为中心,以 2 km 为半径作圈层分析,结果表明广州城市公共服务设施圈层分异特征明显(图 3-3)。10 km 半径范围内公共服务设施建筑面积占全市总量比重 71.02%,10~20 km 半径范围内的公共服务设施建筑规模占全市的 22.57%,20~30 km 半径范围内的公共服务设施占全市 4.96%,而半径在 30 km 以外建筑规模仅占全市总量的 1.44%。

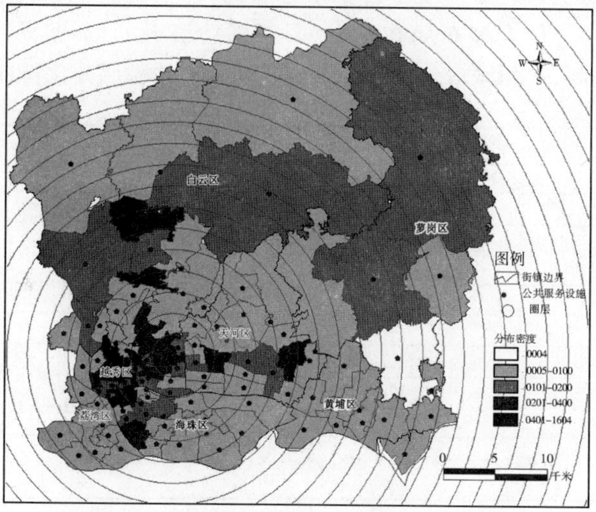

图 3-3 广州城市公共服务设施分布圈层分化

就单个圈层公共服务设施规模而言，峰值出现在距离圆心 6 km 的第三圈层，占全市公共服务设施建筑面积总规模的 20.20%。此外，第四圈层甚至达到 17.85%，而第一、二、五、六圈层的公共服务设施建筑面积比重也较高，超过 8%(图 3-4)。总体而言，核心圈层及其边缘的公共服务设施建筑规模大，占全市的比重高。

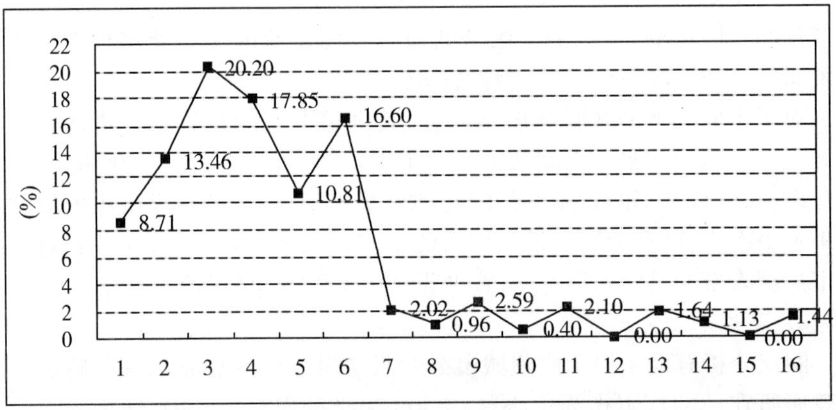

图 3-4　不同圈层公共服务设施建筑面积比重

如图 3-5 所示，不同圈层公共服务设施用地面积差异同样显著。就用地规模而言，最高值同样出现在距离圆心 6 km 的第三圈层，用地规模占全市公共服务设施用地总量的 16.72%。以第六圈层为分界线，以内各圈层(包括第六圈层)公共服务设施用地规模占全市总量的 75.53%，以外各圈层占全市总规模的 24.43%，且大多布局在第九(6.31%)、第十一(3.95%)和十四圈层(3.99%)。因此，广州城市公共服务设施空间分布的圈层分化特征显著。

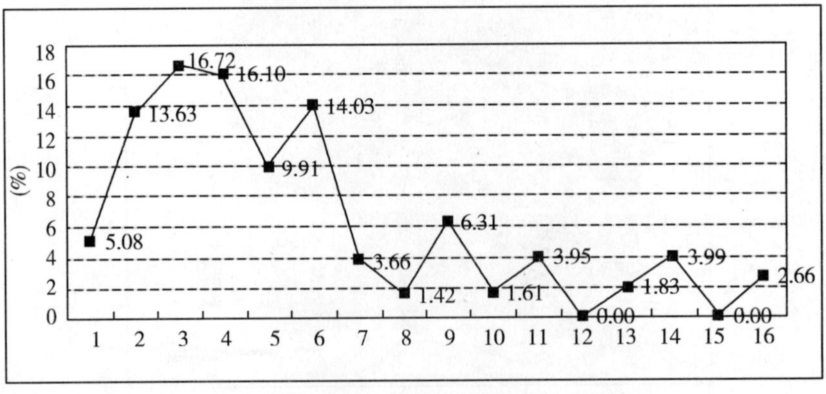

图 3-5　不同圈层公共服务设施用地面积比重

总体上看，广州城市公共服务设施规模的空间分布从中心到边缘呈现高起点的先增后降的布局态势，在1～3圈层内公共服务设施规模比重持续上升，第三圈层向外则波动式下降。其中第三圈层(6～8 km)半径范围内公共服务设施规模最大，主要包括越秀区人民、大新、光塔、诗书、北京、东风、六榕、流花、矿泉，荔湾区的站前、金花、龙津，海珠区的海幢、江南中、素社、滨江、新港、赤港及天河区的猎德、石牌、五山、元岗等街道。

4）扇区分化明显

扇区分析能够揭示广州城市公共服务设施空间分布的方向性差异。以广卫街中心为原点，对服务设施分布进行扇区分析(图3-6)，并将分析结果用雷达图形表现，展示设施空间分布在各个方向上的规模差异(图3-7)。结果表明E-EES、WWS-W和WWS-SSW是公共服务设施分布的主要扇区。就扇区建筑面积而言，E-EESS扇区占全总规模的25%，WWS-W扇区占13%，SSW-WWS扇区占17%。三个扇区服务设施建筑面积占全市总规模比重高达55%。同样，这三个扇区公共服务设施用地规模占全市总量比重较大，分别为23%、9%、10%，超过设施用地总规模的42%。NNW-N和NNE-EEN扇区用地规模也达到10%。而N-NNE扇区、NNE-EEN扇区、EES-SSE及SSE-S扇区则是公共服务设施分布较少的扇区，建筑面积和用地面积占总规模比重均小于5%。

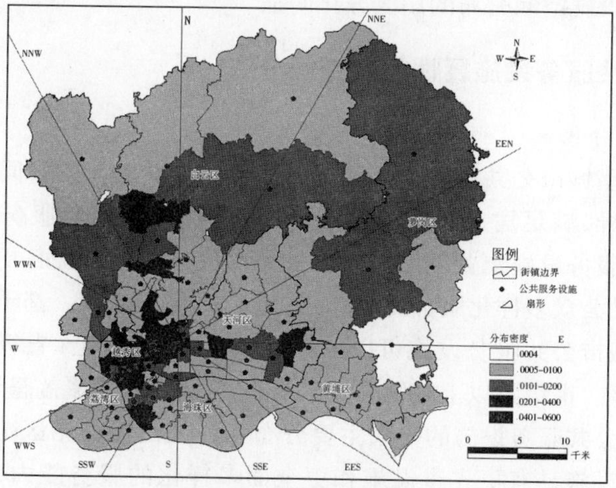

图3-6 广州城市公共服务设施分布的扇区分析

广州城市公共服务设施空间分布的扇区分析表明，一方面，公共服务设施的空间分布受社会经济发展水平影响。E-EES、WWS-W和WWS-SSW方向上公共服务设施建筑面积和用地规模较大，占总规模比重高于其他扇区。其中,E-EES扇区包括天河区和萝岗区南部及黄浦区,是广州新兴商业服务业中心区,制造业发达,人口规模大,经贸活跃,经济发达;WWS-W和WWS-SSW包括越秀区南部、荔湾区北部(原荔湾区)和海珠区的西北部,是广州老城核心区,也是广州目前的商贸金融中心,服务也发达,公共服务设施呈高密度分布(图3-7)。可见,城市公共服务设施分布规模大的扇区主要是商贸服务业发达的新旧中心城区和城市制造业中心。另一方面,城市公共服务设施分布受城市形态影响,与城市空间发展战略具有一致性。受"云山珠水"自然空间格局影响,广州城市向北发展空间有限,向东沿珠江发展成为城市拓展的战略抉择,在发展中能逐渐形成沿珠江东西向延伸的带状组团式城市空间格局。E-EES方向上的天河区、黄埔和萝岗区是城市东向拓展的重点区域,公共服务设施分布与城市空间拓展具有一致性。因此,广州城市公共服务设施空间分布的扇区分化明显。

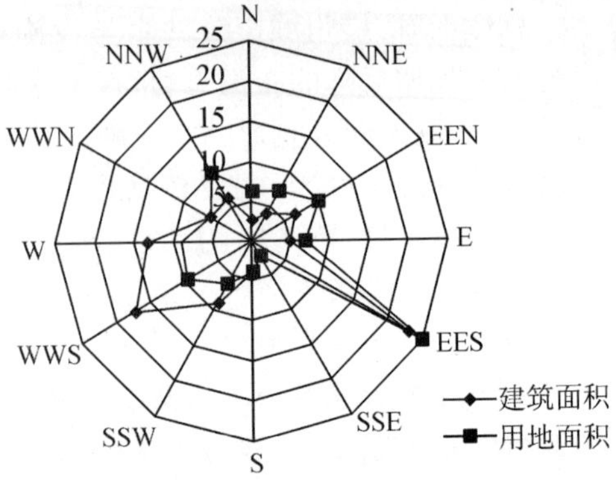

图3-7 广州不同扇区的公共服务设施比重

3.1.2 公共服务设施属性特征空间分布

1)级别分化

不同类型城市公共服务设施满足居民需求的功能不同;同类设施之间存在级别差异,满足居民需求的能力也不尽相同,因而其服务范围也不一样。高等级服务设施配置更加先进的服务设备,具有更全面、更先进的服务能力,能满足公众多样化服务需求,具有更广的服务范围。基于不同的服务范围,广州城市公共服务设施可以分为三类:市级及以上(省级或国家级)、区级、街镇级。市级及以上级别公共服务设施服务范围覆盖整个研究区域,区级或街镇公共服务设施的受众主要分布在区或街镇的辖区范围内。市级及以上服务设施具有更先进设施和更全面多样化的服务能力,因此可以为城市居民提供更高品质的服务,其空间分布是公共服务设施空间分布级别分化的重要体现。

广州市高等级服务设施空间分布不均衡,其分布规模呈高中低三等级布局(图3-8)。其中,高等级公共服务设施分布具有明显的老城区聚集特征，海珠和越秀区是广州传统的老城区，人口分布密度高，经济活跃，聚集大量各类高等级公共服务设施，占高等级公共服务设施总规模的 58.6%。萝岗区和黄埔区是广州市的新城区，各类服务设施仍在逐步配置过程中，存在大量缺口，目前两区市级以上公共服务设施占总规模的 9.6%，位于高等级公共服务设施分布规模的最低层次。广州城市空间不断向东拓展，尤其是 2000 年来，随着广州“东进、西联、北优、南拓”的城市发展方针的确立，东拓步伐加快。天河区作为广州新 CBD 所在地，汇集大规模人口，各类服务设施也逐步完善，尤其教育、商业和文体设施配套逐步齐全，使天河区高等级服务设施规模比重超过 10%，与荔湾、白云共同组成高等级公共服务设施分布规模的中间等级(图 3-9)。

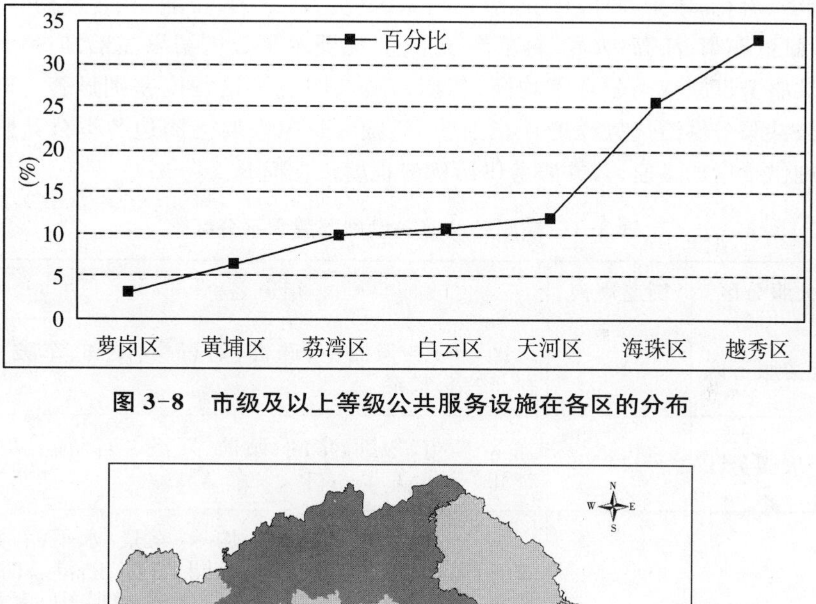

图 3-8　市级及以上等级公共服务设施在各区的分布

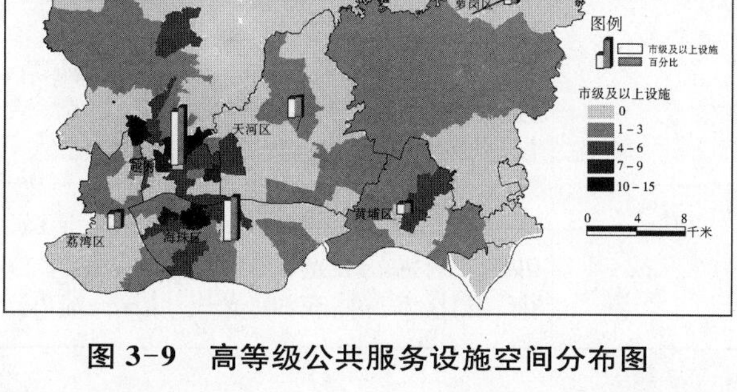

图 3-9　高等级公共服务设施空间分布图

2）服务分区

以街道为空间单元，用人均公共服务设施规模表征其配置水平，我们可以比较各街道间公共服务设施供给的人均水平差异。基于人均公共服务设施规模差别，本书将广州中心城区各街道划分为公共服务设施供给的优势服务区、一般服务区、弱势服务区和服务盲区四类(表 3-1)。其中优势服务区(人均公共服务设施规模为中心城区人均规模的 2 倍)的街道规模最小，仅有 10 个街区；70 个街镇的人均公共服务规模属于弱势服务区，分布在优势服务区和一般服务区的周边拓展地区；有 22 个街道人均公共服务设施规模低于中心城区平均水平的 1/4，公共服务设施供给水平最低，被划为公共服务的服务"盲区"。在空间分布上，公服"盲区"零散地"镶嵌"在中心老城区(光塔、流花、珠光、冲口、龙凤等)、新城区(冼村、红山、黄埔、联合等)和城市边缘区(东街、江高、人和、钟落潭镇)上。配置水平分析结果显示，广州城市公共服务设施空间分布不均衡，各街镇公共服务供给程度差别显著。老城区公共服务供给优势程度正在削弱，新城区及中心城区周边各类公共服务设施供给增加迅速，公共服务供给优势程度正在提升。

表 3-1　广州公共服务设施配置水平分区表

公服分区	街道规模	街道名称
优势服务区	10	人民、华乐、天河南、珠吉、南石头、同和、车陂、黄村、岭南、景泰
一般服务区	14	嘉禾、新市、松洲、华洲、站前、夏港、萝岗街、凤凰、林和、石牌、东风、农林、大东、登峰
弱势服务区	70	太和、三元里、京溪、同德、均禾、棠景、永平、石井、黄石、凤阳、南华西、南洲、天园、官洲、新港、江海、沙园、海幢、瑞宝、赤岗、昌岗、琶洲、江南中、素社、南岗、大沙、文冲、穗东、长洲、鱼珠、荔联、东沙、东漖、中南、华林、彩虹、昌华、桥中、沙面、海龙、石围塘、花地、茶滘、西村、金花、白鹤洞、永和街、九龙、元岗、兴华、前进、员村、梅花村、新塘、棠下、沙东、沙河、猎德、长兴、龙洞、六榕、北京、大塘、广卫、建设、洪桥、白云、矿泉、诗书、黄花岗
服务"盲区"	22	人和、江高、钟落潭、金沙、滨江、龙凤、红山、黄埔、冲口、南源、珠光、多宝、逢源、龙津、东区街、联和街、五山、冼村、东湖、光塔、大新、流花

3.1.3 公共服务设施空间布局社会分异

1）数据来源及计算方法

（1）公共服务设施可达性

约翰斯顿认为可达性是一个地方到达另外一个地方的容易程度(Johnstone, 1994)，而城市公共服务设施的可达性多被认为是公共服务设施分布区位与使用者之间相对靠近和接近的空间关系(Linbererry. R. L, 1977; Pooler. J. A, 1995；王松涛，郑思齐等，2007)。空间可达性是公共服务设施利用的基本决定因素，影响公共服务设施利用效率和社会公共资源的公平分配，事关城市居民收入和社会福利。具体体现在如下两个方面：一方面是与服务设施物理距离靠近不但可以拥有充分的公共服务设施使用机会，且能节约出行时间和费用成本，被认为是一种实现费用成本最小化(可以有更多收入用于其他消费)和休闲时间最大化的有效方式，对决定居民生活质量至关重要(Tsou. K. W, Y. T. Hung 等，2005)。另一方面，公共服务设施分布在影响城市社会经济分异的同时，更重要的是对维持社会再生产及相关社会形态的稳定具有重要作用。如"一个白领劳动力在白领社区被再生产出来，一个蓝领劳动力在蓝领社区被再生产出来"，哈维认为这种再生产的一个必要因素就是对城市公共资源尤其是教育资源的临近性的差异(Harvey. D, 1992)。因此，最优的居住区位并非仅仅由住宅本身及其社会环境所决定，而同样要考虑其相关服务设施的配套，如商店、学校、医疗、消防、邮局及各种休闲娱乐设施等(Knox. P. L, 1982)。所以，在以步行和乘公共交通为城市居民实现空间位移转换主要方式的广州，公共服务设施距离靠近显得尤为重要。

（2）数据来源及计算方法

广州城市公共服务设施社会分异定量计算数据包括分街镇居民社会经济变量和服务设施变量两类，前者通过问卷调查获得，后者从广州城市公共服务设施专项调查数据库(2007)中提取。遵照统计学原理，按每个街镇常住人口 1‰比例进行分层随机问卷抽样，问卷调查的人口属性数据包括人口户籍、年龄结构、文化程度、职业、婚姻及家庭结构、家庭月收入和住房 7 个类别共 39 个社会经济变量数据，问卷调查完成于 2009 年 4 月(表 3-2)。

表 3-2　问卷调查社会经济变量

年龄结构指标	家庭月收入指标	婚姻与家庭结构指标
20 岁以下人口占总人口比重(%)	家庭月收入 2 000 以下人口比重(%)	单身人口占总人口比重(%)
20～29 岁人口占总人口比重(%)	家庭月收入 2 000～5 000 人口比重(%)	结婚无子女占总人口比重(%)
30～39 岁人口占总人口比重(%)	家庭月收入 5 000～10 000 人口比重(%)	结婚有 0～13 岁子女人口比重(%)
40～49 岁人口%占总人口比重(%)	家庭月收入 10 000～20 000 人口比重(%)	结婚有 14～18 岁子女人口比重(%)
50～59 岁人口占总人口比重(%)	家庭月收入 20 000 以上人口比重(%)	结婚有 19 岁以上子女人口比重(%)
60 岁以上人口占总人口比重(%)		
职业结构指标	**文化程度指标**	**人口户籍指标**
退休或未就业人口占总人口比重(%)	高中及以下学历人口占总人口比重(%)	户籍人口占总人口比重(%)
公司企业、服务业一般工作人员人数比重(%)	大专学历人口占总人口比重(%)	外来人口占总人口比重(%)
公务员、企业管理层、教师及科研人员比重(%)	本科学历人口占总人口比重(%)	居住广州 6 个月以内外来人口比重(%)
金融、地产、高科技企业及演艺界专业人员比重(%)	研究生学历人口占总人口比重(%)	居住广州 6 个月～5 年的外来人口比重(%)
		居住广州 5 年以上的外来人口比重(%)
住房指标		
居住单间人口比重(%)	居住四房及以上人口比重(%)	自建房居住人口比重(%)
居住两房一厅人口比重(%)	租房居住人口比重(%)	个人购买住房人口比重(%)
居住三房一厅或两厅人口比重(%)	单位提供住房人口比重(%)	居住开放社区人口比重(%)
居住门禁社区人口比重(%)		

本书以广州 17 种城市公共服务设施为研究对象，这些服务设施涵盖城市居民日常生活的大部分活动需求，其分布能够代表城市公共服务设施空间布局特征(表 3-3)。在日常生活中，居民往往会前往使用距离最近的零售

商业网点、中小学校、社区卫生中心、消防等服务设施，而对于高等级服务设施，如大型商业设施、体育场馆、文化娱乐设施，城市居民则关注区级甚至市域范围内的使用机会。考虑不同服务设施性质及居民利用特征，用两种方法对公共服务设施可达性进行分类计算。

表 3-3　城市公共服务类别及细分

设施类别	设施细分	设施类别	设施细分	设施类别	设施细分
教育设施	小学	体育设施	市级体育设施	商业设施	小型零售网点
	中学		区级体育设施		大型商业设施
	职业培训		省级体育设施	市政设施	消防设施
文化娱乐设施	图书馆	医疗设施	综合医院		
	影剧院		专科医院		
	青少年活动中心		妇幼保健院		
	综合文化中心		社区卫生中心		

一是临近距离度量法，就是用 arcgis9.3 计算从街镇重心到最近服务设施的距离，这种方法用于测算每个街镇中小学、小型零售网点、社区卫生中心、青少年活动中心、消防设施和综合文化中心的相对可达性水平。二是基于重力模型的潜在可达性度量(Knox. P. L，1982)。分街镇计算对各种大型、高层次公共服务设施的使用机会，表征对各种服务设施的可达性。用于计算专科医院、综合医院、妇幼保健院、省级体育馆、市级体育馆、区级体育馆、博物馆、影剧院、图书馆、综合文化中心及大型商业设施的综合可达性的计算公式为：

$$A_i = \sum_{j=1}^{n} \frac{S_j}{D_{ij}^k}$$

A_i 是街镇单元 i 某种服务设施的可达性，S_j 是街镇单元 j 中某种服务设施的“吸引力”(设施规模、设施等级)；D_{ij} 是街镇 i 和街镇 j 之间的距离，k 表示距离衰减函数，在这里取值 1.5(Knox. P. L，1982)，其中不同街镇单元间的大型设施可达性计算程序见附录二。

2) 相关性分析

因不同类型城市公共服务设施的功能特征和属性对居民生活及社会福利影响程度高低不一，其利用机会的获取条件也各不相同。利用城市公共服务设施可达性和等级特征数据与区域人口属性特征数据进行相关性分析，可反映出公众在公共服务设施利用获取机会上的不均衡性，探讨拥有不同类型和等级服务设施使用机会的人口属性差异特征，是公共服务设施供给社会分异的重要表征。

(1) 教育及商业设施分布与区域人口特征的相关性

基于上述的研究方法，分析教育和商业设施可达性与区域人口属性的相关性(表 3-4)，其相关性特征表现在：

表 3-4　教育及商业设施与区域人口属性的相关性

指　标	中学教育设施可达性	小学教育设施可达性	教育培训机构可达性	小型零售网点可达性	大型商业设施可达性
年龄结构指标					
20 岁以下人口占总人口比重(%)	0.041	0.074	0.435*	0.122	0.263*
20～29 岁人口占总人口比重(%)	−0.297*	0.034	0.386**	0.058	−0.085
30～39 岁人口占总人口比重(%)	0.447*	0.14	0.576**	0.064	0.098
40～49 岁人口占总人口比重(%)	0.156	−0.07	0.268*	0.105	0.107
50～59 岁人口占总人口比重(%)	0.475*	0.064	0.14	0.296*	0.12
60 岁以上人口占总人口比重(%)	0.032	−0.149	0.157	−0.045	0.06
职业结构指标					
退休或未就业人口占总人口比重(%)	0.086	−0.09	0.039	−0.018	0.106
公司企业、服务业一般工作人员人数比重(%)	−0.114	−0.034	−0.012	0.212*	0.096
公务员、企业管理、教师及科研人员比重(%)	0.545*	0.436*	0.101	0.09	−0.04
金融、地产、高科技企业及演艺界专业人员比重(%)	−0.06	0.25	−0.028	−0.059	−0.083
文化程度指标					
高中及以下学历人口占总人口比重(%)	0.092	−0.041	0.454**	0.304**	0.074
大专学历人口占总人口比重(%)	0.347*	0.338**	0.107	0.051	0.363**

续表 3-4

指标	中学教育设施可达性	小学教育设施可达性	教育培训机构可达性	小型零售网点可达性	大型商业设施可达性
本科学历人口占总人口比重(%)	0.001	0.016	−0.175	−0.062	−0.17
研究生学历人口占总人口比重(%)	0.033	−0.006	−0.172	−0.191	−0.031
家庭月收入指标					
家庭月收入 2 000 元以下人口比重(%)	−0.047	−0.164	0.057	−0.026	−0.131
家庭月收入 2 000～5 000 元人口比重(%)	−0.052	−0.033	0.151	0.373*	0.470**
家庭月收入 5 000～10 000 元人口比重(%)	0.598**	0.339*	0.398*	0.129	0.107
家庭月收入 10 000～20 000 元人口比重(%)	0.138	0.124	0.306**	0.013	−0.065
家庭月收入 20 000 元以上人口比重(%)	0.129	−0.072	0.028	−0.048	0.133
婚姻与家庭结构指标					
单身人口占总人口比重(%)	−0.177	−0.201	−0.287**	0.124	0.012
结婚无子女占总人口比重(%)	0.002	−0.117	−0.032	−0.131	−0.023
结婚有 0～13 岁子女占总人口比重(%)	0.18	0.298*	0.259**	0.051	0.085
结婚有 13～18 岁子女占总人口比重(%)	0.436**	0.029	0.337**	0.299	0.152
结婚有 18 岁以上子女占总人口比重(%)	0.058	−0.045	0.157	−0.096	0.187
人口户籍指标					
户籍人口占总人口比重(%)	0.669*	0.101	0.095	0.108	−0.066

续表 3-4

指　标	中学教育设施可达性	小学教育设施可达性	教育培训机构可达性	小型零售网点可达性	大型商业设施可达性
外来人口占总人口比重(%)	−0.109	−0.105	−0.072	0.105	0.15
居住广州 6 个月以内外来人口比重(%)	−0.101	−0.127	0.094	0.045	0.024
居住广州 6 个月至 5 年的外来人口比重(%)	0.159	−0.247	−0.151	0.447*	0.231
居住广州 5 年以上的外来人口比重(%)	0.111	0.059	0.385	−0.19	0.003
住房指标					
居住单间人口占总人口比重(%)	−0.065	0.002	−0.288	0.412*	−0.074
居住两房一厅人口占总人口比重(%)	−0.181	−0.011	0.107	−0.302*	0.306*
居住三房一厅或两厅人口占总人口比重(%)	0.572**	0.178	0.125	0.188	0.055
居住四房及以上人口占总人口比重(%)	0.093	0.012	0.397	−0.089	0.481*
租房居住人口占总人口比重(%)	−0.073	0.037	−0.075	0.159	0.165
单位提供住房人口占总人口比重(%)	0.166	0.299	−0.022	0.442*	0.108
自建房居住人口占总人口比重(%)	0.475**	0.089	0.493**	0.21	0.406**
个人购买住房人口占总人口比重(%)	0.043	0.491*	0.075	−0.161	0.421*
居住开放社区人口占总人口比重(%)	−0.306*	−0.031	0.321*	−0.201	0.236*
居住门禁社区人口占总人口比重(%)	0.441*	0.133	−0.147	0.19	−0.243

注：相关系数为皮尔逊系数，** 表示在 0.01 上显著，* 表示在 0.05 上显著(双尾检验)。

① 中小学教育设施可达性与区域人口属性相关特征显著。区域人口属性特征表现为学历水平较高、中小学学龄儿童比重高、高层次从业者和高收入阶层规模大、户籍居民是人口主体、住房拥有率高、住房条件优越。

从教育设施可达性与区域人口属性相关性来看，显著相关的变量主要集中在年龄结构变量、文化程度、职业结构、家庭收入及家庭结构和住房指标等几个方面。具体来讲，与 30～39 岁和 50～59 岁人口比重显著正相关，且与区域家庭有 0～13 岁和 14～19 岁人口比重呈显著正相关，表明区域小学和中学学龄青少年比重大，成年人以中青年为主；与大专人口占总人口比重呈显著相关，说明区域人口学历水平相对较高，与此相一致的是公务员、企业管理、教师及科研人员比重及家庭月收入 5 000～10 000 元比重高，相关系数显著；高层次职业从业者和高收入阶层人口比重大，与户籍人口占总人口比重显著正相关(0.669)，说明本地户籍居民是区域人口主体；与居住三房一厅或两厅人口比重、自建房人口比重及个人购买住房人口比重呈正相关，相关系数分别为：0.572、0.475 和 0.491，说明区域人口的住房拥有率较高，住房条件优越；且与居住门禁社区人口比重呈显著正相关(0.441)，而与居住开放社区人口比重呈显著负相关(－0.306)，体现区域高档小区居住人口比重高。

② 小型零售网点可达性较好的区域，人口老龄化趋势明显，教育及收入水平较低，外来人口比重大，从事中低层次职业，住房以单位提供或租用为主；大型商业设施可达性良好的区域年龄结构较为年轻，教育程度相对较高，住房条件优越，自有率高。

小型零售网点可达性与区域 50～59 岁人口占总人口比重显著正相关，说明区域中老年人口比重高，人口老龄化趋势明显；与区域拥有高中及以下学历人口比重、公司企业及服务业一般工作人口比重及家庭月收入在 2 000～5 000 元范围内人口比重呈显著正相关，表明区域人口学历水平相对较低，从事低层次一般工作人口比重大，家庭收入水平不高；体现区域外来人口比重大且与居住单间人口比重和使用单位住房人口比重呈显著正相关，相关系数分别为 0.412 和 0.442，而与居住二房一厅人口比重显著负相关(－0.320)，说明区域人口住房是以单位提供单间住房为主。

大型商业设施布局的区域人口年龄结构较为年轻；与大专学历层次人口比重呈显著正相关，表明区域人口教育水平相对较高；与家庭月收入 2 000～5 000 元人口比重呈显著正相关，体现区域人口收入水平处于中等水平；与住房指标呈显著相关，体现在与居住两房一厅人口比重、四房及以上人口比重、自建房及购买住房人口比重呈显著正相关，相关系数分别为

0.306、0.481、0.406、0.421，表明区域人口住房条件优越，住房自由率高。

③ 教育培训设施可达性与区域人口属性相关性特征显著，区域人口属性特征表现为学龄人口规模大，年龄结构年轻，教育程度不高，但高收入阶层人口比重及住房自有率较高。

教育培训设施可达性与区域人口的年龄结构、学历水平、家庭收入、家庭结构及住房指标呈显著相关性，具体表现为与年龄结构指标显著正相关，说明区域教育培训设施需求旺盛，涉及多个年龄阶段；与高中及以下学历水平人口比重成显著正相关，意味区域人口教育水平较低；与家庭月收入5 000～10 000元及10 000～20 000元人口比重呈显著正相关，相关系数分别为0.306和0.398，表明区域内高收入阶层居民占总人口比重较高；与结婚且有0～13岁和14～19岁子女的家庭结构指标呈显著正相关，而与单身人口比重成显著负相关，体现区域学龄人口比重大，人口年龄结构年轻；与自建住房人口比重呈显著相关，且与开放社区居住人口比重呈显著相关，说明区域人口住房自有率较高，且居住条件较好。

(2) 文体及消防设施可达性与区域人口特征的相关性

采取相同方法，分析文体及消防设施可达性与区域人口属性的相关性(表3-5)，其相关性特征表现为：

表3-5 文体及消防设施可达性与区域人口属性相关性

指　标	影剧院可达性	图书馆可达性	综合文化中心可达性	消防设施可达性	区级体育设施可达性	市级体育设施可达性	省级体育设施可达性
年龄结构指标							
20岁以下人口占总人口比重(%)	0.111	0.096	0.125	0.117	−0.002	0.123	0.369**
20～29岁人口占总人口比重(%)	0.155	0.118	0.1	−0.044	0.377**	−0.226*	−0.168
30～39岁人口占总人口比重(%)	−0.045	0.046	−0.018	0.162	−0.135	0.252*	0.379**
40～49岁人口占总人口比重(%)	0.052	0.053	0.057	0.482*	0.013	0.101	0.046
50～59岁人口占总人口比重(%)	0.072	0.003	0.026	0.511**	−0.037	0.21	0.046
60岁以上人口占总人口比重(%)	−0.103	−0.028	−0.05	0.034	−0.148	−0.1	0.112

续表 3-5

指　标	影剧院可达性	图书馆可达性	综合文化中心可达性	消防设施可达性	区级体育设施可达性	市级体育设施可达性	省级体育设施可达性
职业结构指标							
退休或未就业人口占总人口比重(%)	0.054	0.032	0.037	0.165	0.042	−0.011	0.042
公司企业、服务业一般工作人员人数比重(%)	0.163	0.291	0.145	0.001	0.019	0.133	0.501*
公务员、企业管理层、教师及科研人员比重(%)	−0.058	−0.066	−0.16	−0.002	−0.077	0.177	−0.068
金融、地产、高科技企业及演艺界等专业人员比重(%)	−0.081	−0.171	−0.113	−0.094	−0.004	−0.116	−0.387*
文化程度指标							
高中及以下学历人口占总人口比重(%)	0.305*	0.280*	0.359*	0.182	0.055	0.16	0.366**
大专学历人口占总人口比重(%)	0.057	0.135	−0.011	0.129	−0.025	0.176	0.015
本科学历人口占总人口比重(%)	−0.117	−0.181	−0.16	−0.077	0.029	−0.116	−0.271**
研究生学历人口占总人口比重(%)	0.072	−0.104	−0.03	0.136	0.064	−0.124	−0.352
家庭月收入指标							
家庭月收入 2 000 元以下人口比重(%)	−0.052	0.337**	−0.003	−0.046	−0.074	−0.184	−0.073
家庭月收入 2 000～5 000 元人口比重(%)	0.074	0.045	0.101	0.169	−0.033	0.081	0.322*
家庭月收入 5 000～10 000 元人口比重(%)	0.06	0.004	−0.018	0.03	0.146	0.109	−0.127
家庭月收入 10 000～20 000元人口比重(%)	−0.095	−0.012	−0.086	0.001	0.027	0.151	−0.095
家庭月收入 20 000 元以上人口比重(%)	0.133	0.147	0.14	0.164	−0.129	0.089	0.185

续表 3-5

指　标	影剧院可达性	图书馆可达性	综合文化中心可达性	消防设施可达性	区级体育设施可达性	市级体育设施可达性	省级体育设施可达性
婚姻与家庭结构指标							
单身人口占总人口比重(%)	0.138	0.083	0.069	0.044	0.231*	−0.144	−0.075
结婚无子女人口占总人口比重(%)	−0.095	−0.079	−0.008	0.039	−0.073	−0.34	−0.024
结婚有0～13岁子女人口占总人口比重(%)	0.171	0.151	0.037	0.084	−0.03	0.366**	0.089
结婚有13～18岁子女人口占总人口比重(%)	0.039	0.037	0.042	0.19	−0.07	0.081	0.086
结婚有18岁以上子女人口占总人口比重(%)	−0.157	−0.226	−0.049	0.016	−0.181	0.087	0.12
人口户籍指标							
户籍人口占总人口比重(%)	−0.314**	−0.344**	−0.272**	−0.266**	−0.358**	0.123	0.012
外来人口占总人口比重(%)	0.353**	0.387**	0.312**	0.377**	0.386**	−0.017	0.056
居住广州6个月以内外来人口比重(%)	0.001	0.182	0.119	−0.134	0.128	−0.22	0.044
居住广州6个月至5年的外来人口比重(%)	0.188	0.257**	0.312*	0.434*	0.236**	0.093	0.000
居住广州5年以上的外来人口(%)	−0.112	−0.187	−0.147	−0.074	−0.306	0.058	0.087
住房指标							
居住单间人口占总人口比重(%)	0.409*	0.473**	0.191	0.519**	0.299**	0.158	0.126
居住两房一厅人口占总人口比重(%)	−0.178	−0.398*	−0.145	−0.262**	−0.178	0.038	0.033
居住三房一厅或两厅人口占总人口比重(%)	0.263	0.013	0.017	0.03	−0.004	0.16	0.028

续表 3-5

指　标	影剧院可达性	图书馆可达性	综合文化中心可达性	消防设施可达性	区级体育设施可达性	市级体育设施可达性	省级体育设施可达性
居住四房及以上人口占总人口比重(%)	0.198	0.112	0.206	0.314**	0.007	0.019	0.385*
租房居住人口占总人口比重(%)	0.275**	0.361**	0.375**	0.404*	0.521**	0.068	0.138
单位提供住房人口占总人口比重(%)	−0.059	−0.138	−0.129	−0.015	−0.084	0.310**	0.028
自建房居住人口占总人口比重(%)	0.524**	0.431*	0.378**	0.367**	0.091	0.193	0.432**
个人购买住房人口占总人口比重(%)	−0.246**	−0.324**	−0.279**	−0.236*	−0.322**	−0.12	−0.163
居住开放社区人口占总人口比重(%)	0.047	0.147	0.16	0.076	−0.017	0.307*	0.405**
居住门禁社区人口占总人口比重(%)	−0.029	−0.128	−0.127	−0.045	−0.005	−0.135	−0.337**

注:相关系数为皮尔逊系数,** 表示在 0.01 上显著,* 表示在 0.05 上显著(双尾检验)。

① 文化娱乐设施可达性较好地区,以外来人口为主,文化程度及家庭经济水平不高,住房商品化率较低,住房条件较差

从文化娱乐设施可达性与区域人口特征相关性来看,影剧院、图书馆及综合文化中心与区域人口特征相关性类似,显著相关变量集中在区域人口文化程度、家庭月收入水平、户籍及住房结构指标等方面。具体表现在,与高中及以下学历人口比重呈显著正相关,说明区域人口文化程度较低;图书馆可达性区域与家庭月收入 2 000 元及以下人口比重呈显著正相关,体现区域人口收入水平较低;与户籍人口占总人口比重呈显著负相关,与外来人口占总人口比重呈显著正相关,表明区域外来人口比重大;与租房及自建房居住人口比重呈显著正相关,与个人购买住房人口比重呈显著负相关,表明区域人口住房以租用和自建为主,住房商品化程度较低;文化设施可达性与居住单间人口比重呈显著正相关,与居住两房一厅人口比重呈显著负相关,说明在文化设施较好的可达性地区,区域人口以租房居住为主,且居住单间住房比重较高,区域住房条件较差。

② 消防设施可达性较好地区人口属性表现为老龄化趋势明显,外来人口比重高,住房条件两极分化

与消防设施可达性显著相关的变量有:区域 40～49 岁人口比重

(0.482)、50～59 岁人口比重(0.511)、户籍人口比重(－0.266)、外来人口比重(0.377)、居住广州 6 个月至 5 年的人口比重(0.434)、居住单间人口比重(0.519)、居住两房一厅人口比重(－0.262)、居住四房及以上人口比重(0.314)和租房居住人口比重(0.404)、自建房人口比重(0.367)及个人购买房人口比重(－0.236)。可以看出,消防设施分布密度较高地区人口老龄化明显,外来人口比重高,是区域人口主体;区域住房以自建和租用为主,个人购买比重较低;区域人口住房以单间为主,但同时拥有四房及以上居住条件的人口比重较高,说明区域住房条件两极分化特征明显。

③ 体育设施可达性与区域人口特征相关性明显

区域人口属性表现为外来人口比重高、年龄结构较为年轻、教育程度较低、低层次从业者比重高。

体育设施可达性与区域人口相关性特征明显,其中市、区级体育设施可达性与区域 20～29 岁人口及 30～39 岁人口占总人口比重呈显著正相关,说明区域人口年龄结构较为年轻,劳动力人口比重高;区级体育设施与户籍人口比重呈显著负相关,与外来人口、尤其是居住广州超过 6 个月但不满 5 年的外来人口呈显著正相关,意味着区域外来人口规模大,尤其是广州常住外来人口(超过 6 个月的外来人口)占总人口比重高;区级体育设施可达性与区域人口租房人口比重呈显著正相关(0.521),与个人购买住房人口比重呈显著负相关(－0.322),说明区域租房人口比重高;而市级体育设施可达性与单位提供住房和居住开放社区人口比重显著正相关,说明区域人口住房条件较差。

省级体育设施可达性与职业结构、文化程度、月收入及住房等指标都呈显著正相关。与公司企业、服务业一般工作人员比重呈显著正相关(0.501),而与金融、保险、房地产及演艺界等专业人士比重呈显著负相关(－0.387),说明区域低层次从业者比重高;与此对应,与家庭月收入 2 000～5 000 元人口占总人口比重呈显著正相关,体现区域人口中等水平经济收入条件;与自建住房、居住四房及以上和居住开放社区人口比重呈显著正相关,说明居住环境较为宽松,位于城市中心区外围。

(3) 医疗设施可达性与区域人口特征的相关性

① 专科医院、综合医院及妇幼保健院可达性与区域人口属性相关性特征相似,区域人口特征表现为年龄结构较轻,外来人口比重高,文化程度较低,从事公司企业及服务业一般性工作,住房商品化率低。

专科医院、综合医院及妇幼保健院的可达性与区域人口属性的年龄结构指标、职业结构指标、文化程度指标、家庭月收入指标、婚姻与家庭结构指标、人口户籍指标及住房指标呈显著相关(表 3-6)。具体来说,与区域 30～39 岁和 50～59 岁年龄人口比重呈显著正相关,与结婚且有 0～13 岁及 14～18 岁子女人口比重呈正相关,说明区域年龄结构相对年轻,二代户及以上家庭比重高,说明区域居民以青壮年人为主,劳动力人口比重高;与大专、高中及以下学历人口比重正相关,说明区域人口学历水平相对较低;妇幼保健院可达性与户籍人口占总人口比重呈显著负相关(－0.473),与居住广州 6 个月以上、5 年以内的外来人口比重呈显著正相关(0.337),说明区域外来人口比重高;与单位提供住房及自建房人口比重呈显著正相关,与个人购买住房人口比重呈显著负相关,且与居住单间人口及租房人口比重呈显著正相关,说明住房商品化率低,区域人口经济水平不高的特征明显。人口属性具有典型老城区特征,是在历史沉积因素作用下,医疗设施聚集在中心城市区的体现。

表 3-6　医疗设施可达性及等级与区域人口属性的相关性

指　标	专科医院可达性	综合医院可达性	社区卫生服务中心可达性	妇幼保健院可达性	医疗设施可达性
年龄结构指标					
20 岁以下人口占总人口比重(%)	0.188	0.112	－0.003	0.031	0.281
20～29 岁人口占总人口比重(%)	－0.159	－0.141	－0.007	0.387*	0.135
30～39 岁人口占总人口比重(%)	0.678*	0.367**	0.335*	－0.093	－0.145
40～49 岁人口占总人口比重(%)	0.082	0.249*	0.009	0.056	－0.051
50～59 岁人口占总人口比重(%)	0.544*	0.416**	0.589*	0.085	－0.064
60 岁以上人口占总人口比重(%)	－0.01	0.033	－0.126	－0.065	－0.188
职业结构指标					
退休或未就业人口占总人口比重(%)	0.056	0.367*	0.084	0.054	0.038
公司企业、服务业一般工作人员人数比重(%)	0.781**	0.018	0.018	0.084	－0.101

续表 3-6

指　标	专科医院可达性	综合医院可达性	社区卫生服务中心可达性	妇幼保健院可达性	医疗设施可达性
公务员、企业管理层、教师及科研人员比重(%)	0.153	0.049	0.039	−0.083	−0.052
金融、地产、高科技企业及演艺界专业人员比重(%)	−0.057	−0.081	0.062	−0.077	0.496*
文化程度指标					
高中及以下学历人口占总人口比重(%)	0.306*	0.189	0.133	0.528*	−0.037
大专学历人口占总人口比重(%)	0.491**	0.315*	0.482*	−0.015	−0.187
本科学历人口占总人口比重(%)	−0.063	−0.114	−0.086	−0.093	0.444**
研究生学历人口占总人口比重(%)	−0.062	0.074	0.002	−0.158	0.255
家庭月收入指标					
家庭月收入 2 000 元以下人口比重(%)	−0.136	0.014	−0.103	0.1	−0.058
家庭月收入 2 000～5 000 元人口比重(%)	0.309	0.091	0.354*	0.015	−0.108
家庭月收入 5 000～10 000 元人口比重(%)	0.228	0.085	0.505*	0.12	0.427*
家庭月收入 10 000～20 000 元人口比重(%)	0.207	0.138	0.135	−0.053	0.533**
家庭月收入 20 000 元以上人口比重(%)	0.221	0.386*	0.061	0.058	0.189
婚姻与家庭结构指标					
单身人口占总人口比重(%)	−0.122	−0.008	0.128	0.097	0.144
结婚无子女人口占总人口比重(%)	−0.066	0.13	−0.004	−0.078	−0.001

续表 3-6

指 标	专科医院可达性	综合医院可达性	社区卫生服务中心可达性	妇幼保健院可达性	医疗设施可达性
结婚有 0～13 岁子女人口占总人口比重(%)	0.569**	0.192	0.107	0.382*	－0.074
结婚有 13～18 岁子女人口占总人口比重(%)	0.463*	0.395**	0.145	0.109	0.05
结婚有 18 岁以上子女人口占总人口比重(%)	0.121	0.144	－0.003	－0.007	－0.099
人口户籍指标					
户籍人口占总人口比重(%)	0.216	－0.036	－0.063	－0.473**	－0.088
外来人口占总人口比重(%)	－0.002	0.104	0.191	0.429**	0.088
居住广州 6 个月以内外来人口比重(%)	0.027	0.049	－0.073	0.072	0.067
居住广州 6 个月至 5 年的外来人口比重(%)	0.019	0.149	0.16	0.337*	0.08
居住广州 5 年以上的外来人口(%)	0.21	0.138	－0.083	－0.147	－0.089
住房指标					
居住单间人口占总人口比重(%)	0.049	0.303*	0.059	0.171	0.022
居住两房一厅人口占总人口比重(%)	0.023	－0.164	0.498**	－0.139	－0.225
居住三房一厅或两厅人口占总人口比重(%)	0.156	0.405*	0.387**	0.037	0.284*
居住四房及以上人口占总人口比重(%)	0.082	0.339**	－0.054	0.02	0.109
租房居住人口占总人口比重(%)	－0.001	0.041	0.062	0.570**	0.03

续表 3-6

指 标	专科医院可达性	综合医院可达性	社区卫生服务中心可达性	妇幼保健院可达性	医疗设施可达性
单位提供住房人口占总人口比重(%)	0.433*	0.094	0.272	−0.068	−0.192
自建房居住人口占总人口比重(%)	0.311**	0.614**	0.161	0.468*	−0.058
个人购买住房人口占总人口比重(%)	−0.078	−0.062	−0.109	−0.385**	0.572*
居住开放社区人口占总人口比重(%)	0.305*	0.1	−0.135	0.082	−0.198
居住门禁社区人口占总人口比重(%)	−0.128	0.129	0.125	−0.078	0.198

注:相关系数为皮尔逊系数,** 表示在 0.01 上显著,* 表示在 0.05 上显著(双尾检验)。

② 社区卫生中心可达性与区域人口属性显著相关的变量相对较少,可达性较好地区具有人口文化程度较高、收入较高、住房条件优越的特征

社区卫生服务中心可达性与区域人口年龄指标、文化程度指标、收入指标、住房指标呈显著相关。与区域 30～39 岁和 50～59 岁人口比重呈显著相关,说明区域劳动力年龄人口比重高,老龄化不明显;与大专学历人口占总人口比重(0.482)、家庭月收入 2 000～5 000 元(0.354)和 5 000～10 000 元(0.505)的人口比重呈显著相关,说明区域人口文化程度、经济收入水平较高;与居住两房一厅和三房两厅的人口比重呈显著相关,表明具有完善且良好可达性的社区卫生服务设施地区,区域人口住房条件较为优越。

③ 对高等级医疗设施具有良好可达性的人口特征表现为文化程度、职业层次及家庭月收入水平较高,住房条件优越

医疗设施等级与区域人口职业结构、文化程度、家庭收入及住房变量有较强相关性。具体表现为与金融、保险、房地产、高科技公司及演艺界等专业人员比重呈显著相关,体现出高层次职业特征。与此对应,与家庭月收入 5 000～10 000 元及 10 000～20 000 元人口比重呈显著相关,表明区域高层次职业和高收入人口比重高的特征;与居住三房一厅或两厅人口比重及个人购买住房人口比重呈显著正相关,相关系数分别为 0.248 和 0.572,说明区域住房自有率高,住房条件较为优越。

3）社区分异

实用的城市居住区位并非仅仅由住宅本身及其社会环境所决定，而同样要考虑其相关设施配置，如商店、学校、药房、邮局及各种休闲娱乐设施(Harvey. D, 1972)。所以公共服务设施区位是引发不同社会群体住房竞争和导致城市居住结构社会分异的决定因素之一(Knox. P. L, 1982)。而不同社会群体的空间聚集及居住隔离不可避免地加剧城市居民的公共服务设施可达性和空间分异程度。地理学家和政治学家都曾探讨过服务设施可达性对社区生活质量的影响，从不同角度直接或间接地揭示出服务设施分布的空间不公平趋势。最富有和最有权利的社区能够影响公共服务设施的配置区位、组织设施供给，结果通常是那些最富有、最有权利以及最有学识的人占据最有利的区位以获取公共服务设施的正外部性，同时避开产生负外部性的设施(保罗·诺克斯，史蒂文·平齐，2005)。实践证明，城市公共服务设施供给政策分析尤为重要，因为城市政府不但控制空间教育资源的供给方式和供给环境，而且决定健康服务、商业及休闲娱乐设施的供给，甚至包括整个“集体消费”设施系统。因此，对公共服务设施供给的现状格局和空间类型进行探讨，总结特征和规律，并从政府职能定位、城市管理及供给模式层面予以分析和完善尤为必要。

(1) 社区分类

为了尝试对公共服务设施可达性进行城市社会生态学分析，探讨广州城市居住结构与服务设施可达性之间的整体联系，本书以18种可达性变量与31个社会经济变量作为基本数据矩阵，利用Spss16.0的聚类分析技术进行社区划分。选用分层聚类法(Hierarchical Cluster)，距离测度选用平方欧式距离法(Squared Euclidean distance)，并采用离差平方和法(Ward's Method)计算类与类之间的距离，并要求画出树状聚类图。根据树状聚类图，将广州116个街镇的社会经济及服务设施可达性特征划分为6种社区类型，如图3-10(括号内为街镇数目)。然后分社区对49个变量进行多样本非参数Jonkheere-Terpstra分析(非参数J-T分析)和T检验。非参数分析J-T值越大，表明同类社区的各街镇在某项指标上的变化越小，相似程度越高；T值越大说明同类社区街镇的某指标均值与研究范围内所有街镇均值的差距越大，正值意味社区均值高于总体均值，负值则低于总体均值。

(2) 社区类型及其公共服务设施可达性特征

① 第一类社区：人口密集、中等收入水平的老龄化旧城区，公共服务设施可达性整体较好，但文体设施配置不均

●空间分布及区域特征：人口密集、中等收入水平的老龄化旧城区

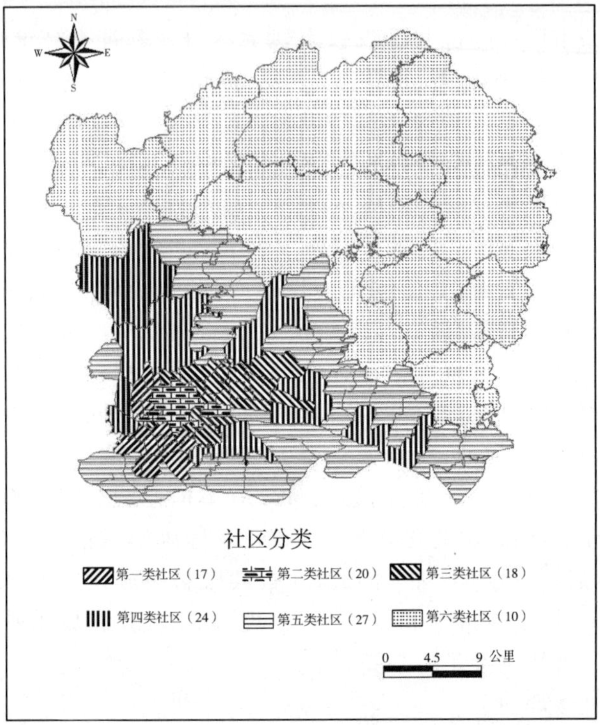

图 3-10　广州社区类型划分

第一类社区包括 17 个街道，主要分布在荔湾区中北部和海珠区西北部。本区在历史上是广州工业集中分布区，影响当前各街道的社会经济特征。西村和南石头在解放前工业分布就相对集中，在解放后的 1950—1960 年代，原芳村区冲口街、白鹤洞及海珠区的江南中、沙园及南石头街的工业发展较快，所以老城区社会经济属性特征明显。如表 3-7 所示，在住房方面，经过房改阶段的售房改革，购买原公房的居民较多，所以本区居民购买住房比重较高。结婚有 0～13 岁女子人口比重(%)及家庭成员中 0～13 岁、30～39 岁和 60 岁以上人口比重大，月收入2 000～5 000 元的比重较高，但月收入 2 000 元以下及 5 000～10 000 元人口比重低于平均水平，说明家庭结构规模较大，且老龄化状况明显，家庭收入整体上处于中等水平。

●公共服务设施可达性：整体可达性较好，但文体设施配置不均

本类社区公共服务设施的 T 检验值均大于 0(表 3-7)，说明本类社区的公共服务设施配置齐全，能够较便利地满足城市居民生活需求。其中影剧院、小型零售网点、市级体育设施及妇幼保健院、综合医院、消防设施、青少

年活动中心及小学在各街道之间分布均衡(非参数 J-T 值都大于 0.5),整体上具有充分可达性。综合文化中心、职业培训、图书馆、博物馆及省体育设施等设施虽各街道间可达性均值高于市域均值,但非参数检验 J-T 值低于 0.2,表明各街道间这几种设施分布相似程度较低,空间布局并不均衡,影响居民利用可达性。

表 3-7 社区分类及社会经济变量特征(一～三类社区)

指标分类	第一类社区		第二类社区		第三类社区	
	J-T 值	T 值	J-T 值	T 值	J-T 值	T 值
年龄结构指标						
20 岁以下人口占总人口比重(%)	0.623	−0.103	0.694	0.454	0.770	−4.607
20～29 岁人口占总人口比重(%)	0.278	0.661	0.414	0.621	0.019	1.840
30～39 岁人口占总人口比重(%)	0.916	0.453	0.546	−0.496	0.698	1.046
40～49 岁人口占总人口比重(%)	0.310	0.024	0.976	−2.375	0.770	−0.911
50～59 岁人口占总人口比重(%)	0.123	1.110	0.174	0.713	0.173	−0.176
60 岁以上人口占总人口比重(%)	0.649	3.513	0.976	0.187	0.896	−2.160
文化程度指标						
高中及以下学历人口占总人口比重(%)	0.196	−0.592	0.880	1.722	0.897	−9.353
大学学历人口占总人口比重(%)	0.220	−0.069	0.109	−1.294	0.230	6.678
研究生学历人口占总人口比重(%)	0.001	−3.822	0.694	−2.285	0.604	1.941
职业结构指标						
退休或未就业人口占总人口比重(%)	0.527	0.442	0.238	0.207	0.845	0.250
公司企业、服务业一般工作人员人数比重(%)	0.382	0.477	0.468	2.255	0.381	−3.563

续表 3-7

指标分类	第一类社区		第二类社区		第三类社区	
	J-T 值	T 值	J-T 值	T 值	J-T 值	T 值
公务员、企业管理层、教师及科研人员比重(%)	0.086	−1.391	0.952	0.230	0.770	2.288
金融、地产、高科技企业及演艺界专业人员比重(%)	0.452	1.141	0.586	−1.029	0.948	3.687
家庭月收入指标						
家庭月收入 2 000 元以下人口比重(%)	0.889	−0.218	0.565	2.107	0.770	−5.933
家庭月收入 2 000～5 000 元人口比重(%)	0.944	1.751	0.174	−0.193	0.721	−1.997
家庭月收入 5 000～10 000元人口比重(%)	0.916	−3.985	0.717	−1.779	0.650	5.280
家庭月收入 10 000～20 000 元人口比重(%)	0.008	−2.311	0.809	−3.291	0.820	3.011
家庭月收入 20 000 元以上人口比重(%)	0.181	−1.072	0.181	−1.159	0.922	1.587
婚姻与家庭结构指标						
单身人口占总人口比重(%)	0.064	−0.923	0.809	−0.240	0.581	−0.545
结婚有 0～13 岁子女人口比重(%)	0.889	1.573	0.717	0.661	0.270	2.485
结婚有 14～18 岁子女人口比重(%)	0.381	0.617	0.628	1.001	0.845	0.675
结婚有 19 岁以上子女人口比重(%)	0.063	0.474	0.785	−0.174	0.330	−1.803
人口户籍指标						
户籍人口占总人口比重(%)	0.529	4.868	0.227	−2.833	−0.455	3.213
外来人口占总人口比重(%)	−0.529	−4.868	−0.227	2.833	0.455	−3.213

续表 3-7

指标分类	第一类社区		第二类社区		第三类社区	
	J-T 值	T 值	J-T 值	T 值	J-T 值	T 值
住房指标						
居住单间人口比重(%)	0.362	−4.648	0.227	0.919	0.626	−0.918
居住两房一厅人口比重(%)	0.916	3.164	0.487	−0.404	0.475	0.398
居住三房一厅或两厅人口比重(%)	0.462	0.882	0.239	0.547	0.795	1.214
租房居住人口比重(%)	0.506	−3.001	0.080	0.858	0.495	−0.918
单位提供住房人口比重(%)	0.484	−14.881	0.809	2.070	0.008	1.238
自建房居住人口比重(%)	0.916	5.631	0.027	−4.019	0.624	−5.644
个人购买住房人口比重(%)	0.899	4.684	0.904	−0.267	0.014	2.186

注：* J-T 值越大，表明同类社区的各街镇在某项指标上的变化越小，相似程度越高。

** T 值越大说明同类社区街镇的某指标均值与研究范围内所有街镇均值的差距越大，正值意味社区均值高于总体均值，负值则是低于总体均值。

② 第二类社区：人口密集、低素质低收入老龄化旧城区，公共服务设施配套齐全，但不同街道间专科医院、活动中心可达性差异显著

●空间分布及区域特征：人口密集、低素质低收入老龄化旧城区

第二类社区共包括 20 个街道，是广州老城核心区，主要包括越秀区大部、荔湾区金花、龙津、华林、昌华和岭南街，以及海珠区的海幢和滨江街。人口属性的旧城区特征明显，结婚有 0～18 岁子女及家庭成员中 60 岁以上人口规模比重高，说明家庭规模大且老龄化特征突出；高中及以下学历人口比重大，研究生学历人口低于市域均值；主要从事公司、企业及服务业一般性工作，大多家庭月收入2 000 元，住房以单位提供住房为主，购买住房人口比重较低；由于本区部分街道是城市政府办公所在地，从事公务员、教育科研及企业管理工作人口比重较高，人口构成相对复杂，从整体上看，本区各街道居民家庭规模较大，老龄化态势显著，旧城中心区低素质、低收

入阶层的主体性特征明显。

●公共服务设施可达性特征：配套齐全，但专科医院、活动中心可达性不足

第二类社区公共服务设施配套齐全，各项公共服务设施可达性程度均高于市域平均水平。其中中小学设施可达性普遍较好，尤其是优质教育资源在老城区的聚集，是有中小学学龄儿童的家庭择居老城区的主要原因，揭示了老城区有0～13岁和14～18岁子女家庭比重高的理由，说明公共服务设施分布与家庭结构存在密切关系，一定程度上影响居民的居住选择。综合医院、消防设施、区级体育设施、小型零售网点和大型商业设施在此类社区可达性也普遍较好。但专科医院、省体育馆及青少年活动中心等服务设施在本区各街镇间非参数检验得分最低，表明这几类服务设施在各街道内分布较为不均衡，不同街道间的可达性差异显著。

③ 第三类社区：年龄结构较轻的高素质、高收入阶层居住区，公共服务设施配套齐全，整体可达性较好

●空间分布及区域特征：年龄结构较轻的高素质、高收入阶层居住区

第三类社区共18个街道，分布在海珠北部、越秀区东部及天河区西部，是广州高素质、高收入阶层聚集区，包括省市政府所在地（梅花村、华乐、白云街）、高校科研聚集区（新港街、五山街、黄花岗、流花街）及广州高端生产性服务业集中地（天圆街、天河南、石牌、林和街等）。本区各街镇家庭成员中40～49岁及60岁以上居民比重T检验为负值，但拥有0～18岁子女的家庭比重高，家庭规模较小，劳动力供给结构较为年轻，学历层次中研究生学历人口比重高于平均值，主要从事公务员、公司企业管理、教师及科研职业和金融地产、高科技职业，且家庭月收入1万以上的T检验值为正，而月收入为5 000元以下为负，表明第三类社区整体上的高素质、高收入阶层特征明显。

●公共服务设施可达性特征：配套齐全，整体可达性较好

本类社区各街镇公共服务设施可达性整体较好，其中大型商业设施、专科医院、消防设施和社区卫生设施的可达性T检验值最高，说明本类社区这四个服务设施的可达性整体上最为充分。博物馆、中学、区级体育馆、社区卫生服务设施、影剧院、妇幼保健院在各街道间分布相似程度较高，空间分布相对均衡；综合医院、图书馆、小学、小型零售网点、省级和市级体育设施在此类社区各街道间分布相似程度较低，但T检验值为正，且都大于1，表明这些设施可达性都远高于市域均值，整体上可达性较好。

表 3-8　社区分类及公共服务设施变量特征(一～三类社区)

指标分类	第一类社区		第二类社区		第三类社区	
	J-T 值	T 值	J-T 值	T 值	J-T 值	T 值
教育设施						
小学	0.649	3.539	0.519	3.111	0.119	1.075
中学	0.400	3.284	0.695	9.468	0.746	3.964
职业培训	0.172	1.982	0.215	4.611	0.192	4.648
商业设施						
小型零售网点	0.649	10.584	0.515	7.922	0.105	4.530
大型商业设施	0.248	5.848	0.515	10.113	0.948	10.884
医疗设施						
综合医院	0.916	5.061	0.786	6.911	0.152	4.734
专科医院	0.972	10.700	0.002	9.202	0.948	6.399
妇幼保健院	0.421	8.461	0.047	11.653	0.516	4.912
社区卫生中心	0.345	10.708	0.174	8.522	0.364	6.600
文化娱乐设施						
博物馆	0.115	9.344	0.319	17.721	0.846	4.591
图书馆	0.196	8.966	0.319	15.105	0.092	7.357
影剧院	0.916	10.823	0.215	10.783	0.530	4.083
青少年活动中心	0.649	6.478	0.139	16.727	0.299	7.021
综合文化中心	0.023	3.220	0.526	8.152	0.243	3.643
体育设施						
市级体育设施	0.649	15.670	0.215	19.670	0.153	7.368
区级体育设施	0.248	8.727	0.415	14.216	0.516	1.023
省级体育设施	0.151	2.547	0.037	3.963	0.173	7.747
市政设施						
消防设施	0.649	6.350	0.349	9.305	0.846	6.466

注：* J-T 值越大，表明同类社区的各街镇在某项指标上的变化越小，相似程度越高；

** T 值越大说明同类社区街镇的某指标均值与研究范围内所有街镇均值的差距越大，正值意味社区均值高于总体均值，负值则是低于总体均值。

④ 第四类社区：低素质、低收入的外来年轻蓝领阶层居住区，公共服务设施可达性对立分化，日常服务类设施可达性较好，而高层次消费设施可达性不足

●空间分布及区域特征：低素质、低收入的外来年轻蓝领阶层居住区

第四类社区位于老城区和高素质高收入阶层居住区外围，成环状分布于白云区南部和天河区东北部，其中包括海珠区的凤阳街、赤岗街、江海街和黄埔区的鱼珠街、红山街，共 24 个街道。本区单身人口及 20～29 岁人口比重高、T 检验为正，而 40 岁以上人口比重 T 检验为负，说明此类社区以年轻人口为主，同时各街道租房居住人口比重相似，T 检验值为正，且各街镇外来人口比重相似，高于市域均值，说明整体上本社区各街镇外来年轻人口比重较高。就文化水平而言，研究生和大学学历人口比重的 T 检验值为负，而高中及以下学历水平人口比重 T 检验值为正，表明各街道人口学历层次以高中为主，总体水平较低；主要从事公司企业及服务业一般性工作的家庭月收入在 5 000 元以下水平高度，且 T 值检验为正（表 3-9）。因此，作为一个整体，本类社区各街道居民外来年轻人口比重高，本地居民与外来人口混住特征明显，居民结构以低素质、低收入水平的蓝领阶层为主。

表 3-9　社区分类及社会经济变量特征（四～六类社区）

指标分类	第四类社区		第五类社区		第六类社区	
	J-T 值	T 值	J-T 值	T 值	J-T 值	T 值
年龄结构指标						
20 岁以下人口占总人口比重(%)	0.054	−0.923	0.042	2.094	0.071	3.603
20～29 岁人口占总人口比重(%)	0.913	4.112	0.535	1.314	0.497	−8.265
30～39 岁人口占总人口比重(%)	0.324	−3.132	0.194	1.120	0.174	−3.488
40～49 岁人口%占总人口比重(%)	0.511	−1.567	0.480	0.506	0.174	5.944
50～59 岁人口占总人口比重(%)	0.870	−4.697	0.977	−1.423	0.718	2.348
60 岁以上人口占总人口比重(%)	0.186	−7.830	0.391	−0.840	0.042	−0.034

续表 3-9

指标分类	第四类社区		第五类社区		第六类社区	
	J-T 值	T 值	J-T 值	T 值	J-T 值	T 值
文化程度指标						
高中及以下学历人口占总人口比重(%)	0.598	1.285	0.756	0.714	0.997	12.522
本科学历人口占总人口比重(%)	0.250	−1.308	0.396	−1.966	0.497	−4.546
研究生学历人口占总人口比重(%)	0.477	−2.133	0.253	−2.721	0.995	−8.214
职业结构指标						
退休或未就业人口占总人口比重(%)	0.441	−1.383	0.977	0.071	0.718	−5.724
公司企业、服务业一般工作人员人数比重(%)	0.547	3.751	0.351	1.772	0.242	0.211
公务员、企业管理层、教师及科研人员比重(%)	0.412	−1.877	0.865	1.229	0.987	−5.921
金融、地产、高科技企业及演艺界专业人员比重(%)	0.661	−1.670	0.693	−3.019	0.174	−7.742
家庭月收入指标						
家庭月收入 2 000 元以下人口比重(%)	0.380	0.951	0.933	0.182	0.497	3.381
家庭月收入 2 000～5 000 元人口比重(%)	0.991	0.755	0.204	−0.752	0.497	0.723
家庭月收入 5 000～10 000元人口比重(%)	0.584	−1.432	0.003	0.625	0.042	−3.117
家庭月收入 10 000～20 000 元人口比重(%)	0.956	−2.928	0.120	−0.182	0.718	−4.998
家庭月收入 20 000 元以上人口比重(%)	0.271	−0.373	0.070	0.677	0.718	−7.798

续表 3-9

指标分类	第四类社区		第五类社区		第六类社区	
	J-T 值	T 值	J-T 值	T 值	J-T 值	T 值
婚姻与家庭结构指标						
单身人口占总人口比重(%)	0.956	4.307	0.910	0.681	0.174	−3.227
结婚有 0～13 岁子女人口比重(%)	0.661	−2.051	0.533	−1.868	0.497	−7.854
结婚有 14～18 岁子女人口比重(%)	0.869	−4.167	0.009	0.330	0.497	−6.709
结婚有 19 岁以上子女人口比重(%)	0.154	−7.098	0.799	−0.073	0.042	−0.775
人口户籍指标						
户籍人口占总人口比重(%)	0.784	−5.559	0.055	−1.930	0.497	−3.721
外来人口占总人口比重(%)	0.784	5.558	0.055	1.930	0.497	3.721
住房指标						
居住单间人口比重(%)	0.250	2.133	0.910	1.650	0.718	−1.137
居住两房一厅人口比重(%)	0.826	−0.894	0.430	−4.221	0.947	2.472
居住三房一厅或两厅人口比重(%)	0.042	−1.934	0.631	1.330	0.042	4.447
租房居住人口比重(%)	0.784	5.816	0.777	0.608	0.992	−5.752
单位提供住房人口比重(%)	0.660	−3.290	0.799	0.024	0.497	−3.220
自建房居住人口比重(%)	0.273	0.334	0.366	1.724	0.497	14.098
个人购买住房人口比重(%)	0.784	−3.283	0.778	−2.088	0.497	−4.970

注：* J-T 值越大，表明同类社区的各街镇在某项指标上的变化越小，相似程度越高。

** T 值越大说明同类社区街镇的某指标均值与研究范围内所有街镇均值的差距越大，正值意味社区均值高于总体均值，负值则是低于总体均值。

●公共服务设施可达性特征:可达性对立分化,日常服务类设施可达性较好,而文化娱乐等高层次设施可达性不足

根据公共服务设施可达性变量的 T 检验值,可以看出,作为一个整体,本区各街道服务设施的布局及可达性呈明显对立分化特征。消防设施、中学、社区卫生设施、小型商业网点、综合医院、教育培训、小学、专科医院和市级体育场馆可达性较好;而青少年活动中心、影剧院、博物馆、大型商业设施、图书馆、区级体育场馆、省级体育场馆、妇幼保健院和综合文化中心可达性较差。在空间分布相似度(非参数检验 J-T 值)大于 0.4 的 10 种服务设施中,消防设施、中学、社区卫生服务中心、小型零售网点及综合医院的可达性均值高于市域平均水平,说明各街道这 5 种设施空间分布均衡,可达性整体较好;而青少年活动中心、影剧院、博物馆、图书馆及大型商业设施的可达性均值则低于市域平均水平,可达性整体较差。从服务设施配置上看,在外来人口比重高的低收入阶层聚集区,日常服务类设施的可达性水平优于内城模式设施,而城市更新和拓展类设施布局则整体不足。

⑤ 第五类社区:低素质、低收入的人口混住区,公共服务设施供给不足,可达性较差

●空间分布及区域特征:低素质、低收入的外来人口和户籍人口混住区

第五类社区共包括 27 个街道,主要分布在城市近郊,属于城郊居民居住区。近年随着广州市产业结构调整及主城区产业外迁,近郊城镇聚集了大量的工业企业,吸引着众多的外来人口聚集务工,所以年龄结构较为年轻,单身人口居多,且居住单间人口比重大,以工作单位提供住房为主。同时本地居民住房以自建为主,所以居住三房一厅或两厅的人口比重也整体上较高。居民文化程度较低,以高中及高中以下为主,主要从事公司企业一般工作,家庭月收入低于 2 000 元。因此,整体上本区为近郊城镇居民居住区,外来务工人口比重较高,高中以下学历为主,从事一般公司企业工作,低素质、低收入群体特征突出。

●公共服务设施可达性特征:供给不足,可达性较差

如表 3-10 所示,第五类社区各类公共服务设施可达性 T 检验值均小于 0,表明本类社区各街镇公共服务设施可达性水平整体低于市域平均水平。但各街镇服务设施可达性相差较大,其中小学、影剧院、图书馆、中学、消防设施、妇幼保健院、青少年活动中心及博物馆非参数检验值大于 0.5,说明其空间分布在各街镇之间相对均衡且总体不足,可达性较差。

表 3-10　社区分类及公共服务设施变量特征(四～六类社区)

指标分类	第四类社区		第五类社区		第六类社区	
	J-T 值	T 值	J-T 值	T 值	J-T 值	T 值
教育设施						
小学	0.055	3.423	0.844	−2.597	0.174	−1.951
中学	0.784	2.928	0.672	−3.866	0.497	−4.002
职业培训	0.208	1.207	0.672	−3.421	0.992	−5.732
商业设施						
小型零售网点	0.622	3.265	0.067	−3.621	0.994	−2.424
大型商业设施	0.547	−0.176	0.672	−4.992	0.174	−2.333
医疗设施						
综合医院	0.477	5.607	0.352	−5.704	0.597	−4.394
专科医院	0.171	4.360	0.167	−4.103	0.042	−3.980
妇幼保健院	0.071	−0.506	0.632	−4.745	0.042	−6.440
社区卫生中心	0.702	5.997	0.225	−1.905	0.042	−4.306
文化娱乐设施						
博物馆	0.702	−0.367	0.517	−5.803	0.042	−8.801
图书馆	0.477	−2.538	0.756	−4.730	0.042	−7.260
影剧院	0.784	−1.578	0.756	−4.518	0.174	−8.415
青少年活动中心	0.956	−1.394	0.554	−3.788	0.174	−7.552
综合文化中心	0.055	−0.600	0.076	−3.027	0.174	−7.734
体育设施						
市级体育设施	0.043	3.335	0.150	−4.553	0.042	−5.314
区级体育设施	0.477	−1.219	0.248	−2.650	0.174	−8.464
省级体育设施	0.208	−0.577	0.085	−3.620	0.932	−3.149
市政设施						
消防设施	0.956	0.277	0.672	−3.421	0.174	−4.516

注：* J-T 值越大，表明同类社区的各街镇在某项指标上的变化越小，相似程度越高。

** T 值越大说明同类社区街镇的某指标均值与研究范围内所有街镇均值的差距越大，正值意味社区均值高于总体均值，负值则是低于总体均值。

⑥ 第六类社区:本地农业居民散住区,公共服务设施供给总体不足,可达性整体较差

●空间分布及区域特征:本地农业居民散住区

第六类社区包括10个街镇,主要分布在白云区北部及萝岗区,属于广州农业居民散住区。T检验有四个正值,分别为高中及以下学历人口比重(12.5)、自建房人口比重(14.1)、家庭月收入低于2 000元人口比重(3.4)及50～59岁人口比重(2.4),说明本类社区居民本地化水平高,留守老龄人口比重大,居民学历及收入水平较低。

●公共服务设施可达性特征:供给总体不足,可达性整体较差

在公共服务设施可达性方面,与小型零售网点、中学、综合医院及消防设施在各街镇分布的相似程度较高,但均低于市域均值,说明各街镇公共服务设施供给缺乏,空间分布聚集程度较高,可达性整体较差。其他14种公共服务设施空间分布相似度较低,且可达性均值低于市域均值,可达性同样整体较差。

基于对广州城市公共服务设施可达性社会分异的分析,发现广州城市公共服务设施可达性水平基本上呈单核心圈层结构,以老城区为中心,从内到外逐次递减。总体上看,广州城市公共服务设施空间分布不均衡,且不同社会经济属性居民拥有的公共服务设施使用机会及不同类型社区所具备的公共服务设施配套都存在显著空间差异,社会分异特征突出,与计划经济时期相对均衡的空间分布格局截然不同,是转型期以来广州城市公共服务设施供给模式变革的结果。

3.2　转型期广州城市公共服务设施供给特征

1978年党的十一届三中全会确立以经济建设为中心的改革开放发展方针,1984年党的十二届三中全会正式提出有计划的商品经济建设目标,从此公众对社会主义经济属性有了认识。其后国家围绕深化企业改革,实行了以承包为主要形式的多种经营方式,并开始建立多种所有制形式、多种分配方式和包括多种生产要素交易的市场体系,强有力地推动了各项产业发展与城市建设进程。

改革开放初期,广州市运用国家给予的"特殊政策、灵活措施",以及计划单列、省级经济管理权限,加快经济发展,中心城市的职能日益加强。尤其是1984年国务院批准广州市第14方案《广州城市总体规划(1981—2000)》后,广州市按照城市总体规划确定的城市性质,积极引进外资和国外

先进技术,发展外向型企业,重点发展金融、商业、贸易、旅游服务和交通运输等第三产业。1987年,广州在全国首创探索和推广土地有偿使用、房地产制度改革和城市建设综合开发。通过控制性规划、土地有偿使用和城市综合开发并举的城市建设道路较好地控制和引导了这一时期的城市发展和建设工作,对城市公共服务设施建设也产生了极为重要的作用。

1990年代中期以后,广州市场经济进入全面发展时期,市场机制对资源配置的基础作用得到充分发挥,渗透到社会经济发展的方方面面,对城市公共服务设施供给产生重要的影响。进入21世纪,广州的城市发展面临来自国内国际宏观环境发展变化(如经济全球化、加入WTO)及行政区划的调整(花都、番禺撤市设区)带来的挑战和发展机遇,使广州城市空间结构、土地资源配置方式发生了实质性转型,城市公共服务设施供给模式也不同以往。以下几节主要论述转型期以来广州城市公共服务设施供给的特征。

3.2.1 供给主体及资金来源多元化发展

随着社会主义市场经济发展,以及对城市公共服务设施经济属性认识的进一步深入,城市公共服务设施被划分为以公益性为主的公共产品类设施、具有一定赢利能力的准公共产品类设施及以赢利性为主的非公共产品类设施三种类型。不同类型服务设施的供给主体、供给模式有着较大的差异。政府负责纯公共产品类设施的供给,对具有一定赢利能力的准公共产品类设施,政府只承担部分基础设施供给,而以赢利为主的非公共产品类设施则完全交由市场提供。非营利性社会组织,逐步成为公益性类型服务设施供给的重要参与主体。因此基于公共服务设施经济属性不同,其供给主体也不相同,总体上体现多元化发展趋势。

在资金来源上,在政府作为公共服务设施投资主体的前提下,按照相关政策措施,采取了引进外资、银行贷款等多种方式筹集资金,初步形成了建设资金来源多样化的供给模式,其中外资成为房地产开发投资的新生力量。1988年8月,广州市国际信托投资公司以2.8亿元夺标取得用地面积102万平方米的花地湾居住区开发权,这是广州市第一个公开招标的大型居住区,标志着服务设施供给资金开始多元化。

进入1990年代后,基于城市公共服务设施供给主体多元化发展,出现了投资来源多样化的局面。形成了地方政府资金、银行贷款、私人投资及外资等多种资金来源和多种方式的联合,并且多元化投资的组合模式也有了质的变化,出现通过成立股份有限公司的形式进行投资和经营公共服务设施的供给模式。例如,为迎接2001年全国九运会而兴建的广州体育馆就是由政府和企业共同出资建设、企业负责维护运营的公共服务设施联合供给典范。合作投资方是广州市政府与广州珠江实业集团，后者组建的广州珠江体育文化发展有限公司承担了场馆经营运作的职责，为期 30 年。

3.2.2 多层次公共服务设施网络逐步形成

1980 年代中期以来，基于旧城改造和广州六运会、九运会及筹备 2010 年亚运会场馆的建设，经过“点、面并进，内外开花”的发展过程，广州市逐步构建了多层次的公共服务设施网络。

在老城区，广州在 1984—1987 年间编制了全市旧城区 74 条行政街道的街区规划，细化到每 1～3 平方公里的范围，深度达到修建性详细规划。对各行政街道的公共服务设施和市政公用配套设施的类型、规模都做出详细的规定。为了满足六运会召开的需求，广州市建设了以大型体育场馆为主体的一批市、区级公共服务设施，空间分布沿老城区向外拓展的同时，分别建立了区级体育场馆，初步构建了广州市域区级体育设施网络（表 3-11）。为迎接九运会和 2010 年亚运会，广州市兴建和改造了一批体育场馆设施，兴建场馆多分布在城郊地区，引领城市空间拓展，重塑城市空间形态。广州市逐步形成市、区、街三级公共服务设施网络，并跨越式向城市外围拓展。同时随着郊区房地产的发展，广州市引导服务设施配套逐步完善，“固化”了城市拓展空间。

表 3-11 广州市主要大型公共体育场馆建设情况表

场馆名称	建成时间	占地面积（万 m^2）
天河体育中心	1987	58
番禺体育中心	1987	5
花都体育馆	1987	3
增城体育馆	1987	1.8
荔湾体育馆	1986	2.99
海珠体育馆	1987	1.39

3.2.3 空间布局社会分异特征显著

基于前文广州城市公共服务设施现状空间格局分析，广州城市公共服务设施空间分布现状不均衡，且城市公共服务设施可达性与区域人口属性的相关程度明显，空间布局的社会分异特征显著。例如教育服务设施可达性较好的区域人口属性特征表现为学历水平较高,高层次从业者和高收入阶层规模大。不同社会经济属性居民对商业网点可达性存在明显不同,对小型零售网点具有良好可达性的区域人口属性表现为人口老龄化趋势明显、教育及收入水平较低、外来人口比重大,以从事低层次职业为主;而对大型商业设施具有良好可达性的区域中人口年龄结构较轻、教育程度较高、住房条件优越且自有率高。同样在高等级医疗服务设施分布地区,区域人口受教育程度、职业层次及家庭月收入都较高。

在空间分布上,海珠区北部、越秀区东部及天河区西部,是广州高收入阶层聚集区,区域人口属性以年轻的高收入群体为主,各种公共服务设施配套齐全,整体可达性较好。而海珠区凤阳街、赤岗街和黄埔的鱼珠街、洪山街,是低收入外来蓝领阶层居住区,城市公共服务设施可达性对立分化,日常服务设施可达性较好,而文化娱乐设施可达性不足。由此可见,广州中心城区不同类型社区的公共服务设施配置不同,且不同社会经济属性居民的城市公共服务设施使用机会差异明显,由此表明广州城市公共服务设施空间布局社会分异特征突出。

3.2.4 城市规划指导作用得以体现

计划经济时期,城市规划是中央政府国民经济计划的继续和深化,主要体现为执行计划的“技术工具”职能,对城市空间结构及城市公共服务设施空间布局不具有独立的指导功能。转型期以来,地方城市政府成为地方经济社会发展的主宰,对辖区社会经济资源具有较自由的支配权,包括城市土地及城市空间资源。因此,基于地方社会经济效益最大化,城市政府对本地资源禀赋和发展机遇进行综合评估,制定适合本地社会经济发展的国民经济计划和城市空间发展策略。城市规划的功能空间分配及空间资源优化的公共政策职能逐步回归,对城市发展及公共服务设施布局有着显著的指导意义。

在改革开放后广州的第一个城市总规,即《广州城市总体规划(1981—2000)》(第14方案)中,广州城市性质的定位发生变化,被确定为“广东省的政治、经济、文化中心,我国的历史文化名城之一,重要的对外经济文化交流中心之一”。规划突出广州在广东及全国的地位,强调其中心城市、对外交往和历史文化名城的作用,改变历次方案“把广州建设成为社会主义生产城市”的提法。城市功能定位方面,天河地区(包括五山、石牌、员村)将发展成为广州市的科研文教区,以设置文教、体育、科研单位为主,在建设天河体育中心的同时,兴建科学技术开发区,搞好区内生活服务设施的配套建设;经过转型期30年的建设，天河区各类城市公共服务设施配套已齐全，整体可达性优越。截至2007年，各类公共服务设施用地面积及建筑面积分别达到378万 m^2 和422万 m^2，分别占总规模的22%和30%，成为广州城市新CBD和城市中心区，是高端生产性服务业聚集地，集中了大量高素质和高收入的社会阶层。天河区发展及城市公共服务设施配套体现了转型期以来城市规划对城市空间优化及城市建设的指导作用。在社区层面，基于2002版国标《城市居住区规划设计规范(GB 50180-93)》，广州制定的《广州市居住区公共服务设施建设标准》(2005)和编制的《广州市城市总体规划(2001—2010)》，对城市公共服务及居住区公共服务设施的供给具有指导意义。

3.2.5　商业、体育及社区服务设施发展快

随着市场经济的发展，具有赢利功能的商业设施获得大量的资金投资，发展较快，而通过承办六运会、九运会和筹备2010年亚运会，体育场馆建设引发了广州持续的体育设施建设高潮。

在1980年代，广州新建高层宾馆、商店、写字楼、综合楼等共214幢，集中分布在环市路、东风路、江南大道两侧。江南大道中也在这一时期发展成为一条繁华的商业大街。转型期以来大型体育设施和经营性设施供给规模增加迅速。为了满足九运会和2010年亚运会召开的场馆需求，广州市兴建广州体育馆等多座体育场馆，市级体育设施网络得以完善。从20世纪80年代开始，综合开发的住宅区配套设施越发健全，一般设有小学、幼儿园、菜市场、综合商场、银行、居委会办事处、粮店、饮食店等。规模较大的如海珠区穗花邨，配套了中学、小学、幼儿园及邮政局等(图3-11)。但由于不同服务设施的经济属性差异，获利能力较强的经营性公共服务设施在居住区开发中受到青睐，而公益性的服务设施则往往配套滞后甚至缺失，如中小学校的配置常出现滞后甚至“以罚代建”的现象。

图3-11　1990年代开发社区的配套设施

3.3 转型期广州城市公共服务设施供给模式

从1980年代初期以来,我国开始了基于经济体制改革为基础的社会、经济体制全面转型,逐步实现了整体制度变迁。从而使转型期社会经济发展体现出与计划经济时代绝然不同的特征,也驱动了城市公共服务设施供给模式变革。本章仍从供给主体结构及相应制度设计变迁两个方面探讨转型期广州城市公共服务设施供给模式及特征。

3.3.1 多元化供给主体结构

1)转型期利益格局分化

中国的社会经济体制转型可以概括为分权化、市场化和全球化三个互相联系的基本方面(张京祥,罗震东等,2007)。分权化是社会经济体制改革的核心,包括各级政府之间和政府部门之间围绕决策权、事权和财权分配而进行的权力、责任转移的过程;也包括不同层级政府部门在公共事务管理和公共服务供给中,将相关权力、责任转向市场、社会组织的过程。分权化语境下企业成为市场主体,成为投资主体和独立法人。同样分权化也推动了我国政治体制改革,逐步从"单中心集权"向"多中心分权"转变;城市政府职能逐步从城市经济运作中退出,城市政府要更多地承担行政管理和服务的职能;同时,随着公民社会的发展,公民意识、参政和维权意识的提升,公众和企业组织在社会公共服务设施供给中已具有越来越多的话语权。因此,我国社会经济体制转型既是市场主体和社会主体不断发育的过程,也是计划经济时代一元利益格局分化、多元城市利益群体培育的过程。城市转型为城市公共服务设施供给主体多元化提供了组织基础(图3-12)。

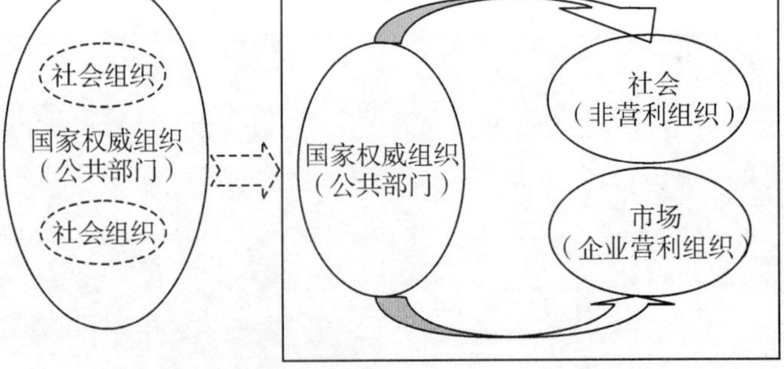

图3-12 城市利益群体形成过程

2）城市公共服务设施供给的多元参与主体

基于市场经济发展的经济社会体制转型，在打破计划经济时代一元利益格局的条件下，作为城市公共服务设施供给主体多中心变革，政府、市场和社会以独立利益主体身份参与公共服务设施供给过程，具有不同的利益定位和利益实现机制。下面逐一介绍转型期城市公共服务设施的不同供给主体及供给特征。

(1) 政府(公共部门)

提供城市公共服务设施是政府的基本职责，但转型前后的中国城市政府在公共服务设施提供中的功能却存在巨大差异。随着计划经济向市场经济转型，城市政府无论是在事权还是在财权方面，都获得很大的自主权，城市政府独立的利益凸显(图 3-13)，使其逐步从中央和上级政府的分支结构转变为相对独立的利益主体角色，其利益定位具有双重性特征。一是城市公共利益的代表，二是作为独立组织机构，具有自身机构利益(王佃利，2009)。

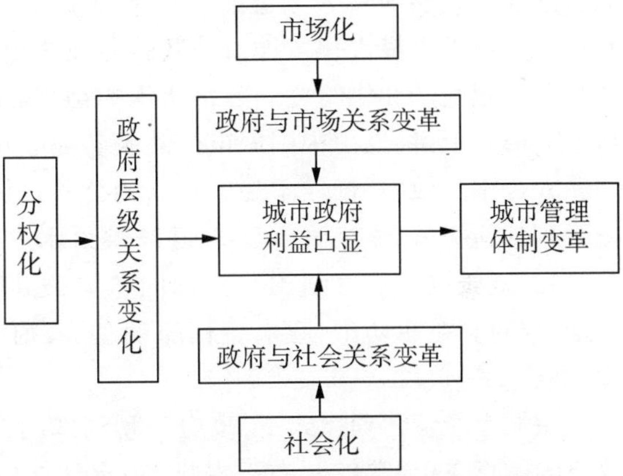

图 3-13　转型期城市管理模式变革机制

作为城市公共利益的代表，城市政府的职责在于增进城市公共利益。但基于自身机构利益的存在，城市政府具有谋求自身利益的特殊需求。由于转型期城市政府行为缺乏有效的外在约束，导致政府把追求自身利益作为主导的价值取向，忽视公众需求和公共利益，产生与民争利的扭曲行为，其中最显著的特征就是转型期的城市经营管理体制。城市经营的核心就是利用私营部门的管理理念和管理技术，对城市资源进行资产市场化运作和管理，改善城市投资和居住环境，创造城市品牌，优化城市投资环境硬件和软件环境，吸引国内外“用脚投票”的资金，以促进地方发展利益最大化。

就城市公共服务设施供给而言，城市经营管理模式就是将改革开放前被认为是公共物品或“福利产品”的城市服务设施变为“城市商品”，在其供给过程中赋予市场最大化的优先权。在城市政府权力不断扩张过程中，“政府企业化”特征明显，对城市公共资源的有效配置及合理利用产生诸多不利影响。尤其是在政府主导下自身利益追求过程中，公众参与及利益诉求被忽略，导致政府利益实现机制过程缺乏监督，主要体现在公共服务投资领域集中在城市经济性基础设施领域，投资规模和用地规模都取得快速增长，而同期的社会性基础设施投资规模增长较慢，且多聚集在新开发城区，空间分布不均衡。

（2）市场（私营部门）

市场（私营企业组织）是现代社会中以营利为目的的一种经济组织，是以自愿性方式实现私人利益的一种制度安排，目的是通过有效地配置资源实现私人利益的最大化。城市公共服务设施供给的市场化改革是对城市公共服务设施生产和供给之间区别认识的结果，也是对城市职能的重新定位。从供给模式上讲，当前中国城市公共服务业改革的两个趋势是：一是利用民间私人资本高效率、低成本提供必须的公共设施和服务；二是公共部门提供一系列创新方案改善城市公共服务供给水平，满足社会发展需要（江波，2001）。刘筱进一步总结出私营部门参与公共服务供给的可能动力有四种类型：政府利益驱动型、政府责任驱动型、政府效率驱动型和资本利益驱动型（刘筱，2004）。

在城市经营管理模式下，政府与私营部门合作可以形成多种组合关系，政府的职责在于“掌舵”，在于安排，决定什么应该做，为谁做，怎样付费等；至于服务生产和提供完全可以通过合同承包、补助、凭单、特许经营等形式由私人部门或社会机构来完成。在《改革政府》中，奥斯本等在分析政府、私营部门及非营利组织的职能及优劣势之后，提出各自的分工差异及适用范围（表3-12）。

表3-12 政府、市场、社会三部门各自适合的任务

	政府（公共部门）	市场（营利组织）	社会（非营利组织）
最适合公共部门			
政策管理	有效果	无效果	取决于环境
管理实施	有效果	无效果	取决于环境
实行公平	有效果	无效果	有效果
防止歧视	有效果	无效果	取决于环境
防止剥削	有效果	无效果	有效果
社会凝聚力	有效果	有效果	有效果
最适合私营部门			
经济任务	无效果	有效果	取决于环境
投资任务	无效果	有效果	取决于环境
产生利润	无效果	有效果	无效果
提高自足能力	无效果	有效果	取决于环境

续表 3-12

	政府(公共部门)	市场(营利组织)	社会(非营利组织)
最适合第三部门			
社会的任务	取决于环境	无效果	有效果
需志愿者劳动任务	取决于环境	无效果	有效果
产生微利的任务	取决于环境	无效果	有效果
提高个人责任心	无效果	取决于环境	有效果
加强社区凝聚力	取决于环境	无效果	有效果
提高福利责任心	取决于环境	无效果	有效果

改革开放后,人们生活水平有了很大的提高,对传统上由政府供给的教育、医疗等设施和服务的需求迅速增加,且日益多元和多样化,超出政府提供的能力,此背景为市场机制参与公共服务设施的提供创造了现实条件。市场企业组织是承接政府公共服务市场化供给的核心主体,与政府合作也成为企业实现利益最大化的主要途径之一。现代企业性质决定企业组织在追求利润的同时要承担相应的社会责任。但在转型期由于相关监管不足,企业会因服务对象能力不同而提供差异化的公共服务设施类型,容易产生社会不公正。同时在公私伙伴关系中,政府为了公共组织利益最大化,企业为了实现营利需求,二者可能会出现"合谋",共同逃避社会责任,损害公共利益。

(3) 社会(非营利组织及公众)

① 非营利组织内涵特征

非营利组织属于民间组织的重要组成部分。民间组织是指由公民自愿组成,从事民间活动的社会组织。民间组织在国内外有着不同的称谓,比较常见的有"非政府组织(NGO)""非营利组织(NPO)""第三部门(The Third Sector)"等。不同表述的内涵及其侧重点各有不同。其中"第三部门"概念最早由美国学者 Levitt 提出,就是政府和市场以外的部门,从事政府和私营企业不愿做、做不好或不常做的事(方俊,2008),这个表述强调"第三部门"有别于政府(第一部门)和企业(第二部门)的特点;"非政府组织(NGO)"强调政府部门之外其他组织;而"非营利组织(NPO)"则是重在强调其与营利组织的区别。本文探讨政府、市场和社会三个治理主体在公共服务设施供给过程中的职能定位和利益协调,重在强调民间组织具有公共利益代表的公益性和非营利属性,是公众利益的代表和沟通政府与社会的桥梁,所以本文选用"非营利组织"这种表述。

基于不同国家和地区历史文化差异,对非营利组织的内涵界定也不尽相同,但其共同内涵特征有:第一是组织性。组织内部有规章制度,有负责人,有经常性活动。第二是民间性。非营利组织在体制上独立于政府,不是政府部门,也不受制于政府,保持了体制上较高的民间性。第三是非营利性。虽然非营利组织也可以获取利润,但必须服从、服务于组织的基本使命,而不能将利润分配给所有者和管理者。第四是自治性。非营利组织保持完全的自治地位,不受制于政府,也不受制于企业,还不受制于其他非营利组织。第五是志愿性。非营利组织活动的参与以志愿为基础,其入会的基本要求就是志愿参与(王绍光,2004)。

② 中国非营利组织的产生

中国非营利组织主要存在自上而下、自下而上和官民合作三种生成模式(朱健刚,2004)。非营利组织自上而下的生成模式往往是政府职能转变尤其是"社会化"改革的结果。改革开放以前政府控制生产、生活和行政管理三大领域,"政企不分""政社不分"特征明显,教育、医疗及其他各种社会服务都是由国家完全提供(如图 3-14 第三象限)。改革开放后,我国进行了行政体制的社会化改革,原有提供公共服务的事业单位逐步从政府脱离,开始成为经费自筹的社会组织。这类民间组织的特性是被官方认可,具有严格的组织性和法律地位,在资源获取以及行为作用等方面与政府有着密切的联系。

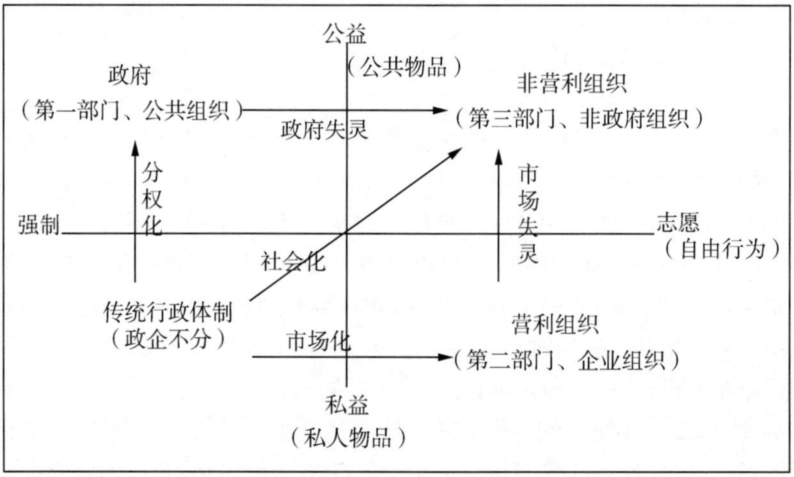

图 3-14 非营利组织自上而下的产生机制

自下而上的民间非营利组织被称为"草根非营利组织",其产生主要是与市场经济的发展以及公民社会发育有关,是公民有组织参与各种公共事务的产物。草根非营利组织通过动员媒体和公众社会力量，利用民间各种资源达到一定的社会公共目的。朱健刚认为虽然草根非营利组织发展面临着法律、人力、资金、信任、知识等五个方面的困境，单靠草根非营利组织或许不能带动公民社会的形成，但草根志愿组织可以在社区层面持续地推动培育公民社会最重要的精髓：公民意识和公共参与的志愿精神（朱健刚，2004）。

官民合作的生成模式主要出现在市场经济发展比较成熟、政府观念转变比较快的地区，其主要特征就是出现政府与民间的良好性合作模式，即政府促动、民间运作、社会主导的模式。广州市文昌街的文昌慈善总会的成立就是采取官民合作的模式，成立 15 年来运行良好，社会效益明显，也是政府、社会共同努力的结果，其成功模式值得借鉴。

③ 非营利组织是公众利益代表

非营利组织是处于公民社会与政治国家之间起中介作用的自组织力量，也是制约国家权力、维护公民权利、促进社会公正的重要形式和途径。非营利组织的出现和发展也被认为是现代政治文明发展的重要标志。

非营利组织不仅是现代公民社会重要的组织形式，也是公众进入公共生活和参与城市治理的重要桥梁。从本质上讲，非营利组织是公民以自组织的方式表达意愿和诉求、参与各种社会公共事务的最基本的途径之一。虽然理论上公民个人的参与才是真正意义上的民主参与，但公众分散的、散射性的利益表达，很难接近决策层并对政府决策产生影响，而通过理性组织的方式对公众的分散利益进行协调，则可以提供更具代表性、公正性、全面性及较一致的利益诉求和意愿（袁政，2007）。而且相对势单力薄的公众个体，非营利组织能在利益表达过程中给决策者更大的压力，更具沟通和对话的能力，帮助公众利益诉求表达和参与公共事务的管理。因此，作为公民自组织形式，非营利组织是通过行使自主结社权，将彼此具有共同需要的利益诉求和权利表达为集体意志，通过集体行动的方式参与到社会公共事务中来，通过表达和参与形成在社会公共空间中的话语权，进而对社会公共事务决策产生影响。

(4) 政府、市场与社会利益定位及实现机制

综上所述，社会经济体制转型背景下，政府公共组织、市场企业组织及社会非营利组织是城市公共服务设施供给的主要参与主体。但是不同的利益定位和实现机制，对公共服务设施供给具有差异化的影响，是导致公共服务设施供需问题产生的根源（表 3-13）。

表 3-13 不同供给主体的利益定位及实现机制

供给主体	利益定位	利益实现机制	公共服务设施提供中的潜在风险
政府公共组织	城市公共利益、自身机构利益	强制性手段实现公益	过于追求政府自身机构利益,忽略城市公共利益
市场企业组织	利润最大化追求、企业社会责任	自愿性手段实现私益	企业与政府"合谋",忽视公众需求,逃避社会责任
社会非营利组织	自愿精神、非营利和公益	自愿性手段实现公益	"官民二重性"特征,自主性不足,难以成为政府与社会沟通的桥梁

城市政府具有公共利益和自身机构利益的双重利益定位,通过强制性手段实现公共利益。但由于转型期公众参与及监督机制不健全,城市政府在城市经营模式下过于追求政府自身机构利益,而忽略城市公共利益,不能满足公众的公共服务需求。其次,现代市场企业同时追求利润最大化和企业社会责任,其利益实现机制是通过自愿手段实现私益。但在城市经营模式下,政府出于营利需求,与企业合谋,逃避社会责任,忽视公众需求,引发公共服务设施供给过程中政府与市场的错位。社会非营利组织是以自愿性手段实现公共利益,但有非营利组织发展"官民二重性"特征,自主性不足,且力量薄弱,不能汇集公众意愿,体现公众诉求,导致公共服务设施供给过程中的公众参与和监督机制不足。

3.3.2 供给模式多样化的制度设计

1）差异化利益定位的供给决策机制

在传统计划经济时代的城市管制模式下,广州城市政府是所有公共服务设施的唯一供给主体。转型期以来,广州逐步确立了经济建设政府范型,采用企业化的城市经营模式管理城市,吸收了更多的利益主体参与城市公共服务设施供给。基于差异化的利益实现机制,政府、市场和非营利组织以不同的行为目的参与公共服务设施供给,共同作用于城市公共服务设施的供给决策机制。

转型期一系列的行政分权和财政体制改革,使城市政府日益成为一个具有相对独立利益定位的参与主体,其不但是法定公共利益追求和维护者,也具有自身政治经济利益,是由公共服务设施供给主体构成的多维互动网络关系的核心和主导力量。在市场化改革背景下,市场营利组织是独立利益主体和投资法人,具有越来越多的发言权,但其参与的目的在于投资利润最大化。非营利组织成立是缘于政府公共服务供给的不足,基于公众公共服务设施需求导向提供城市公共服务设施。政府公共组织、市场营利组织及非营利组织差异化的利益定位和实现机制,在城市公共服务设施供给过程中相互补充、互动,组成转型期城市公共服务设施供给的多样化组合模式(图3-15),不同主体构成组合的模式下文详细分析。

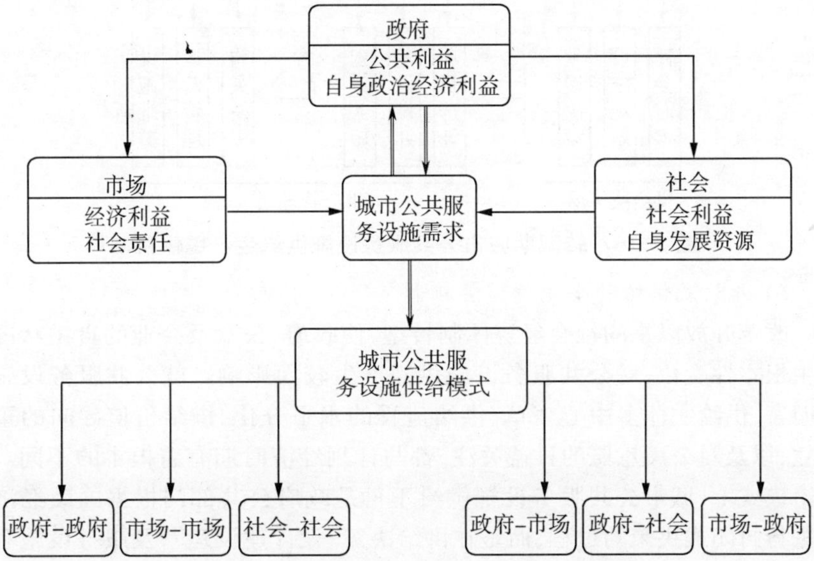

图 3-15 差异化利益定位的供给决策机制

2) 决策与生产垂直分离的提供机制

社会经济体制改革以前,广州城市公共服务设施供给决策主体和建设运营的管理主体合二为一,中央及广东省政府是公共服务设施供给的投资主体,政府承担规划决策、生产建设和运营管理的全过程。社会经济体制转型以来,分权、多元是社会发展的整体趋势,政府、市场和社会是城市公共事务的三大参与主体。在公共服务设施供给过程中,基于经济发展为宗旨的城市政府职能定位及对公共服务设施经济属性认识的深化,政府逐步退出大部分非基本公共服务设施的供给过程,将设施供给的建设、运营和管理过程交给市场和个人。因此,与传统一元城市管制模式不同,市场营利组织和社会非营利组织都参与到转型期城市公共服务设施供给中。作为供给决策主体的政府在实践中逐步退出非基础性设施的建设、运营和管理过程,而市场和社会非营利组织作为建设和运营主体参与服务设施供给,逐步形成公共服务设施供给决策和建设运营主体垂直分离的局面(图 3-16)。所以,如同城市基础设施，城市公共服务设施供给决策和建设运营管理主体的垂直分离是转型期城市公共服务设施供给的最显著特征（王峥嵘，2004）。

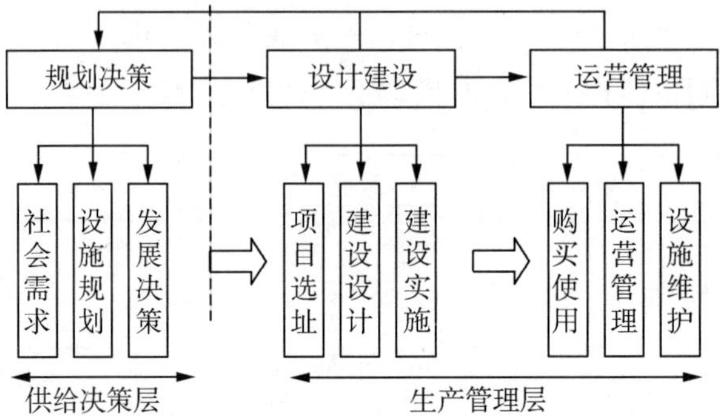

图 3-16　转型期城市公共服务设施供给生产提供机制

3）开放式供给的全方位监督机制

改革开放以来的社会经济体制转型，使政府、公众及企业的自主状况都发生根本性变化，对公共服务设施供需产生较大影响。就公共服务设施供给而言，供给主体多中心变革、供给流程的水平分化、供给价值导向的重新确立，以及对公民意愿的日益关注，都与计划经济时期有着根本的不同。在供给模式上，城市公共服务设施供给不再是政府公共部门根据国民经济计划进行封闭式决策的过程，而是在供给决策、设计建设运营及服务设施利用的所有环节上受到全方位的监督，主要监督机制包括公共部门的规划法定规范、行业指导意见及公众需求等（图 3-17）。

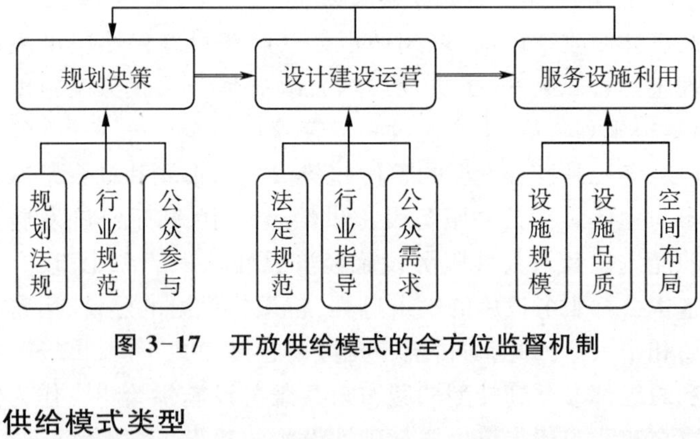

图 3-17　开放供给模式的全方位监督机制

3.3.3　供给模式类型

一元利益格局的分化产生诸多具有不同利益定位的利益主体，基于不同的利益实现机制，多元参与主体之间寻求共同的功能契合点，在公共服务设施供给过程中构建多样化功能组合，形成转型期多元的公共服务设施供给模式。主要包括三主导类型模式和三亚类模式。

1）政府主导模式(G)

政府主导型模式是广州城市公共服务设施供给的传统模式，这种模式是以政府为主，以权利的至上而下为特征，强调政府的责任和能动性。改革开放以来，随着市场化和社会化改革的推进，逐步确立了政府在市场机制的资源配置中的主体地位，公民社会的发育发展也使社会非营利组织成为公共服务设施供给的重要力量之一。基于政府公共利益追求的价值取向及公共服务设施公共物品的属性要求，政府仍是公共服务设施最有力量的供给主体，但政府主导的供给模式与计划经济体制时期有较大不同，出现完全政府供给(G—G)、政府委托市场供给(G—M)及政府委托社会供给(G—S)三种模式。

(1) 完全政府供给模式(G—G)

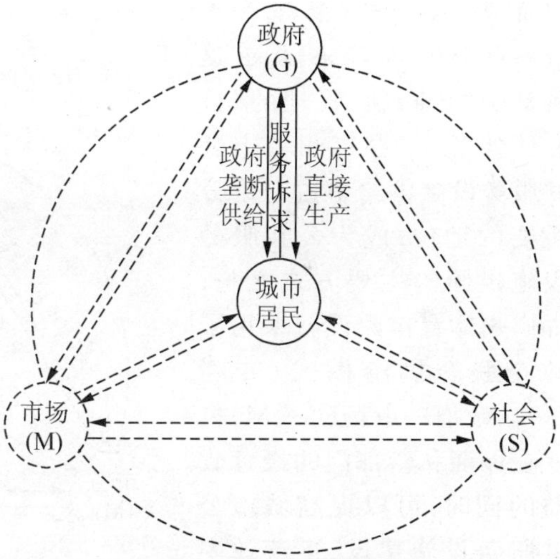

图 3-18 城市公共服务设施供给的完全政府(G—G)模式

完全政府供给(G—G)模式是指政府直接生产和提供公共服务设施。政府扮演公共服务设施的安排者和直接生产者的角色，即基于公众需求，由政府直接组织公共服务生产，并由政府垄断性向社会提供(图 3-18)。采用政府直接供给的城市公共服务设施一般具有纯公共物品属性和极强的外部性，主要指以下几种设施：① 关系国计民生并难以向使用者收费或收费成本极高的公共服务设施；② 具有极其显著的“外部性”，导致私营部门缺乏供给能力也不愿意供给，非营利组织则无力承担，所以必须由政府免费或低价向公众提供，否则将导致公共服务设施的服务功能扭曲并产生消极的社会后果的公共服务设施，主要包括涉及社会公平、公正、道德伦理、社会秩序的纯公共物品类服务设施，如基本医疗、义务教育及行政服务设施。

(2) 政府委托市场(G—M)供给模式和政府委托社会(G—S)供给模式

基于奥斯特罗姆的制度分析理论，政府的公共服务设施供给职能并不一定意味着政府必须组织服务设施的生产，二者具有可分割性。因此，政府主导型的城市公共服务设施供给并非政府必须生产，且随着经济发展，社会分化趋势加强，社会群体日益“碎片化”的事实对公共服务供给提出多元化需求。加之政府财力有限以及行政效率低下，难以满足社会群体多元化需求。此外，随着对城市公共服务设施经济属性认识的逐步深化，政府与私营部门和非营利组织合作供给成为可能，所以出现了政府委托市场（G—M）或非营利组织（G—S）的合作供给模式。

政府委托市场供给模式（G—M）的实质就是要确立一种基于城市公共服务设施供给的“公私伙伴关系”，通过将市场机制引入政府的直接投资领域，实现政府职能的决策和建设、运营的分离。政府选择合作伙伴的方式一般是公开招标，确立公私部门之间的合同关系。公私伙伴关系主要有签订生产合同、特许经营权授予、经济资助（财政补贴、优惠贷款、直接投资）、BOT 等多种形式（李爽，2008）。

自 1990 年代末以来，这种基于“合同制”管理的“公私伙伴关系”在广州城市公共服务设施供给中占有十分重要的地位，成为公共服务设施供给的主要方式之一，如广州体育馆建设就采用了政企联合供给模式（专栏一）。政府—市场（G—M）模式在保证私营部门的经营收益的同时，可以提高城市公共服务设施建设、运营效率和服务质量，能有效缓解政府直接生产的财政负担（图 3-19）。但同时政府授权市场进行公共服务设施的供给也存在本质缺陷，即私营部门出于逐利目的会忽视公众需求，造成对公共利益的损害。因此需要政府部门完善且有力的监督体系加以监管。但在当前阶段，由于我国政府监管体制不健全，市民社会仍在逐步发育发展。公众利益表达和公共利益保护机制的“真空”，是引发城市公共服务设施供给问题

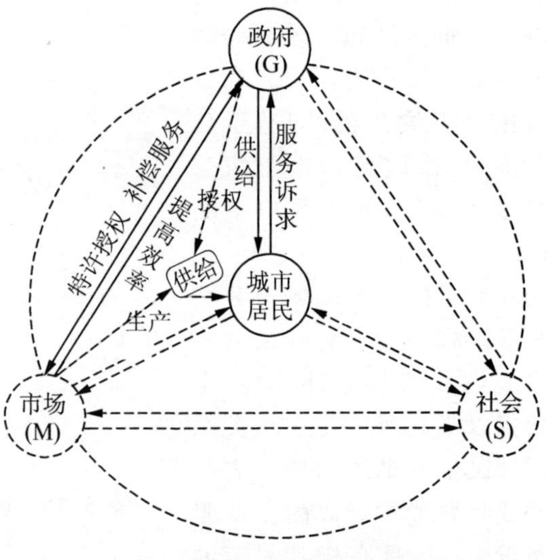

图 3-19 城市公共服务设施供给的政府—市场（G—M）模式

的根源，下文将通过案例进行详细分析。

专栏一

广州体育馆建设经营采用新模式

政府企业联合投资　经营管理双方得益

为迎接2001年第九届全国运动会而建造的大型体育设施——广州体育馆建设经营管理的招标于日前揭晓，广州珠江实业集团有限公司一举中标，从此该馆的建设经营管理进入了由政府、企业联合投资和企业经营管理的新模式，为国内首例。

广州体育馆及配套设施的建设用地位于现东方乐园南侧的白云苗圃地段，总占地约20万m^2，总建筑规模约30万m^2，配套建设有体育公园和运动员村等，总投资约13亿元，其中政府投资约7亿元，企业投资约6亿元。体育馆建成后形成的资产中属于体育竞赛场所的产权归属市政府，属于商业服务场所部分的产权归属经营投资单位，经营单位同时享有体育馆及其附属设施的经营权。经营收益归经营单位所有，并要按合同规定的数额回报政府的投资。该项目被列为广州市的重点工程和形象工程，将于今年10月正式开工，2001年4月建成使用。

广州体育馆的设计方案采用国际招标，已选定了法国ADP公司的设计方案，它将达到当今世界体育馆的先进水平。（李家瑞）

资料来源：人民日报《华南新闻》，1998-09-28第1版

政府委托非营利组织的供给模式（G—S）是指政府委托非营利组织提供或向非营利组织购买公共服务及设施。政府确定特定公共服务设施供给的规模及质量标准，非营利组织可以通过招标、承包的方式与政府签订供给合同，为公众提供城市公共服务设施。就城市公共服务设施供给的政府—社会（G—S）模式而言，政府可以从具体的公共服务经营管理中摆脱出来，更多地关注决

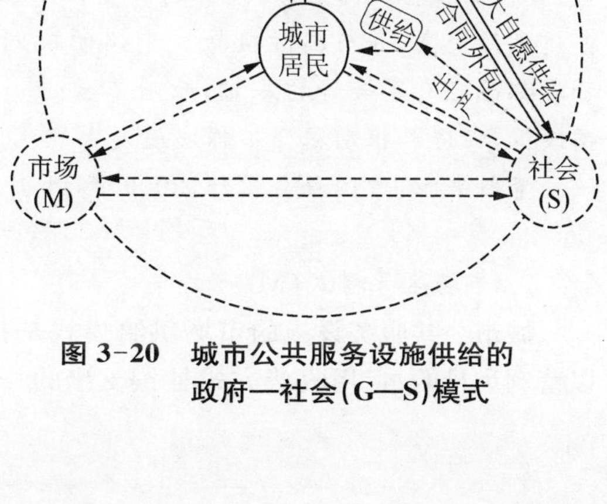

图3-20　城市公共服务设施供给的政府—社会（G—S）模式

策目标和政策，减轻具体实施的负担；非营利组织可以通过获取公共服务设施的供给机会，取得政府资助或免税等优惠政策，解决筹资难题，扩大自主权，明确组织责任和公益心，为组织的发展壮大获取机会（图 3-20）。目前，由于广州市民社会仍处于逐步培育阶段，非营利组织发展尚不完善，在城市公共服务设施供给过程中，广州政府与非营利组织的合作还非常有限，但非营利组织发展的"广州模式"已逐现雏形（专栏二）。

专栏二

从"广州模式"看广州社工发展雏形

广州"第三部门"的发展有自己的独特基础——草根 NGO 崛起、高校参与、政府支持的多元格局初步形式。草根 NGO 随着经验的积累、专业能力的提高和政府的支持，正在将社会工作服务理念、方法和技巧发扬光大，他们用项目管理的模式提供服务，很多机构能争取到国际基金会的支持，如汉达、扬爱、慧灵等，目前正在进一步推动广州政府的服务采购；高校社工系的教师以专业为依托合作出资成立民办 NGO，如中山大学、广东工业大学、华南农业大学的社工系分别成立了启创社会工作发展协会、大同社会工作服务中心、北斗星社会工作服务中心，正在承接政府购买的服务项目。近几年，官方 NGO，如广州残联、共青团、妇联、工会等单位及下属服务机构积极招聘社会工作专业的大学毕业生就业，促进了观念的转变，提高了服务质量。

广州市荔湾区、海珠区均采用了"民间运作、政府推动"的政府购买服务模式。在购买服务的过程中采用了购买服务项目的国际运作模式，即政府将各项服务经过专家的论证进行项目化，每一项服务根据服务对象的需求、问题、内容、目标、受益群体、时间等因素确定为一个项目，并根据项目的大小与难易程度确定一个项目经费数额，单个或者打包发放项目，通过招投标或者其他的方式让专业性社会工作服务机构进行购买。

可以说广州社工的发展是自下而上、循序渐进的，具有厚积薄发的优势；重视高校社工系的参与，保持其专业自主性；服务项目化管理，可促进服务质量的提高，并与国际接轨。广州的民间组织发育、社会服务能力、人才资源都已经有了较好的基础，政府需要进一步解放思想，大胆创新，配套相关政策，促进和推动社会工作发展走上规范化、专业化的轨道。

资料来源：中国社会工作，2009 年 11 月 08 日

2）市场主导模式（M）

城市公共服务设施的市场供给模式是指市场营利组织根据市场需求，以营利为目的、运用收费方式补偿支出的一种模式。在市场主导供给模式

中,私营部门(企业)是城市公共服务设施供给的主体,以市场机制为运行手段,在市场需求的驱动下进行公共服务生产和供给。对不同类型城市公共服务设施,市场机制的作用则存在较大的区别。在私人物品领域,市场主导无疑是最佳的供给方式;而对于准公共物品类服务设施,通过私营部门生产也可以实现效益最大化,如非义务教育、文化娱乐、预防保健设施等。市场主导并非完全否定政府作用,而是在政府规制的范围内进行公共服务设施供给,政府具有掌舵功能,直接参与的少,宏观指导居多。所以,市场主导的公共服务设施供给可以分为完全市场供给(M—M)模式和政府规制下的市场主导供给(M—G)模式。

(1) 完全市场供给模式(M—M)

完全市场供给模式(M—M)就是强调市场营利组织的主导供给地位(图 3-21)。完全市场供给模式具有以下优势:一方面充分调动和更多地利用社会资源发展城市公共服务事业,减轻政府财政负担。另一方面在市场机制作用下,生产者具有充分的自主权,在营利目的驱使下会提高公共服务供给效率和质量,降低生产成本,提高社会效益。因此,对非公共物品类服务设施,完全市场供给模式(M—M)下私营企业根据市场供需的变化,或社会分化背景下市场细分需求,决定服务设施供给决策、建设和运营管理。在城市公共服务设施供给过程,基于市场机制要求和公共服务设施自身经济属性特征,完全市场供给模式(M—M)对政府直接参与需求最少,更多地是通过市场经济下法制建设和税收政策等法制和经济手段的运用,对市场秩序进行宏观调节。另城市公共服务设施供给有别于其他类型的公共物品提供,其空间分布可以通过城市总体规划、专项规划及土地利用规划进行规制,从而实现城市空间结构的优化。

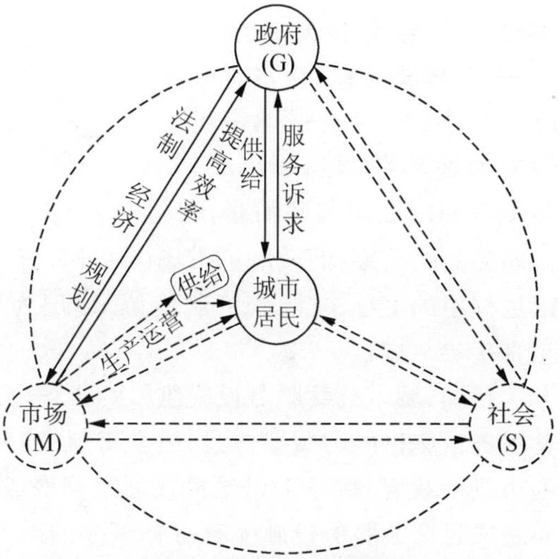

图 3-21　城市公共服务设施供给的完全市场供给模式(M—M)

(2) 政府规制下的市场主导供给模式(M—G)

政府规制下市场主导(M—G)的城市公共服务设施供给模式就是政府明确特定服务设施建设的数量、质量及服务标准,并基于其公共物品属性明确政府相应的补贴或政策优惠,鼓励私营部门参与服务设施供给,但同时由相应的政府部门或机构对企业公共服务设施供给进程进行监督和管理(图 3-22)。与政府主导下的公私合作(G—M)模式不同,市场—政府(M—G)模式更强调市场的主动性和利润追求动力,是私营部门主动与政府部门沟通协商的结果;而政府—市场(G—M)模式更强调政府在公共服务设施供给过程中的主导、支配和管制地位,体现为特许经营权的授予、资金补贴甚至直接参与过程。

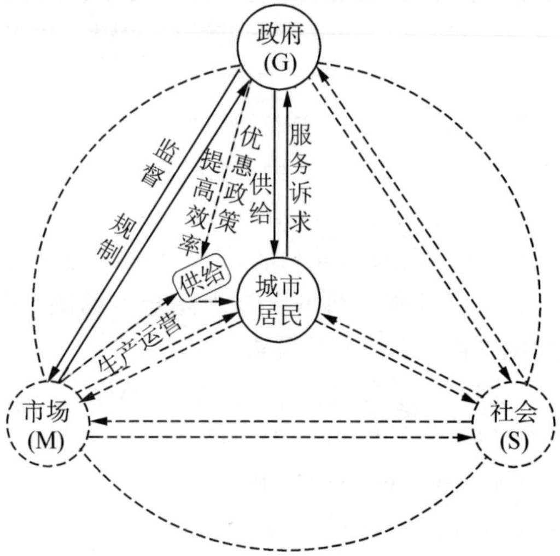

图 3-22　城市公共服务设施供给的市场—政府(M—G)模式

目前,城市公共服务设施供给的市场—政府(M—G)模式是广州城市公共服务设施供给的重要方式,结合房地产开发,准公共物品类服务设施供给的市场—政府(M—G)供给模式逐渐演变成为房地产营销的重要手段,其实质是通过公共服务设施配套占有更多的市场份额。番禺祈福新村祈福医院就是由房地产开发商(私营部门)主导提供的医疗服务设施(专栏三)。基于城市公共服务设施的公共物品属性,目前由市场主导供给的现象不多,祈福医院的例子也说明传统由政府供给或政府主导的公共服务设施供给结构已经改变,市场主导的公共服务设施供给模式已经开始形成。

专栏三

祈福新村的社区医院——祈福医院

祈福医院是位于祈福新村的社区医院,是由广州房地产界享有极高知名度和优良品牌的祈福新村房地产公司投资新建的一家中西医和自然疗法相结合的三甲级医院,有 500 多张床位,设施远远超出了社区居民的需求,这家医院并不侧重盈利,更重要的是为社区居民提供更为便捷和优质的医疗服务。为了提高服务质量,公司专门在祈福医院内聘了三位访问员,专职听取居民意见。同时在小区内安置意见箱，直接送到总经理手中。

资料来源：南方都市报，2003-6-4，D75

3）非营利组织主导模式（S—S）

非营利组织主导的公共服务设施供给模式（S—S），是指社会非营利组织通过自筹资金（包括会费、私人捐款和服务收费等）和人力，依靠自身力量独立提供公共服务设施的过程（图3-23）。在非营利组织主导的公共服务设施供给模式中，政府职责在于为非营利组织参与服务设施供给提供制度保障和优惠政策。而非营利组织主导的公共服务供给模式起源于政府公共服务供给不足，其服务设施供给是在政府的支持下于较小范围内与政府公共服务供给实现互补，在社区层面能得到最为广泛的实现。非营利组织通过参与公共服务设施的供给实现了社区资源的高度整合，促进了志愿精神的弘扬和社会资本的积累。

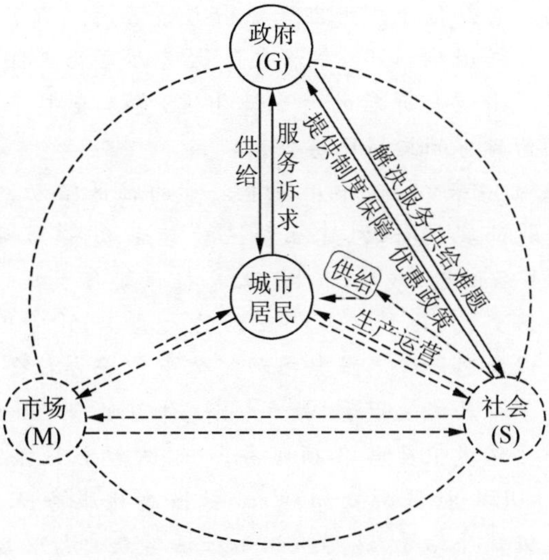

图3-23　城市公共服务设施供给的社会—社会(S—S)模式

非营利组织密度是衡量非营利组织发展和公民社会发展程度的重要指标，非营利组织密度是指每万人拥有的非营利组织数量。我国非营利组织的发展起步较晚，2007年全国非营利组织的密度仅为每万人2.63，如表3-14所示，广州每万人拥有的非营利组织数量高于全国1.57个，说明广州非营利组织发展水平领先于全国水平（专栏四）。但从2002—2007年，广州市每万人非营利组织拥有量仅由2002年的3.02个上升到2007年的4.20个，五年间仅增加了1.08个非营利组织(巫永平,2008)。表明广州非营利组织密度虽高于全国水平,但发展缓慢,力量薄弱。目前,广州非营利组织与政府合作仅限于社区层次,辅助政府解决农民工子女入学等问题,还不能充分发挥其作为沟通政府与公众之间的桥梁作用,多渠道维护公众利益、反映公众需求,是影响当前公共服务设施供需问题的重要影响因素之一。

表3-14 2007年末广州与全国非营利组织密度对比

	非营利组织数量(个)	非营利组织密度(个/万人)
全国	346 000	2.63
广州	3 197	4.20

专栏四

非营利组织发展与社区公共产品供给

——广州市文昌慈善会的经验观察

广州市文昌慈善会位于广州市逢源街道辖区内。为了帮助辖区的老人和特困人士解决生活困难,1996年原文昌街道办事处主任,现逢源街道(即文昌街道与原逢源街道合并后的大逢源街道)党工委书记王辉倡导成立了以社区筹款互助为目标的文昌慈善会。

慈善会自成立以来,发起并开展了大量的社区活动,主要是:一、以结对、发慈善卡、发粮油实物补助、建立社区敬老院、志愿服务队等多种形式,为全社区1 300多名孤老、残疾、特困、孤儿提供了各类援助和服务。二、通过资助各种兴趣协会、兴办社区互帮互助的大型活动、管理社区服务中心、招募社区志愿者以及邀请香港社会福利团体来穗兴办社会公共服务等方式对全区居民开展了社区文化娱乐、教育科普、体育健身、卫生保健、居民再就业、计划生育、小区环境卫生等各项服务。三、发动社区居民以自组织为原则,自行组建了十几个社区群众组织,如社区志愿服务队、松柏之声、雀之友、松柏艺苑、太极辅导站等,这些组织由社区群众自行管理开展活动,慈善会给予资金支持。四、建立了较为完善的邻里互助的志愿者组织制度。目前该逢源街道辖区已有包括2 700多人的社区志愿服务队,成员来自各行各业,志愿活动的范围包括清洁卫生、协助社区干部工作、调解纠纷、帮助购物、探视老人、收集废品、设备维修、送餐、医院陪护、补习文化、家庭修缮、理发等。

通过这些社区活动,宣传了慈善会的宗旨和理念,也改善了辖区内孤寡老人和特困人士的生活水平,更重要的是增加了社区居民的相互了解和亲密感。该区被团中央命名为"全国青年先进社区",辖区内的文昌邻舍康龄社区服务中心也被团中央评为“全国百个优秀青年志愿服务集体”之一。

资料来源：何艳玲，东方文化，2002 年第 4 期

4) 政府—市场—社会(G—M—S)综合联动模式

理论上讲，政府—市场—社会(G—M—S)三者综合联动的模式能够保证供给主体的多元参与、相互补充，同时能在利益平衡上相互协调，是最终达成三方平衡的最佳模式，能够增加城市公共服务设施供给的有效性(图 3-24)。在发达的市场经济国家，城市公共服务设施尤其是社区公共服务设施供给强调政府与企业和非营利组织建立密切合作关系，其成熟的合作模式是政府引导支持，非营利组织和社区公众主办，而企业则通过市场提供多样化服务设施。政府通过经济税收、劳动政策、服务合同、法律法规等手段对企业和非营利组织进行规制。但在我国，由于转型期城市政府职能定位为经济发展导向，对公民社会及非营利组织培育不够，致使非营利组织力量薄弱。同时政府、市场和非营利组织各自利益定位和实现机制不同，且缺乏利益协调机制，造成利益定位和实现方式的冲突，使政府、市场和非营利组织三方构建互动合作网络在城市公共服务设施供给实践中仍不多见。事实上，政府—市场—社会(G—M—S)三方面利益定位和实现机制的不协调，正是目前城市公共服务设施供给过程中问题产生的根源下文案例将予以证明。

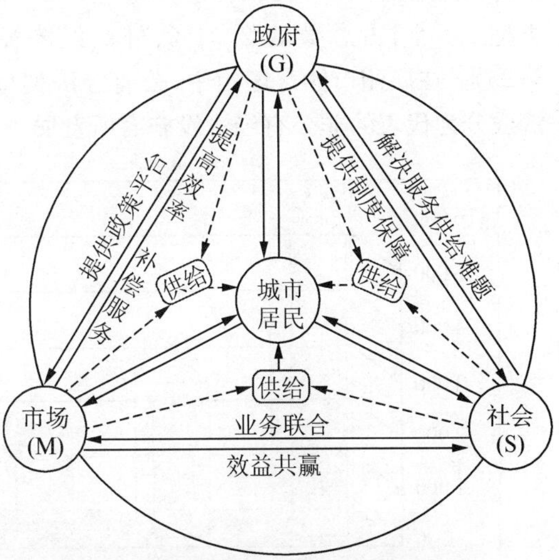

图 3-24 城市公共服务设施供给的 G—M—S 模式

3.3.4 供给模式特征

1) 投资主体和供给模式多元化

多渠道稳定的投资来源是公共服务设施供给的根本保障。因此，为了提高公共服务水平，满足公众需求，除正常的中央、地方政府投资外，还要逐步开始吸引多种资金渠道，保证公共服务设施的供给。转型期以来，广州公

共服务设施供给资金来源类型包括民间资本、国外投资、港澳投资等，采用BOT、PPP等多种筹资方式构建“公私伙伴关系”。以体育设施为例，按产权类型区分，广州市体育场馆设施包括国有经济、集体经济、私有经济和港澳台经济四种类型。多数场馆设施属于国有经济和集体经济类型，二者合计为8 373个，占总数的82.60%；私有经济类型1 424个，占总数的14.04%；港澳台经济类型237个，占总数的2.34%；外商经济类型103个，占总数的1.02%（图3-25）。在广州市体育场馆中，公有经济类型占据绝对的主导地位，以私有经济成分为代表的非公有经济设施有所发展，投资主体多元化趋势明显。

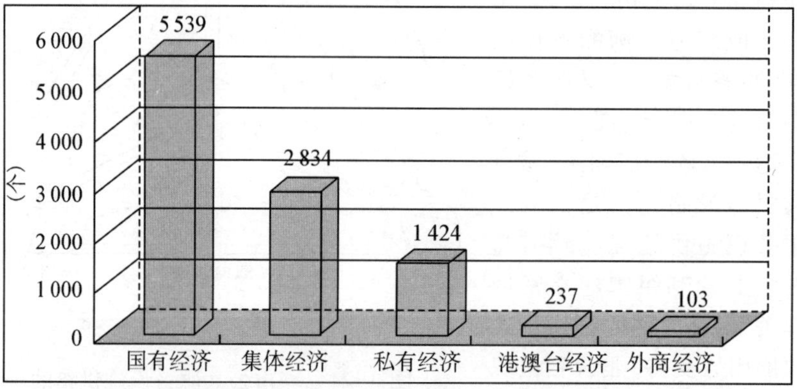

图3-25 广州市体育设施产权类型分布

在供给模式上，基于分权化改革，公共服务设施模式逐步多元化，形成政府主导（G—G）、市场主导（M—M）和社会主导（S—S）三主类供给模式和政府委托市场供给（G—M）、政府委托社会供给（G—S）及政府规制下市场供给（M—G）三亚类供给模式。政府—市场—社会（G—M—S）三主体联动模式能最有效地实现多元参与主体沟通、合作及利益协调，但由于我国当前公民社会仍处于发育发展阶段，力量薄弱且缺乏相应制度安排，政府—市场—社会（G—M—S）三主体联动的供给模式仍非常少见，这也正是当前公共服务设施供给问题产生的根源。

2）供给决策与生产管理主体垂直分离

随着城市公共服务设施供给主体多元化发展，决策主体与生产、建设、经营主体正逐步分离。作为公共服务设施供给决策主体的政府逐步从大部分非纯公共物品类设施的建设、运营和管理的实践过程中退出，重在对服务设施过程的“掌舵”，而企业营利组织和社会非营利组织则参与服务设施的供给。在居住区开发的过程中，广州政府早在1988年就颁布了《广州市居住小区配套设施建设的暂行规定》(穗府[1988]13号文)，该规定对公共服务设施供给主体、建设方式及产权移交等都做出明确表述，如文化教育、行政管理等服务性配套设施，包括中小学、幼儿园、居委会、环卫站、派出所及消防站等设施的配套用地及土建部分的投资由开发建设单位负担，统一纳入综合开发费用；商业服务等经营性设施，按商品房价格出售，粮店、煤电、新华书店等按商品房价格70%出售；医疗卫生用房按成本价格出售(专栏五)。2005年颁布的《广州市居住区公共服务设施建设标准》进一步明确了公共服务设施不同参与主体的责任。一系列措施在确立政府的公共服务供给主体地位的同时，也明确了建设和运营过程要从政府职能中剥离出来由企业和社会非营利组织完成，实现了供给过程中供给主体与生产、运营的逐步分离。

专栏五

广州市居住区配套设施建设的暂行规定

……贯彻城市建设的"统一规划、合理布局、综合开发、配套建设"的方针，进一步促进我市居住小区建设的经济效益、环境效益和社会效益的统一。配套设施建设项目的投资，可以按不同的使用性质，分别由各单位承担：

市政设施由开发单位负责投资建设，统一纳入综合开发；

文化教育、行政管理等服务性配套设施，包括中小学、幼儿园、居委会、环卫站、派出所及消防站等单位的配套用地及土建部分的投资由开发建设单位负担，统一纳入综合开发费用；

商业服务等经营性设施，按商品房价格出售，粮店、煤电、新华书店等按商品房价格70%出售；

医疗卫生用房按成本价格出售……

资料来源：《广州市居住小区配套设施建设的暂行规定》(1988年2月8日穗府[1988]13号文)

3) 市场机制引入使公共服务设施发展不均衡

转型期以来，政府通过引入市场机制主导城市公共资源供给，城市公共服务设施不再是由国家提供的福利产品，而成为市场经济条件下的消费品，具有商品价值，需要购买才能拥有其使用权。在多元供给过程中，政府资金有限而开发商追求经济利益，使得非营利性的公共服务设施在投入上资金不足，制约了供给规模。而营利性设施却吸引大量投入，并且优质的服务设施会随高素质及高收入阶层社会群体的分布而聚集在特定区域，加剧了社会阶层的社会空间分异。例如,在高档住宅区设置高级休闲会所、优质学校和医疗机构,而在一些廉租房和经济适用房分布区域,一些基本的生活配套也往往"滞后"(专栏六),甚至出现"以罚代建"现象。因此,收入差距的社会分层,导致的城市公共服务设施供给分布的空间不公平特征很明显。

专栏六

金沙洲入住已满一年　政府许诺何时能兑现?

金沙洲新社区偏居广州西北,是广州实施新一轮保障型住房建设的第一批成果,也是目前国内最大的廉租房社区。公共配套的缺失致使租户入住后面对上学、看病、买菜、出行等一大堆生活困难。2008 年 3 月,廉租户刚入住金沙洲新社区时,居委会陈主任告诉记者,廉租户中不只老人多,残疾人也多,好多家里都有病人,他们对医院有着特殊的需求。但入住一年后,记者发现仍然只有附近村里的几间私营诊所在营业,里面的人也寥寥无几,而到处打听,都找不到被报道"进入建设程序阶段"的公立医院的施工地点,随后记者询问十几个新社区居民,没有人知道医院将建在哪里,什么时候开建。

李先生说,自己和邻居家都有老人,大家都担心有了大病急病怎么办。而新社区 4 区内站着聊天的三位阿姨最担心的是,附近连个医院都没有,媳妇生小孩不知该怎么办?一位阿姨声音很高地说:"市长怎么不来看看,许诺给我们的医院在哪里?"

资料来源:陈显玲,何姗.羊城晚报,2009-3-10

4) 公众需求成为公共服务设施供给的重要影响因素

公众需求从两个方面对城市公共服务设施供给产生了重要影响。一方面是市场机制作用的结果。随着公共服务设施供给的市场化改革和对公共服务设施经济属性的认识,投资准公共服务设施建设被认为是优质获利途径,尤其是与政府联合投资公共服务设施,能够获得政府补贴的稳定受益或政府政策支持,具有较大的获利空间。基于市场机制的作用,服务设施被当作商品,其供给的目的是最大限度地获取消费市场,所以以公众需求为导向的公共服务设施供给是获取更多消费市场的决定因素,因此公众需求可以引导服务设施供给。

另一方面,广州地处沿海,历来是我国对外开放的窗口,尤其是与香港有地缘优势,便利两地人员和社会经济往来,与境外的广泛联系促进了广州公民意识和公民社会的发展。2007 年广州平均万人拥有的非营利组织数量高于全国平均水平 1.57,非营利组织密度是公民社会发展水平的标志,由此表明广州公民社会发展水平远高于全国水平。公民社会的发育发展,能够提升公民的参政、议证、维权意识。所以,在城市公共服务设施供给过程中,充分的公共参与能够全面表达公众意识,增强与政府及企业营利组织的谈判能力,维护公众的公共服务设施需求。因此,公民意识的发育及公民社会的崛起对公共服务设施供给有着重要影响,是转型期公共服务设施供给主体结构及供给模式变革的结果。

3.4 小结

通过对广州城市公共服务设施现状空间分布格局的空间图景式描述和定量评估,发现广州城市公共服务设施呈非均衡空间分布格局,空间差异化聚集特征显著。在配置水平上,高等级城市公共服务设施空间布局地域不均衡,中心城区优势显著。但就人均规模而言,老城区优势正在下降,而中心城区外围优势正在提升。尤为值得注意的是转型期城市公共服务设施供给具有明显的社会分异特征,公共服务设施供给过程中的“人”“地”不均衡同时存在,社会阶层分布与城市公共服务设施可达性程度显著相关,与计划经济时期相对均衡的空间分布格局有着显著不同,是转型期以来城市公共服务设施供给模式演变的结果。

在社会经济体制转型的综合作用下,政府公共部门、市场企业组织及社会非营利组织基于不同的利益诉求参与城市公共服务设施的供给过程,推动了供给模式多元化。受制于不同的利益定位和利益实现机制,供给模式制度设计特征表现为差异化决策机制、决策与生产分离的提供机制及全方位监督机制。转型期供给模式多元化演进,逐步构建了政府主导(G—G)、市场主导(M—M)和社会主导(S—S)的三主类和政府委托市场(G—M)、政府委托社会(G—S)及政府规制下市场主导(M—G)的三亚类供给模式,政府—市场—社会(G—M—S)综合联动模式是协调多元参与主体的最佳模式,是供给模式完善的发展方向。

转型期以来广州城市公共服务设施供给主体及资金来源多元化发展,城市规划城市空间优化功能逐步回归,体育及商业设施发展迅速,逐步构建了多层次的公共服务设施空间网络。城市公共服务设施供给模式逐步多元化,供给决策与建设运营主体分离,城市规划的空间布局指导作用凸显,公众需求成为供给过程的重要影响因素,市场机制引入使公共服务设施发展不均。

4 转型期广州城市公共服务设施供给模式案例分析

供给模式变革是转型期广州城市公共服务设施空间布局不均衡及社会分异格局形成的基本驱动力。本章基于宏观和微观两个层面进行案例分析，全面探讨广州城市公共服务设施供给模式的变革过程及其特征。案例选择涉及中小学教育和医疗服务设施，这两类设施与居民生活关系密切，其供给模式变化在转型期城市公共服务设施供给模式研究中具有代表性。

4.1 花都区中小学教育设施供给模式案例

4.1.1 花都区中小学教育设施发展演变

花都近代中小学教育起源于清末，1903 年成立的“花县第一高等小学”是花都近代教育的开端。到新中国成立前夕，花都共有公立、私立中学 3 所，学生 286 人；小学 85 所，学生 9 440 人。

新中国成立后，花都中小学教育事业发展迅速。至“文革”前期，花都共有小学 63 所，中学 8 所，在校学生 60 729 人。“文革”期间花都教育事业陷入停顿。十一届三中全会后，通过调整办学体制和管理模式，教育事业重新走上正轨，取得快速发展。至 1982 年和 1988 年，花都分别普及小学教育和 9 年中小学义务教育。到 1992 年，花都共有小学 198 所，在校学生 70 021 人；中学 37 所，在校学生 2 825 人(花县地方志编纂委员会，1995)。在确立建设社会主义市场经济发展目标后，市场机制引入义务教育领域，广东省、广州市通过多种政策措施鼓励社会投资进入中小学教育设施发展。到 2009 年，花都区共有公办中小学 114 所(小学 89 所，初中 25 所)，学生 95 829 人(小学 61 517 人，初中 34 312 人)。近 10 多年来，民办学校从无到有，2009 年花都共有民办中小学 26 所，在校学生 25 301 人，占义务教育阶段学生总规模的 18.5%。

4.1.2 计划经济时期：一元多层级的政府垄断供给模式

中小学教育设施的一元多层级政府垄断供给模式是指在政府一元主体垄断下多级行政机构共同参与的教育服务设施供给模式。新中国成立后，由于中小学教育经费来源及行政管理机制不统一,不同时期经费来源及管理体制出现较大差异,导致花都区中小学教育设施管理模式在计划经济时期出现多次变更(图 4-1)。其中,县级政府一直是中小学教育设施供给资金的主要投入者和最主要的行政管理结构。由于特定的政治经济背景,镇(大跃进时期称公社)和村(大队)也曾作为中小学教育投资主体参与教育服务设施的供给。如在 1958 年,为了贯彻办学的"两条腿走路"的办学方针,花都兴办了许多民办小学和中学。在经费来源上,民办小学经费管理由生产大队负责,民办中学经费管理由公社负责。而公办中小学则由县统一拨发经费,统一管理。直到 1965 年,民办小学才并入公办小学,教师工资纳入县区级财政,实行民办公助。

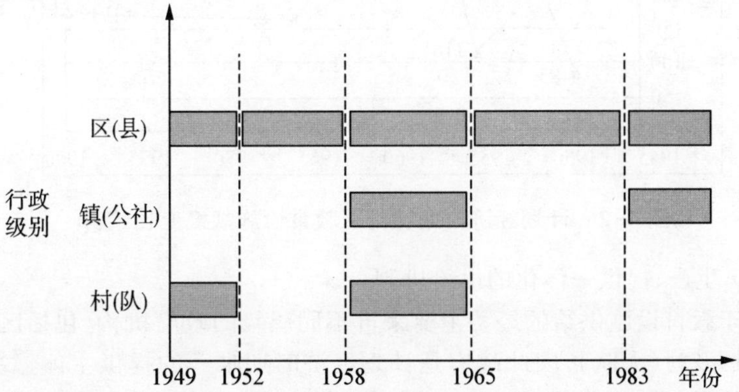

图 4-1 计划经济时期花都中小学教育经费来源及管理体制变革

1) 一元多层级政府的供给主体结构

总体上看,计划经济时期花都中小学教育设施的供给主体结构是由县、镇(公社)和村(队)构成的多层级行政主体参与的供给结构。由于在计划经济时期,镇(公社)和村(队)的职责在于完成上级政府下达的政治经济目标,是政府行政机构的延伸,而非完全居民自治机构,因此,计划经济时期花都中小学教育设施供给具有唯一的供给主体,在行政指令机制作用下,具有层级差异的供给主体能够在教育服务设施供给过程中保持高度一致性,体现了政府一元垄断的供给模式特征。

2) 供给模式的制度设计

(1) 政治运动主导的供给决策机制

计划经济时期,花都区中小学教育设施供给受政府政治运动影响强烈,政治运动决定教育设施规模的变化。1949 年 10 月,花都有中小学 85 所,学生 9 440 人。在新中国成立初期"教育为工农服务,为生产服务"的方针指引下，大力发展中小学教育，学校规模在1951年迅速增加到215所。但经过1952年的学校调整和撤并，其规模又降低到102所。“大跃进”期间，为例贯彻“两条腿走路”的办学方针，1958年花都小学规模剧增到394所；1962年在中央“调整、巩固、充实、提高”的方针指导下，小学数量又下降到293所。到改革开放初的1980年，花都中小学规模又调整为177所。可见，在政治运动和政策方针作用下，计划经济时期花都教育设施规模变化显著(图4-2)。

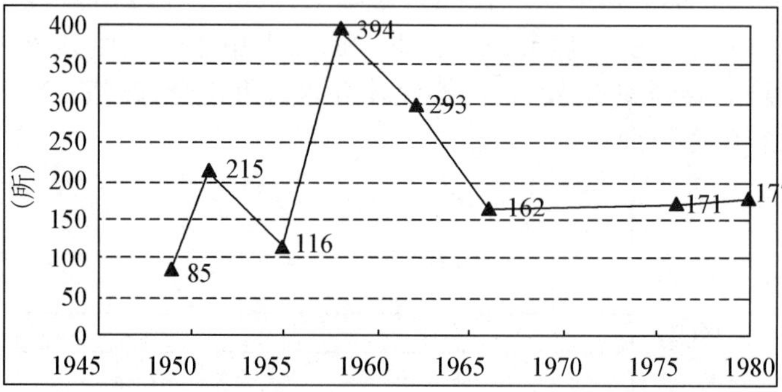

图4-2 计划经济时期花都区教育设施规模变化趋势

(2) 生产、提供一体化的供给机制

由于教育设施供给的经费主要来自不同层级的政府机构，包括区政府、镇(公社)及村(大队)，因此政府是计划经济时期唯一的提供主体。基于计划经济时期的整体化社会结构，不同生产建设部门，包括负责教育设施规划设计、建设的规划部门及建筑企业，都是政府下属机构，遵照政府建设计划任务完成教育设施生产。所以，计划经济时期的花都教育设施具有生产提供一体化特征。

(3) 垂直层级式监督和管理机制

新中国成立初期，花县政府成立了县文教科，负责委派各中小学校长、聘用教师及县域教育发展管理。后虽经过多次变动，总体上还是保持了县级行政机构(包括“文革”时期县革命委员会)对县域教育发展监督和管理。由于计划经济时期，花县工业规模小，国营工矿、企事业单位不多，企业创办的中小学校不多，各企业事业单位在教育设施供给过程中管理范围有限，还是以县级行政机构的垂直层级式监督和管理为主。

总体上看，在“消灭”市场、“吞并”社会之后，政府是计划经济时期花县教育设施的唯一供给主体，县、镇及村在不同时期作为供给主体参与教育服务设施供给，体现了一元多层级的供给主体结构。在制度设计上，不同时期的政治运动方针对教育设施供给产生强烈作用，导致不同时期教育设施供给规模差异显著。基于计划经济时期单一化的供给主体结构及整体化社会结构，教育设施供给模式体现了生产提供一体化和垂直层级监督和管理的机制特征(图 4-3)。

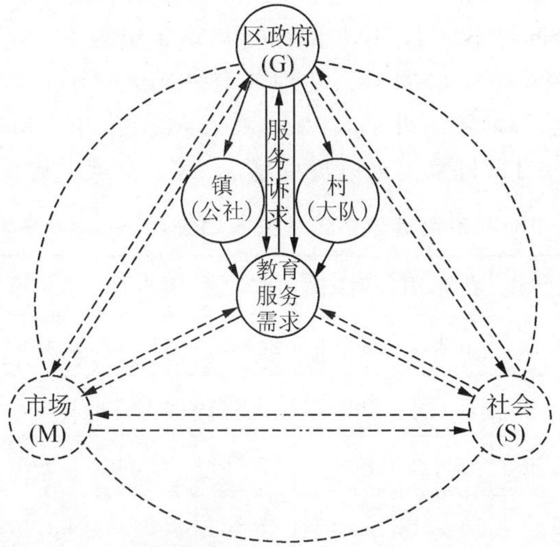

图 4-3　计划经济时期花都区中小学教育设施供给模式

4.1.3　转型期:中小学教育设施供给市场化和社会化

1）中小学教育设施供给市场化——民办学校模式

改革开放后，作为沿海开放发展先锋城市，广州市运用国家给予的“特殊政策、灵活措施”，以及计划单列、省级经济管理权限，加快经济发展。从市管县体制的下辖县到直辖区，花都依托广州经济社会的高速发展，获得诸多良好的发展机遇。至 2008 年，花都区生产总值 489.56 亿元，按常住人口计算，人均地区生产总值 66 870 元，地方财政一般预算收入 30.99 亿元，形成了以汽车产业、临空产业、皮革皮具产业、金银珠宝、电子电器、机械制造、纺织服装、日用化工等特色产业。经济社会的快速发展为花都中小学教育提出了新的要求，也迎来了新的发展机遇，其中最为关键的就是私营资本对中小学教育设施供给的嵌入。

(1) 民办中小学教育设施需求

民办中小学教育发展迅速，其原因主要在如下两个方面：

一是经济社会发展提高人民生活水平，对中小学教育设施提出了更多样化需求，更加强调学校教育设施配套、外语和艺术类师资的配备及就学方便程度,等等①。另外,优质教育设施配套是城市居民购房选择的重要参考依据,驱使开发商出于销售市场的考虑,愈发重视教育设施配套。例如,花都区新华街的雅宝中学就是一所由开发商配建的优质民办学校。二是外来务工人员的大规模涌入,使外来工子女就学需求增长迅速。2000 年以来,花都外来人口从最低时不足 10 万人,增加到 2009 年的 42.3 万人。其中外来人口主要集中在狮岭镇及新华街,两地共有外来人口超过 32 万。由于是皮革产业的聚集地,狮岭镇有外来人口近 20 万人,外来工人口规模超过本地户籍人口 2 倍(表 4-1),外来工人口规模增加,其子女就学规模也迅速增长。

表 4-1 花都区近年各镇外来人口统计表(2000—2009) 单位:人

年份	花都区	新华街	花东镇	花山镇	狮岭镇	炭步镇	赤坭镇	梯面镇	雅瑶镇
2000	126 536	67 216	9 284	5 159	28 048	8 224	7 466	1 139	—
2001	179 897	72 350	15 567	8 937	66 834	8 130	6 143	1 936	—
2002	151 484	55 866	13 913	8 104	53 647	9 534	5 175	1 686	3 559
2003	98 691	36 366	6 414	9 374	28 332	8 952	4 459	744	4 050
2004	120 349	47 411	13 430	7 500	33 258	9 320	4 500	800	4 130
2005	157 531	57 446	15 214	10 232	63 169	9 700	10 063	647	3 749
2006	203 775	80 461	12 549	11 000	81 000	10 000	11 699	647	3 579
2007	314 201	121 366	15 511	89 571	142 499	10 506	5 875	600	4 836
2008	328 366	121 894	14 255	90 109	155 716	12 137	5 878	580	4 790
2009	422 373	155 941	17 790	22 743	192 746	17 349	7 074	1 427	7 303

外来务工人员子女的迅速增加,巨大的就学需求使公立学校不堪重负。2005 年以来,花都中小学总数虽基本维持不变,但花都区本地生源学生规模逐年减少,外来生源学生规模不断上升,外来工子女规模与本地户籍学生规模相接近(图 4-4)。根据国家"流入地解决外来工子女就学问题"的原则,花都公立义务教育设施面临巨大压力,而在外来工子女就学经费投入上,虽然

① 在调研中发现,公立学校之间竞争主要集中在学校区位、等级、师资配备等因素;与公立学校相比,民办学校最大优势是有校车配套(属学校承包私人运营的小巴,司机技术及车况都存在安全隐患,曾发生事故),可以接送远距离上学的学生,学校有午餐供应。目前花都公立学校没有一辆校车,部分小学供应午餐。

广东省政府每年向广州市提供项目补助资金 1 000 万元，广州市配套 1 000 万元，但还是难以满足规模巨大的外来工子女教育需求。教育设施需求增加及政府投入不足，为引入私营资本投入办学提供了现实基础。

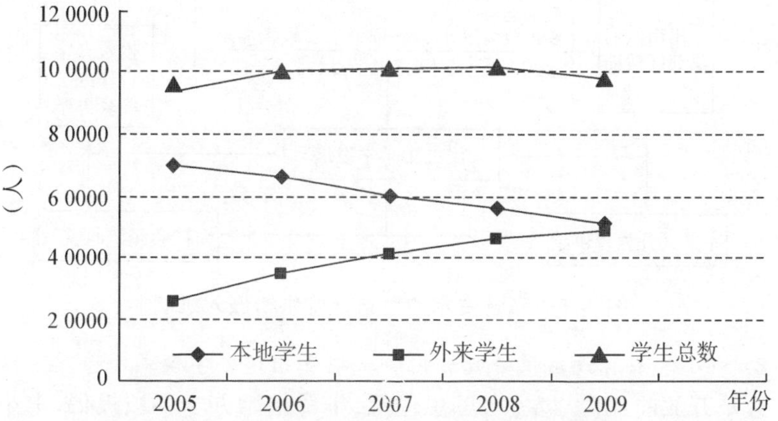

图 4-4　花都区中小学不同生源学生规模

(2) 私营资本对教育服务设施供给嵌入机制

从供给方面看，政府公立学校体制规范严格，但灵活性不足，对当前多样化的教育需求缺乏有效及时的回应能力。问卷调查显示，花都区“撤点并校”过程中家长最为关注的问题之一就是要求公立学校配套校车，以解决因学校撤并导致的学生就学困难问题。但在撤点并校政策推行 8 年之后，花都区公立小学仍没有配套一辆校车。同样，公众对特殊师资力量的要求遇到的问题与此类似。

出于对多元化教育需求和大规模外来工子女教育需求的满足，在教育投资不足背景下，花都区政府通过免税收、免管理费及部分财政补贴的方式引入私营资本参与中小学教育设施供给。与政府财力不足、体制僵化相反，私营资本来源多样，资金雄厚，能够对市场教育需求采取灵活的回应行为。例如花都区民办学校的选址集中在外来人口聚集区域，且基本全部配套校车，根据学生需求提供午餐，方便学生就学、就餐，获得了外来务工人员的认可。2000 年以来，私营资本通过投资、合作及房地产配套三种主要方式参与花都教育设施供给，花都民办学校从无到有，发展迅速，9 年增加到 26 所(附录一)。因此，花都民办义务教育发展是政府鼓励和民间资本逐利特性互动的结果，体现了政府规制下的市场主导供给模式(M—G)的特征。私营资本嵌入义务教育设施供给动力机制如图 4-5 所示。

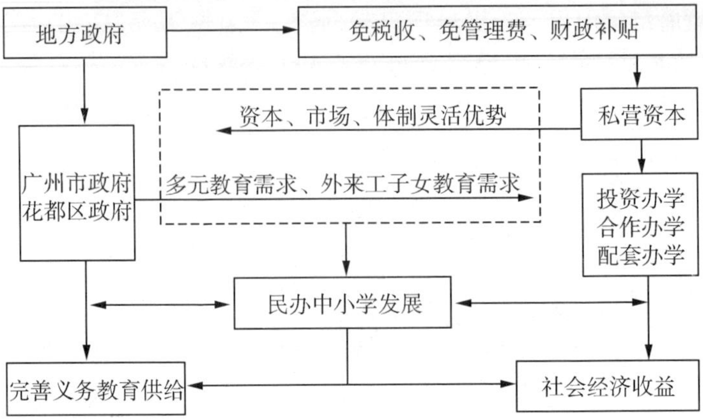

图 4-5　私营资本的教育设施供给嵌入机制①

2）中小学教育设施供给社会化——捐资捐建办学模式

改革开放前，由于“左倾”思想作用，华侨捐赠办学不被提倡，中小学教育经费基本全部来自县财政拨款和村镇集体集资成立“教育公积金”提供。改革开放后，提倡多渠道筹集资金办学，海外华侨捐资捐建办学的积极性得到鼓励，对花都区教育设施建设具有重大的推动作用。据《花县志》记载，在1981—1992 年间，海外华侨共捐资办学经费人民币 3 328 万元，港币 626 万元，美金 8 万元。海外华侨逐步捐资捐建一批高水准的中小学教育设施，如香港同胞邝肖卿捐建邝维煜纪念中学，美国华侨黄日鎏捐建花山镇日鎏小学（图 4-6），马来西亚华侨罗锦煌捐建花城中学实验楼，美国加州中华文化中心捐赠建狮岭镇杨屋第一小学，等等。

图 4-6　华侨捐建的花山镇日鎏小学

新世纪以来，海外华侨捐资捐建教育设施仍是花都中小学教育设施发展的重要组成部分，如 2004 年，原“台湾国际奥委会”主席徐亨先生捐资重建

① 2010 年 1 月 12 日在花都区教育局与黄老师进行访谈。

广州市花都区棠澍小学,2009年马来西亚华侨曾振强博士捐建花都区新华街莲塘小学体育馆。与此同时,社会集资也是中小学教育设施建设经费来源的重要渠道,其中包括村镇集体企业和成功人士捐资。如早在1983年田美村集体企业就捐资46万元投资新建田美小学。

社会力量通过捐资捐建,促进了改革开放后花都区教育设施发展,对花都教育设施完善具有重要的补充和完善作用。在建设模式上,首先是集体或单位面临教育设施不足或匮乏,向区教育部门和村镇政府提出建校需求,在财政不足的前提下,政府和集体就发动社会力量筹集建校资金,其主要对象是海外华侨、集体产业和在市场经济中先富起来的成功人士,号召他们发挥资金、声望和宣传动员优势。而政府和村镇集体提供土地、人力支持,共同完成捐资办学(图4-7)。

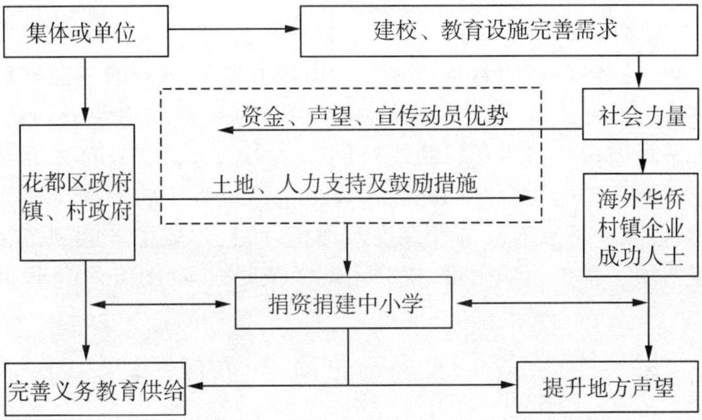

图4-7 花都中小学教育设施社会化供给模式[①]

严格上讲,社会办学应该是由社会公众组成的非营利组织(NPO)通过筹集资金和人力,依靠自身力量提供公众需求的教育服务设施过程,包括学校建设过程中的筹集资金、设计、建设运营及管理整个过程。但根据奥斯特罗姆的制度分析理论,公共服务具有供给与生产可分离的特性,供给功能重在服务从产生到被消费过程的机制安排,其关键在于筹资功能。因此从这个角度上讲,花都教育发展过程中的捐资捐建模式解决了社会办学过程最核心的筹资问题,是改革开放以来教育设施供给社会化的显著体现,虽在基于公众需求导向的教育设施供给方式上与非营利组织主导(S—S)模式仍有较大差别,但与政府垄断和私营资本办学的模式截然不同。

① 2009年12月17日与花山镇教育指导中心主任黄德真在花山镇政府进行访谈。

4.1.4 转型期:政府主导的中小学教育设施多元化供给综合模式

改革开放以来,随着中小学教育设施投资主体及管理机制的变革,花都义务教育设施供给模式逐步多元化,形成了政府、私营资本和社会捐资捐建主导的三种供给模式。

1）供给主体结构

从供给主体上看,与计划经济条件下不同,政府不再是唯一的义务教育设施供给主体,政府、私营资本和社会捐资是三种主要的资金投入来源。出于利润追求和社会效益,私营资本和社会力量参与教育设施供给,是对政府主导教育设施供给模式的重要补充,形成由三方组成的互动互补网络,促进中小学教育设施的有效供给。

2）供给模式的制度设计

(1) 利益驱动的决策机制

在社会经济体制转型背景下,政府、市场和社会组织的利益定位具有双重性。政府公共部门既是公共利益代表,也具有自身政治经济利益,两者关系的不协调是城市公共服务设施供给问题产生的关键。花都区新华街的红棉小学建设就是政府教育部门在教育设施供给过程中将原有 8 所小学合并为 1 所,不但减少了政府义务教育投入规模,而且建成了一间规范化“示范”学校。但增加了学生就学困难,提升了就学辅助成本(图 4-8)。民间资本包

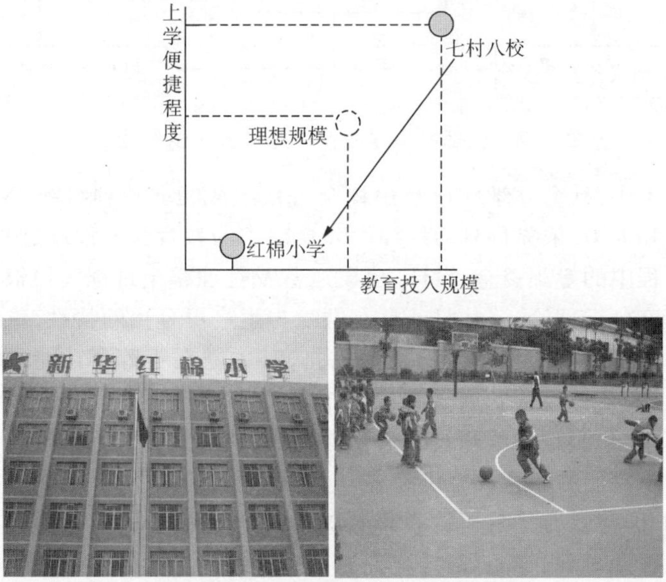

图 4-8　花都区新华街红棉小学

括私营组织和社会力量,其参与教育设施供给也是出于经济、社会效益。具体体现在政府对投资中小学教育设施的企业给予“非营利性”机构待遇,免除各种税收和管理费用。在广东省每年配套 1 000 万元民办学校项目补助的基础上,广州市也配套 1 000 万元,用于对民办学校的资助和补贴。在社会力量的捐资捐建办学过程中,政府在除土地、人力投入上给予支持外,还给予一定的精神奖励,提高捐资捐建者的社会声望,如颁发“荣誉市民称号”等。

(2) 多样化生产的提供机制

基于政府的公共利益服务职能,具有提供义务教育设施的功能,但不一定要完全包办义务教育生产过程。花都义务教育供给的安排和生产具有多样化趋势,其中公共教育部门提供了花都 140 所中小学校中的 114 所,是教育设施供给主体,私营资本提供中小学民办学校 26 所,是政府教育设施供给的重要补充。其中在公共部门提供教育设施过程中,各政府职能部门也不再涵盖教育设施供给决策、规划设计及运营管理全部过程,其中设计及建设过程也是通过具有合适资质的市场企业来完成,即在完全政府公共部门供给的教育设施中,其生产也具有多样化特征(图 4-9)。

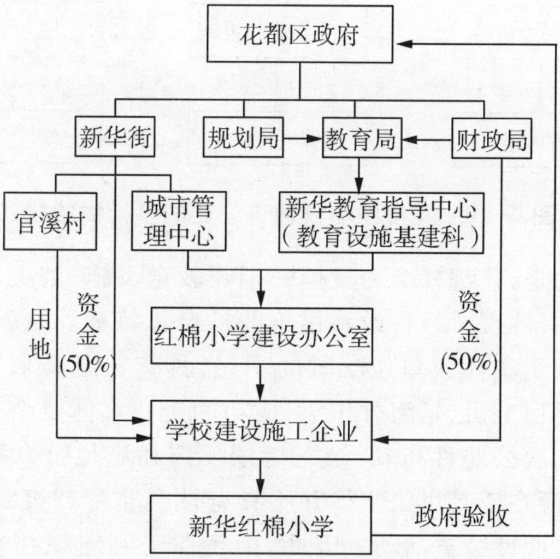

图 4-9 新华红棉小学建设流程图①

(3) 体制内约束主导的监督机制

在多元供给模式的监督机制上,花都区教育局是全区教育设施的监督

① 2009 年 12 月 18 日上午与新华教育指导中心徐伟林主任在红棉小学进行访谈,红棉小学实际投资为 3 800 万元,而非媒体报道中的 3 600 万元。

机构。因为社会力量捐资捐建学校产权大多移交给政府教育部门，属公办学校范畴，所以花都教育监督对象是私营资本兴办的民办中小学教育机构。花都区民办教育设施的具体事项划归教育局成教科管理，并在8个街镇下设民办教育督导专员，对成教科负责。其具体管理事项包括是否依法办学，是否与公办学校在课程设置、教学进度上保持同步，另外还包括是否安全、卫生等日常行政事务的沟通(图 4-10)。

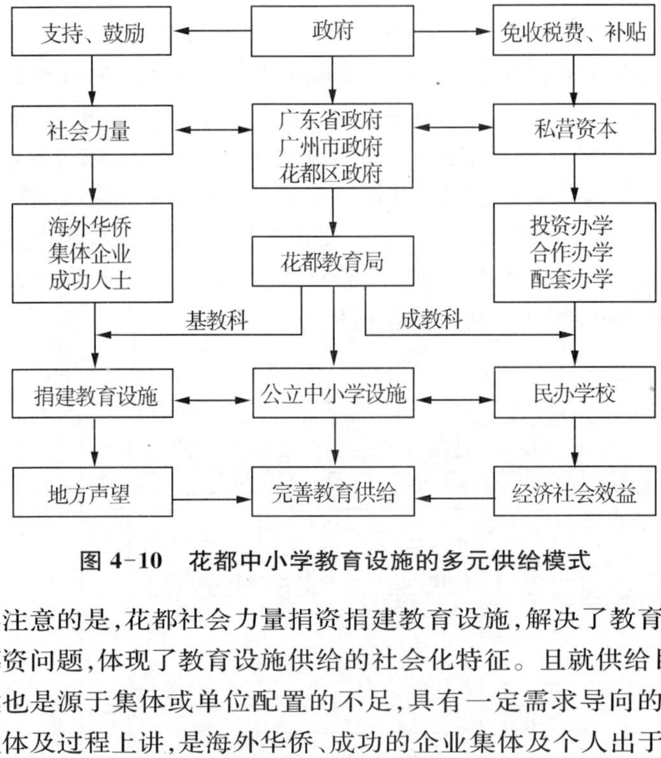

图 4-10　花都中小学教育设施的多元供给模式

值得注意的是，花都社会力量捐资捐建教育设施，解决了教育设施供给关键的筹资问题，体现了教育设施供给的社会化特征。且就供给目的而言，捐资捐建也是源于集体或单位配置的不足，具有一定需求导向的特征。但从供给主体及过程上讲，是海外华侨、成功的企业集体及个人出于自愿心理进行的一次或几次公益性行动，缺乏持续反馈和满足公众教育需求的体制机制安排，其根源在于其供给主体并不具有社会非营利组织的利益定位，不可能持续进行自愿性公益活动。因此，由于非营利组织在教育设施供给过程中的参与和监督功能缺乏，一方面导致政府主导(G—G)及政府规制下市场主导(M—G)的中小教育设施供给模式缺乏社会监督；另一方面也导致公众的教育服务设施供给诉求难以表达，这是当前公共服务设施供需矛盾的主要原因之一。后文将基于花都中小学"撤点并校"策略进行详细的事件分析。

4.2 越秀区医疗服务设施供给模式案例

4.2.1 越秀区医疗服务设施发展演变

在广州解放前夕，今越秀区境内是市立医院、教会医院和私人医院、诊所众多的地区，但设备都很简陋，医生少、收费高，远远不适应市民防治疾病的需要。在新中国成立初的国民经济恢复期间，政府允许非公有制的慈善医院、民营医院和个体行医继续发挥功能，并在新中国成立初的医疗体系中占据重要地位。在社会主义改造完成之后，通过建立和健全各级公有卫生设施网络，非公医疗的主体地位迅速被取缔，经过公私合营，很快便所剩无几。到 1960 年，“越秀区联合医疗卫生机构管理委员会”成立，经过多年的调整、改组，加上城市公费医疗、劳保医疗的全覆盖，导致非公医疗机构几乎绝迹，直到 1980 年代初非公有医疗机构才重新发展起来。据越秀区医疗机构目录（附录一）统计，截至 2009 年 10 月，越秀区共有各类医疗机构 324 家，其中营利性医疗机构 154 家，非营利性（包括单位内设置的医疗服务机构）170 家（图 4-11）。

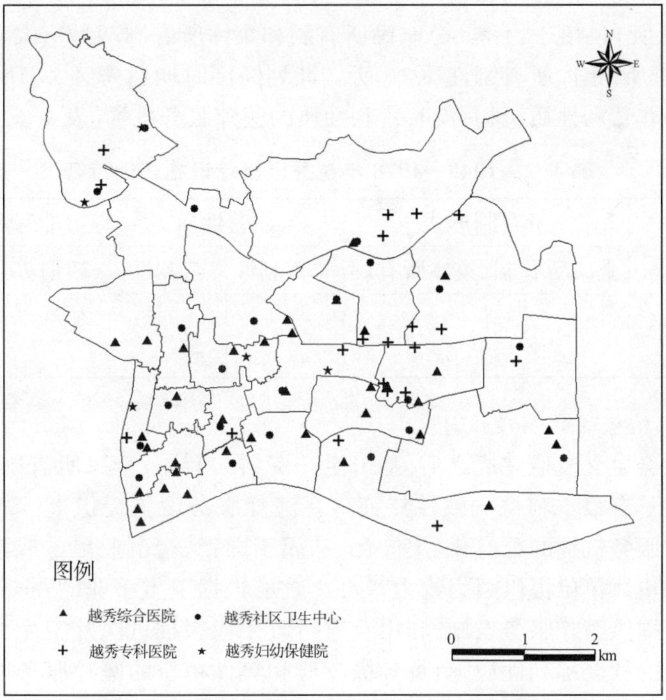

图 4-11 越秀区主要公立医疗机构现在分布图

在医疗服务机构的管理上，市辖区在新中国成立初成立卫生所。越秀区1950年成立了卫生科，1964年改设卫生局，“文革”期间机构运作瘫痪，1980年恢复卫生局建制，后逐步调整卫生局科室设置，健全完善了管理监督功能。

4.2.2 计划经济时期：一元双系统的政府垄断供给模式

一元双系统的政府垄断供给模式就是在政府一元供给主体主导下由医疗卫生部门和企事业单位共同参与构成的双系统医疗服务设施供给模式。其中政府医疗卫生部门和行业组织直接负责市、区级医疗服务设施供给，包括综合医院、专科医院及防疫措施，而基层医疗服务机构，如卫生所、医务室隶属于城市企事业单位，这种供给模式持续到1980年代。据《广州统计年鉴》(1983)统计数据，1982年广州市区城市医疗服务设施总规模为1 815个，而由政府卫生部门主办的医疗机构仅86间，其他则属于各类企事业单位、科研院所主办医疗机构。

1）供给主体结构

计划经济时期，越秀区共有医疗服务机构77间。从供给主体上看，分政府主办和各类企事业单位建设的本单位附属医疗服务设施两种形式，其中政府创建各类医院和门诊机构共33间，各类企事业单位附属医疗服务设施44处。从所有制形式上看，分全民所有制和集体所有制两种形式，其中全民所有制61所，集体所有制性质16所。计划经济时期越秀区77所医疗服务设施均为非营利性质机构，没有营利性质的医疗服务机构(表4-2)。

表4-2 1949—1978年越秀区医疗设施属性特征

属性	所有制形式		经营性质		非营利性质	
	全民所有制	集体所有制	非营利性	营利性	政府办	非政府办
医疗设施(家)	61	16	77	0	33	44

2）供给模式的制度设计

在社会主义改造完成之后，基于生产资料公有制、全民所有制和集体所有制单位具有根本利益一致性特征。在医疗服务设施提供上，政府全方位推进医疗服务机构的公有化、集体化，从属于国家、企事业单位或集体，由各级政府和集体单位提供财力物力举办。政府根据卫生事业的需要和人民生活水平来提供医疗服务设施，利用政府行政手段来推进医疗卫生事业，并规定其完全的社会福利性质，负责各级政府和集体单位的医疗服务职能(邹东涛，秦红，2005)，逐步构建了由市、区级医院和街道门诊部(所)组成的三级医疗服务设施体系。同样，改革开放前，越秀区级医疗服务设施具有国有性质，其建设和布局调整受区卫生局管理和控制，基本建设由政府相关部门直接负责，包括规划设计及建设运营部门，所需资源由政府直接投入。基层的医疗卫生设施隶属于城市企事业单位，包括单位卫生所、医疗室等。其机构设置及投入主要依靠所从属机构或经济集体。因此在所有制上，其组织性质分布从属于国有或集体。虽然集成医疗服务设施在具体组织管理上更多依靠其所从属的机构或集体，但其医疗服务标准和医疗服务价格则要接受政府卫生部门的监督管理，并承担政府统一规定任务，具有典型双重管理和监督机制特征(图 4-12)。

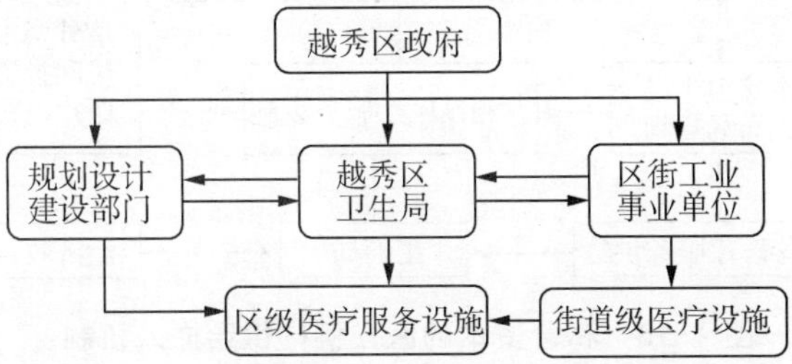

图 4-12　计划经济越秀医疗服务设施供给模式

4.2.3　转型期：医疗服务设施供给市场化和社会化

1）医疗服务设施市场化——营利性医疗机构模式

营利性医疗机构模式是医疗服务设施供给市场化改革的结果，是转型期医疗服务设施供给与计划经济时代的最大区别，其本质就是政府与市场在基于医疗服务设施供给过程构建的一种"公私伙伴关系"，即在政府规制下，通过引入市场机制，委托私营资本进行医疗服务设施提供，具有政府规制下市场主导的公共服务设施供给模式特征(M—G)。改革开放以来，越秀区医疗服务设施规模从 1978 年的 77 家增加到 2009 年的 324 家，主要原因在于市场化改革后营利性医疗服务设施从无到有，2009 年已经达到 154 家，是现有医疗服务设施体系规模中重要的组成部分。

从供给过程的制度安排上，政府基于公立医疗机构体制僵化、多样化医疗服务供给不足，鼓励医疗服务提供市场化改革，满足公众多层次多样化的医疗服务需求。通过在税收、管理费、服务设施建设用地及服务设施配套上的政策优惠，吸纳私营资本参与医疗服务设施供给。私营资本类型主要包括民间投资、境外资本、相关医疗机构等，发挥其体制灵活、资金、服务及技术学习优势。遵照私营资本进入医疗机构准入条件所要求的资金、设备、资质及人员配备，在医疗卫生设施布局规划规定特定地域空间进行营业(图4-13)。在3年的免税期完成之后，营利性医疗机构须向工商局和卫生局上交营业收入的2%和5%，正式在管理上进行完善医疗服务的市场化运作。

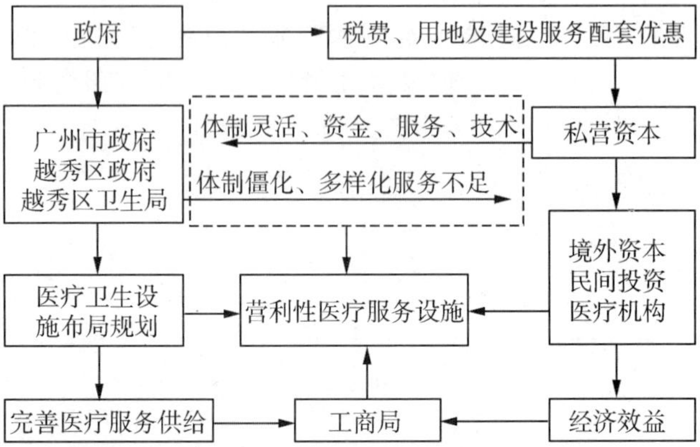

图4-13　私营资本的医疗机构供给嵌入机制①

2）医疗服务设施供给社会化——慈善医疗机构模式

转型期以来，广州利用沿海地理区位优势及国家的灵活政策，成为我国社会经济发展和体制改革的先锋。但在经济整体发展的背景下，由于客观或主观原因，一部分居民的经济收入并未提高，且整体生活水平和生活质量仍有下降趋势，就医困难就是最为明显的体现之一。广州毗邻香港，社会人员往来频繁，容易从香港引进较为先进的社会福利理念、设施，所以广州市社会福利体制构建领先国内其他城市。2002年全国第一家慈善医院——广州慈善医院成立，其实早从1996年开始，广州慈善总会就陆续在全市设立慈善门诊20多家。

越秀是广州中心城区，也是慈善医疗机构分布最为聚集的地方，目前越秀区共有慈善医疗机构(包括门诊和医院)5家(表4-3)。由于广州慈善事业仍处于起步阶段，慈善医疗机构成立和发展主要是源于政府的扶持。以广州慈善医院为例，其建设投资总额为13 595.8万元，其中广州市政府拨款4 048万，接受社会捐赠9 547.8万，构成了其全部的运营资金，因此其性质应该定位为各级民政部门支持下的公立医院，同时被授予慈善救助的职责，这种模式也是目前我国慈善医院的主流。

① 2009年12月15日在越秀区卫生局与医政科何文力科长进行访谈。

表 4-3 越秀区慈善医疗机构

序号	名 称	地 址
1	广州市佛教协会慈善中医门诊	广州市德政北路 427、429 号首层
2	越秀区红十字会医院	越秀区朝天路 64 号
3	越秀区东山福利院	越秀区文明路 244 号
4	越秀区第一人民医院慈善门诊	越秀区正南路 6 号
5	越秀区第三人民医院华乐分院	越秀区淘金路 34 号

在慈善医疗机构成立及运行机制上，体现了政府与社会非营利组织合作特征，本质上是政府委托非营利组织提供医疗服务设施模式(G—S)。在特定区域层次或针对特定人群，政府和非营利组织在医疗服务设施供给上形成互动、互补关系。从非营利性慈善机构的发展过程上看，最初是非营利组织出于志愿服务、慈善精神及专业组织功能，自筹资金、人力，利用自身力量进行医疗服务提供。例如，广东省佛教协会于 2000 年在荔湾区德政北路成立慈善中医诊所，就是非营利组织依靠自身力量参与医疗服务设施供给的典型。随着广州市政府出于经济发展过程中"非经济层面问题"关注，采取措施济贫救困，维护社会公平正义。因此广州民政、越秀区卫生部门就通过拨款进行投入支持，并对募捐等社会筹款方式进行规范，同时政府规划部门在用地等方面给予政策支持。通过获取政府拨款和募捐，非营利组织获得慈善医疗机构运营资金，其具体参与供给方式是建设慈善医院和开办慈善门诊部，为特定贫困人口提供免费或优惠的医疗服务。医疗服务设施提供的非营利组织供给机制如图 4-14 所示。

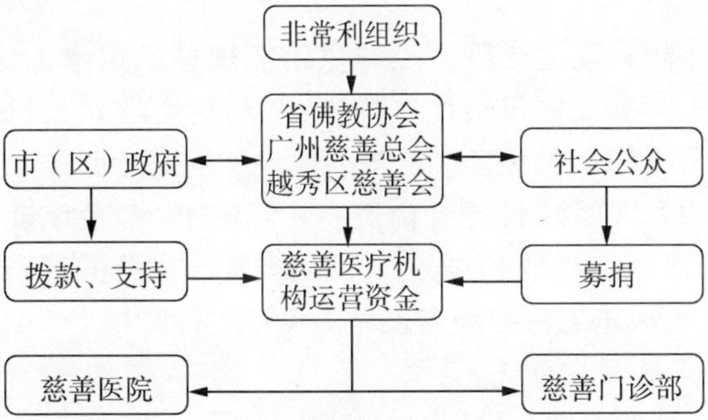

图 4-14 医疗服务设施社会化供给模式①

① 2009 年 12 月 15 日在越秀区卫生局与医政科何科长进行访谈。

4.2.4 转型期:政府主导的医疗服务设施多元化供给综合模式

1) 多元参与的供给主体机构

改革开放以来,随着医疗服务体制改革推进,政府鼓励多元化资金参与医疗服务设施供给,使医疗服务机构的供给模式逐步多元化。从 1978 年到 2009 年 10 月,越秀区陆续成立了 257 家医疗服务机构,所有制形式多样化,包括全民所有制、集体所有制、股份制和中外合资、私人创办及社会慈善医疗机构。如图 4-15 所示,全民所有制医疗服务机构 78 家,集体所有制医疗服务机构 15 家,股份制、中外合资 4 家,私人创办医疗服务设施 150 家。另外社会力量参与办学,目前共有慈善医院和诊所 5 家,其具体名称及地址见表 4-3。

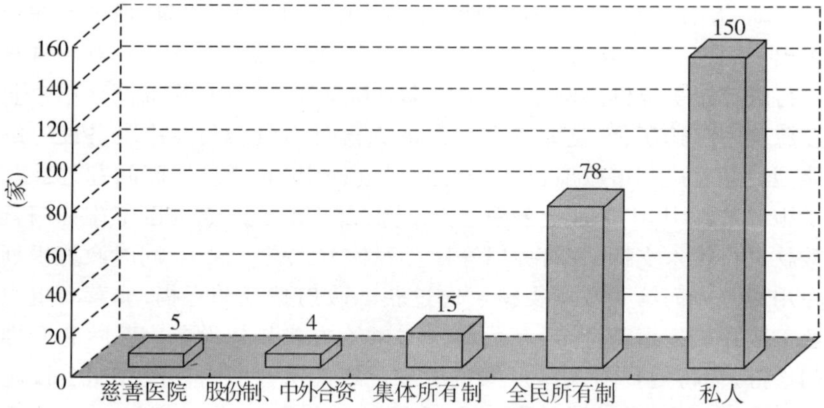

图 4-15 越秀区医疗机构属性特征

转型期以来越秀区医疗服务设施供给总规模迅速增加,其主要原因是同期营利性医疗服务设施供给快速增加,营利性质的私人机构、股份制、中外合资医疗服务机构及慈善医疗设施都是转型期医疗服务设施供给过程中的新类型。其中私人医疗服务机构规模达 150 家,占医疗设施总规模近一半;这说明在市场经济转型期,准公共物品类服务设施的赢利能力吸引多种社会资本投入,可以丰富医疗服务设施的供给主体结构。

2) 供给模式的制度设计

(1) 政府主导的多样化供给决策机制

医疗服务设施具有显著的公共物品性质特征,其供给事关公众的根本利益和社会公平。因此政府在医疗服务设施供给中处于决策机制的核心地位,决定公立医院投资建设、运营和管理;同时政府提供政策优惠,对社会资本举办医疗服务设施在用地及公共服务设施配套费用征收上给予减免，支持民间投资、国际资本及私营医疗机构参与医疗服务设施市场化过程，因此转型期医疗服务设施供给体现出政府主导下的多样化供给决策机制。政府决定公立医疗机构的投资、建设及运营管理，市场私营组织在政府政策优惠及医疗服务设施空间布局规划约束下嵌入医疗服务设施供给，而非营利组织（广州慈善总会等）基于志愿精神进行医疗服务设施供给决策。

（2）安排生产垂直分离的提供机制

与计划经济时代不同，转型期以来的医疗服务设施供给与实际生产、运营和管理具有分离趋势。对于具有显著外部性的医疗服务设施，政府对公众的医疗服务需求具有供给责任，仍是其最有力的主导力量和供给主体。但政府的供给责任并不一定意味着政府必须包办供给规划、建设、运营管理全过程，政府可以通过合理的制度安排和设计组织市场、非营利组织或公众参与医疗服务设施供给和监督，能够提高公共服务供给的多样化程度和供给效率。《广州市医疗机构准入标准》进一步放宽社会力量参与医疗设施供给标准，只要所申办医疗机构的场地面积、资金、人员、设备等能达到规定的标准，且符合医疗资源规划布局，就可申领开办医疗机构营业执照。在卫生资源相对过剩的地区，也鼓励投资者通过收购、重组现有医疗机构的方式，办民营医疗机构。

（3）体制内约束为主监督机制

在政府主导的供给决策及提供生产机制安排下，相应的监督机制也是有政府组织和安排。政府的卫生部门（越秀区卫生局）是监督机制的主要实施主体，对营利性医疗服务机构的监督主要体现在申报、年审及行业卫生标准的执行情况，保障民办医疗机构的合法营业和医疗服务提供质量。工商部门在民办医疗机构的3年免税期间结束后，也从是否照章纳税的角度监督医疗服务机构的运营过程。对非营利性质的医疗服务机构，主要是监督其非营利性运作过程，对其运营过程的利润获取及分配进行监管。值得注意的是，在国外公共服务设施供给过程中最具监督功能的非营利组织在转型期医疗服务设施供给模式中并无体现。

总体上看，转型期越秀区医疗服务设施供给模式具有政府主导下的多元化发展趋势。基于公益性目标的追求，政府是医疗服务设施供给的核心主体，对市场营利组织和社会非营利组织的医疗服务设施供给具有指导和监督作用。首先是确定公立非营利医疗服务机构的主体地位，并借此对营利性和慈善医疗服务设施进行行业指导。通过税收、管理费及服务设施配套优惠，吸纳私营资本投入医疗服务设施生产，丰富医疗服务设施供给，满足多样化、多层次医疗服务设施需求；为了关注社会贫困群体的医疗服务需求，政府资助非营利组织的医疗服务设施，主要方式是市政府和民政局拨款，并赋予非营利组织的合法募捐地位，通过拨款和募捐两条途径扶持非营利组织医疗服务设施供给起步、发展其运作机制，如图 4-16。

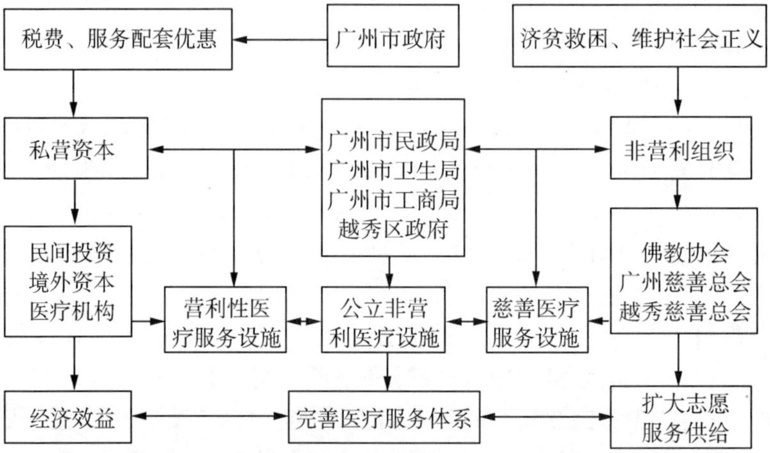

图 4-16 越秀区医疗服务设施供给综合模式

4.3 事件分析：花都区中小学"撤点并校"之惑

花都中小学"撤点并校"是在政府主导教育设施供给模式下的布点调整策略，为了进一步了解该政策执行过程中不同参与主体利益定位及益损博弈关系，以花都区新华镇的新红棉小学、碳步镇第二小学和赤坭镇白坭小学做案例点，选取一、二、三年级共 10 个班，发放问卷，让学生带回去请家长填写，次日带回。按照标准班制，每班 50 人，准备问卷 500 份(问卷见附录三)；问卷于 2010 年 1 月 12 日发放，13 日带回，扣除家长未填、学生忘带及无效问卷，收回有效问卷 374 份，占问卷总量的 74.8%。本文以 374 份问卷为样本，结合对花都区 7 镇 1 街实地调研认识，分析花都中小学教育设施"撤点并校"过程中的问题和特征。

4.3.1 典型性：中小学教育设施供给中的"国退民进"趋势

在花都中小学教育设施"撤点并校"过程中，政府主办的公立学校规模锐减，市场主导的民办学校规模递增；政府教育投资规模递减，而学生就学辅助成本递增，这四个方面共同导致中小学教育设施供给过程中的"国退民进”趋势。

1）近8年花都区公立中小学规模锐减51.9%

2001年，花都制定全区中小学布局调整实施方案。2003年9月，花都区全面启动创建广东省教育强区工程，以建设教育强镇为突破口，对中小学进行撤销、合并。其中2004年撤并中小学校91所，2005年撤并8所，两年间41.8%的中小学被撤并。到2009年，花都区中小学学校规模从2001年的237所降到了114所，8年共撤并学校123所，占总规模的51.9%(图4-17)。

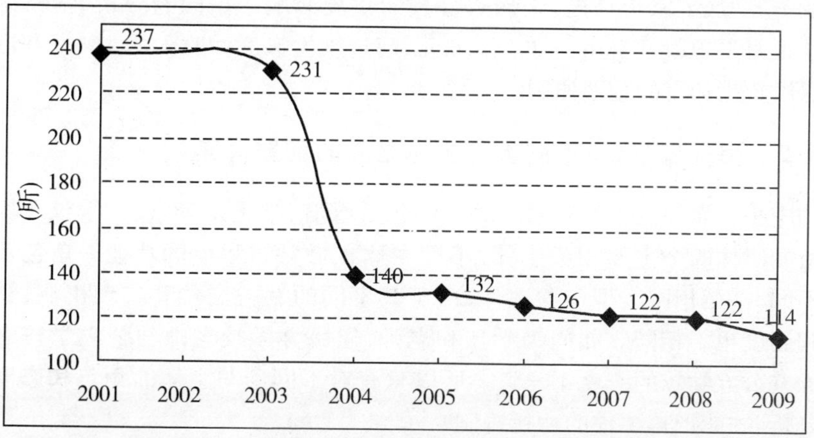

图4-17　2001—2009年花都区公办中小规模变化

2）民办学校从无到有，9年增加到26所

从2000年花都成立第一所民办学校起，9年间花都民办学校增加到26所(附录一)，学生规模达到25 104人。“撤点并校”使原来就读公立学校的学生开始分流，问卷调查显示有49%的家长认为有学生因“撤点并校”就读民办学校，从而使民办学校获得新的发展机遇。据2005年和2009年花都区教育局工作总结数据，花都区民办中小学学校从2005年的21所增加到2009年的26所，学生规模也从21 619人上升到25 104人，年均增加学校0.75所、学生871人。

3）近5年花都教育投资预算支出比重年均减少1.6%

从2005年起花都教育投资总额和占一般财政预算支出比重已经从第一位降到行政费用支出之后，居第二位了。2005年以来花都区教育投资规模占预算支出比重持续下降，从23.2%降低到16.8%，年均降低1.6个百分点，意味着基础教育投资年均减少3 960万元。从时间上看，与2004—2005年花都撤并99所学校契合，说明撤点并校确实可以降低教育投资规模。因此,通过撤点并校实现学校集中、教育资源集中是缓解区级政府财政压力的重要途径。

4) 撤点并校后生均就学费用增加超过家庭收入的15%

撤点并校使公立教育资源更加集中,且倾向聚集在片区中心或镇区,使原本相对边缘或偏远地区的教育资源更加稀缺,导致学生就学距离增加,改变了撤并前学生步行上学、在家就餐的安排,乘坐校车(目前花都的校车全部由私人运营,学生付费乘坐)和在校用餐,交通及食宿费用增加了学生就学成本,增加了家长负担,是撤点并校的重要影响。据问卷分析,学校撤并后学生月平均就学费用增加139.8元,超过学生家庭月收入的15%,是近年来居民负担加重的重要原因。

4.3.2 相关者分析:不同参与主体之间的利益博弈

中小学撤并过程的利益相关主体包括政府、学生及其家长、学校及教师及新闻媒体四个主要相关主体,不同主体在撤并过程中的功能—角色及态度不同,甚至相同类型参与主体,由于其不同的利益定位和实现机制,其角色和态度也不相同。如同为学校和老师,但民办学校老师与公立学校老师对撤并公立学校的态度不一致。所以只有对不同参与主体的角色和态度详细分析,才能把握事件的运行机制。

1) 政府

(1) 功能—角色分析

政府职能包括政治、经济、社会、文化等全部内容,是由政府责任决定的。而教育是具有强烈正外部效应的公共物品,是政府合法性存在的基础。教育设施属于稀缺资源,要求政府教育投入的合理性,才能保证基本教育服务的公平性,其实现方式就是政府公共财政的合理分配。所以当前义务教育投入不足,根本上体现了公共财政与政府责任的关系,也是社会不公平延伸到教育领域的体现。其根本出路在于基础教育投资的合理调整:包括上移投资主体重心,明确投资分担机制;调整教育投资观念,转变教育投资重点;加强义务教育财政投入监督(孙荣,朱梦佳,2006)。

(2) 撤点并校态度

花都区政府坚决支持并稳步推进中小学撤点并校。主要有两个方面的原因:一是"教育创强"行政要求。广州市在确定创建"教育强市"目标之后,在全市推进"教育强区"运动;遵照市级政府要求,花都区2003确立"教育强区"计划,并安排了"教育强镇"推进时间表。2007年全区7镇1街全部通过"教育强镇"验收,实现"强区无弱镇"目标。第二方面原因在于基础教育投资结构的调整,使教育投资重心进一步下移。区级政府的财政负担加重,基于教育投资规模压力,区级政府也希望能通过压缩学校规模、压缩教育投资以缓解财政压力。因此政府非常支持并积极推进中小学教育设施撤并。

2) 学生及其家长

(1) 功能—角色分析

中小学生是基础教育设施的直接使用主体,而作为监护人,学生家长负有就学学校选择、费用承担等各个方面责任,所以学生及其家长是中小学撤并最直接的利益相关主体,对学校撤并决策应该最有发言权,应该作为教育设施供给最为重要的决策主体之一。但在实践中,学生及家长的就学意愿并没有被纳入决策范围,只能被动地接受各种教育设施的调整的结果。因此,撤点并校违背了义务教育"需求决定供给"的原则,不利于实现义务教育公平。

(2) 撤点并校态度

大多公众对撤点并校改革持反对意见,原因有二:一是撤点并校使学校逐步集中在片区或街镇中心地区,导致大部分学生上学舍近求远,增加了就学难度;距离增加也改变了就学方式,只能通过乘坐校车往返或寄宿在学校,不论哪种方式都增加了家长的负担和学生求学的不安全程度。第二个原因是学校撤并程序不规范,工作方法粗糙,民主程序缺乏。由于政府在撤并过程中的沟通、协商不够,尤其是对撤并后学生就学困难的解决途径没有进行详细安排。更有甚者是以"休克疗法"的方式完成撤并,在学生及家长毫不知情的情况下,学校就突然关门了,置学生及家长的教育权益不顾,引起家长对学校撤并工作的抵制。如花都区花东镇莘田二小就曾因撤并学校的粗暴方式引起家长强烈不满,甚至警民冲突。

3) 学校及教师

(1) 功能—角色分析

教师和学校是教育设施的重要构成部分,对学生就学有着决定性的影响。在传统行政体制和城市管制模式下,政府是中小学教育设施的唯一供给和生产主体,中小学教师和学校都是由政府配置,作为社会福利为学生服务。随着对公共物品属性认识的加深,政府作为教育设施的供给和生产主体开始分离,对于教育设施供给也开始吸纳社会资本投入。例如在花都雅瑶镇,民办中小学各一所,学生规模 2009 年达到 1 846 人,稍超过公立学校学生规模(1 792 人),说明目前花都区基础教育中非政府投资已占较大比重,成为教育投资的重要组成部分。但由于民办学校逐利动机,在学校设备设施及教师素质把关上都不严格、不规范,且各类教学事故较多。所以有条件的外来人口子女及本地学龄儿童一般不会选择民办学校就读。

(2) 撤点并校态度

学校和教师属于政府教育部门的下属机构,与政府教育部门的意见保持一致。但由于公立和民办学校的办学体制、价值导向及生存环境的不同,二者在学生来源上是保持竞争关系。公立学校的撤点并校,其主要影响就是学生就学距离远、负担加重,且公立学校由于体制不灵活,对学生面临问题反应不够灵敏,不能解决撤点并校中的问题,造成学生生源的流失。例如目前花都区没有一所公立学校配备校车,而几乎所有民办学校都配备校车,在被撤并学校的学生中,有49%的家长认为有很多公立学生分流到民办学校了。因此,体制灵活的民办学校能在撤点并校背景下获得更大的发展空间,对学校撤并抱支持态度,而公立学校与政府及教育部门态度保持一致,对中小学撤并持支持态度。

4) 新闻媒体

(1) 功能—角色分析

新闻媒体话语权在当前这个变革的时代被赋予社会转型重要推动力量,越来越注重贴近民生与人本语境,努力关注公众话语权,表达公众意见,为决策提供建言和参考。教育设施布局调整造成学生就学困难、家长负担加重、教育资源的浪费等问题也都引起新闻媒体的广泛关注。对花都撤点并校关注较多的媒体包括《南方农村报》、《南方都市报》及《南方日报》等。媒体就教育改革的民主决策不足、基础教育投资结构弊端进行多方面分析,并联系教育部新近颁发的《关于贯彻落实科学发展观 进一步推进义务教育均衡发展的意见》,针对问题提出解决思路,对公众进行了广泛的教育改革知识普及,同时也为公众交流及社会办学的监督提供思路指导和监督平台。

(2) 撤点并校态度

新闻媒体本质上是真实反映公众对热点问题的思考,并进行舆论导向的工具,是公众诉求表达重要途径。在撤点并校过程中,基于所产生的负面影响和作用,新闻媒体也从多个视角进行剖析,目的在于分析问题根源并提出建议。相关媒体集中关注撤点并校过程中的民主决策缺失及政府教育投资责任的转嫁问题,认为教育设施布局调整要尊重家长意见,以居民需求为导向进行民主决策,且强调政府基础教育投资的主体地位,维护义务教育公平。

综上,在中小学撤点并校过程中,构成了以学校撤并为焦点的政府、学生及其家长、学校及教师和新闻媒体等多方参与的相关网络(图4-18)。政府是学校撤并进程的主导者,通过行政指令多种方式推进学校撤并,而由于决策程序不够规范、民主,引起公众不满甚至抵制;公立学校服从教育行政部门的指令,支持学校撤并;但民办学校和外来人口对中小学学校撤并关注不多。基于竞争优势的提升,民办学校对公立学校撤并甚至抱支持态度;新闻媒体关注程度不够充分,但对核心问题进行了源头分析,认为政府要在教育公共决策过程中要更加科学民主,要基于"需求决定供给"的原则实施基础教育布局调整,同时提出要调整基础教育投资结构,确立政府尤其是中央和省级政府在教育投资中的主体地位。

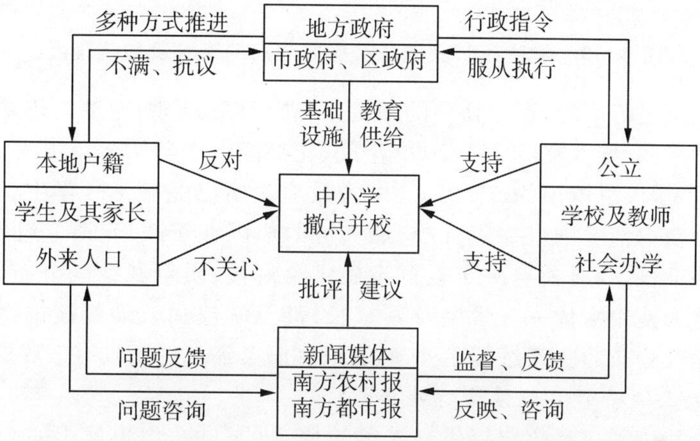

图 4-18 中小学撤并相关者利益主体

4.3.3 撤点并校特征:政府垄断供给决策背景下公众被动选择

1) 政府垄断中小学撤并决策

政府的学校撤并决策缺乏规范的实施程序,没有与相关利益群体进行广泛沟通与协商。在学校撤并的消息来源上,大部分学生家长是到撤并前不久才知道,甚至有21%的家长表示直到学校撤并时才知道学校要撤并,而认为全部了解学校撤并的学生家长占家长总规模比重不足三分之一(29%);如图 4-19 所示,对于消息的来源,来自学校通知的比例最高,占40%,而来自政府公告比例最低,仅 8%;消息来自其他家长及自己偶然获得的比例都为 26%。从学生家长对学校撤并知晓程度及消息来源上看,政府及教育部门在撤并前并没有进行广泛的宣传,引导居民加强对撤点并校的关注,增进各方了解、沟通和支持,扩大决策的参与主体,这是引起公众反感和抵制的直接原因。

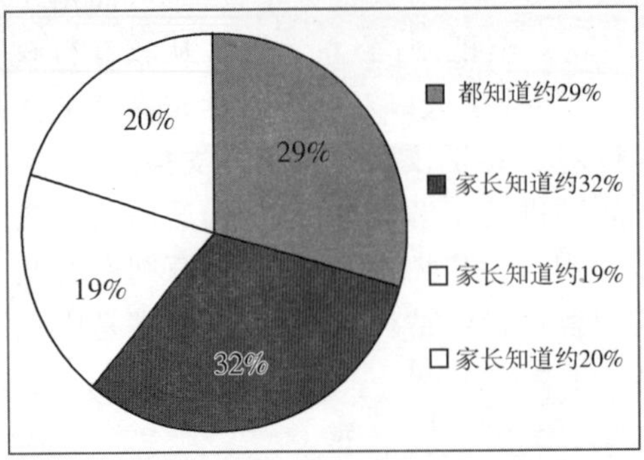

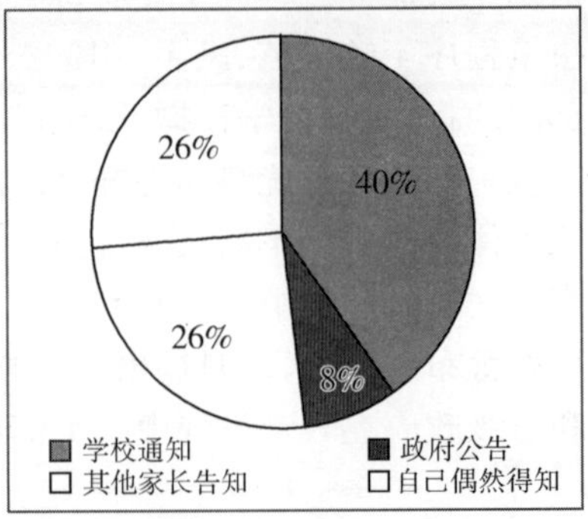

图 4-19　学生家长获知学校撤并消息的来源及知晓程度

在没有进行广泛宣传、协商的前提下，花都区政府教育部门仍是迅速推进中小学撤并，导致在 2000—2009 年间，花都区中小学从 237 所减少到 114 所，撤并了学校总规模的 51.9%。地方政府之所以能够不顾学生就学及其家庭实际负担情况推进撤点并校，最关键的原因在于政府部门垄断教育设施供给决策权，政府独自决定教育设施供给规模、质量及空间分布，而作为教育设施的使用主体——学生及其家长，甚至学校和教师都被排除在教育设施供给及分布的决策过程之外，教育设施服务需求得不到有效尊重。

2）对公众受教育权缺乏有效尊重

公众教育需求是政府提供义务教育服务的目的，但事实上对公众享受教育服务权利缺乏有效尊重和机制保障。在花都区学校撤并的过程中，有 12%的家长明确表示反对学校撤并，同时有 48%的家长不赞成学校撤并，但认为自己无法阻止，所以，共有 60%的家长不赞成学校撤并，远远超过支持学校撤并的家长比重(32%)，只有 8%的家长对学校撤并不甚关注，说明学校撤并引起公众的广泛关注。以上数据表明有超过 90%的公众知晓并关注学校撤并事件，但有 60%的反对意见仍无法阻止学校撤并进程；如图4-20，近一半(48%)的家长虽反对撤并但因自己无能为力阻止，采取一种消极应对态度，一方面印证了公民社会仍在发育中的现实，公众的公民意识及责任感不强；另一方面也说明公众对政府决策机制的无奈和失望，公众不能参与事关自己切身利益的政府决策过程，甚至没有表达意愿和诉求的机制安排。

3）公众利益诉求表达路径缺失

由于认为“无法阻止”政府的学校撤并进程，73%的居民选择不曾向相关部门表达其对于学校撤并态度。另有 27%家长向村委、镇政府(12%)、子女就读学校(13%)、新闻媒体(1%)及求助法律(1%)表达了对学校撤并的不满，但认为诉求表达没有效果的比重高达 45%，而效果非常一般的比重为

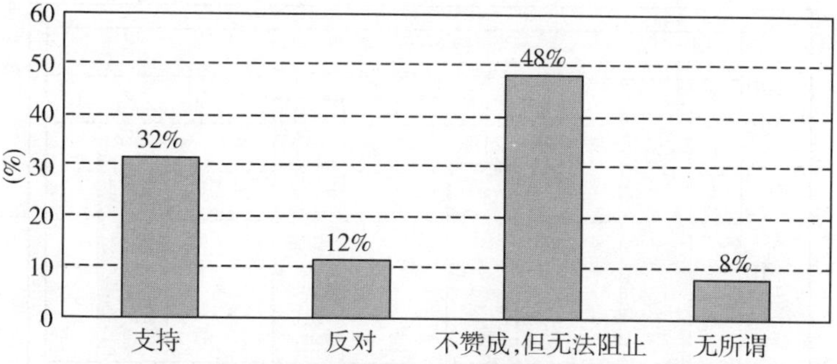

图 4-20 家长对学校撤并态度

32%,即共有77%的家长认为其就学校撤问题向相关部门的诉求表达效果不理想(图 4-21)。因此,在政府垄断教育设施供给决策背景下,居民意见表达缺乏正常反馈渠道和机制保障,使家长在学校撤并过程中的利益诉求缺乏尊重和有效表达。而利益诉求表达效果不明显会进一步降低公众参与的积极性,从而形成公共政策过程中公众参与缺失的恶性循环。

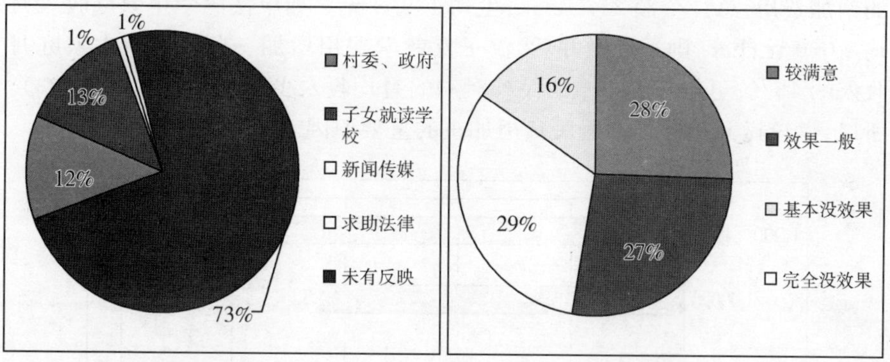

图 4-21 学生家长诉求表达路径及结果

4) 增加就学辅助成本,加重学生家庭负担

在就学距离上,86%的家长认为学校撤并后子女入学距离更远,这也是家长反对学校撤并的最主要原因,其次是加重家庭负担(图 4-22)。在给出大概增加距离的157个样本中,就学距离共增加546.5公里,每个学龄儿童平均增加3.48公里。其中距离增加最大值达到20公里。就学距离的增加,改变了上下学的交通方式。除去部分学生由家长用私家车或摩托车接送外,大多学生都从撤并前的“步行”改为乘坐“校车”,也使家长由撤并前的“方便安全”,变得“麻烦担心”。

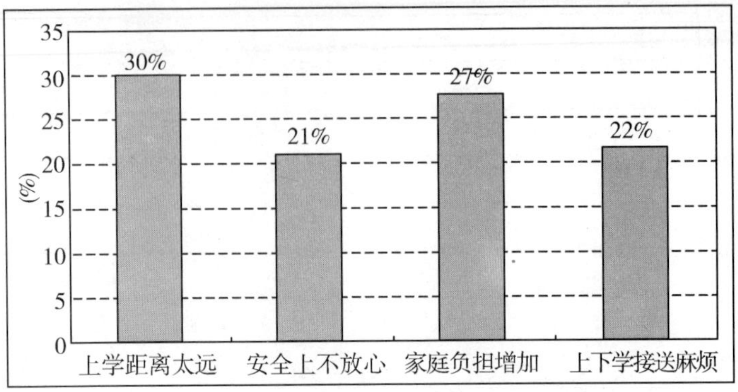

图 4-22 学生家长反对学校撤并的原因

就学距离增加，改变了撤并前学生步行上学、在家就餐的安排，乘坐校车(目前花都的校车全部由私人运营，学生付费乘坐)和在校用餐，交通及食宿费用增加了学生就学成本，增加了家长负担，这些是撤点并校的重要影响。在有效样本中，共有 177 位家长估计了学校撤并后其子女上学平均每月的增加费用，总计金额 24 740 元，生均 139.8 元。如果按照学生家庭收入月均 1 000 元计算，则学校撤并后，仅子女就学费用增加一项支出就占家庭月收入的 15%，更何况大多数居民(55%)的月均收入少于 1 000 元(图 4-23)。所以，学校撤并是近年来居民负担加重的重要原因。

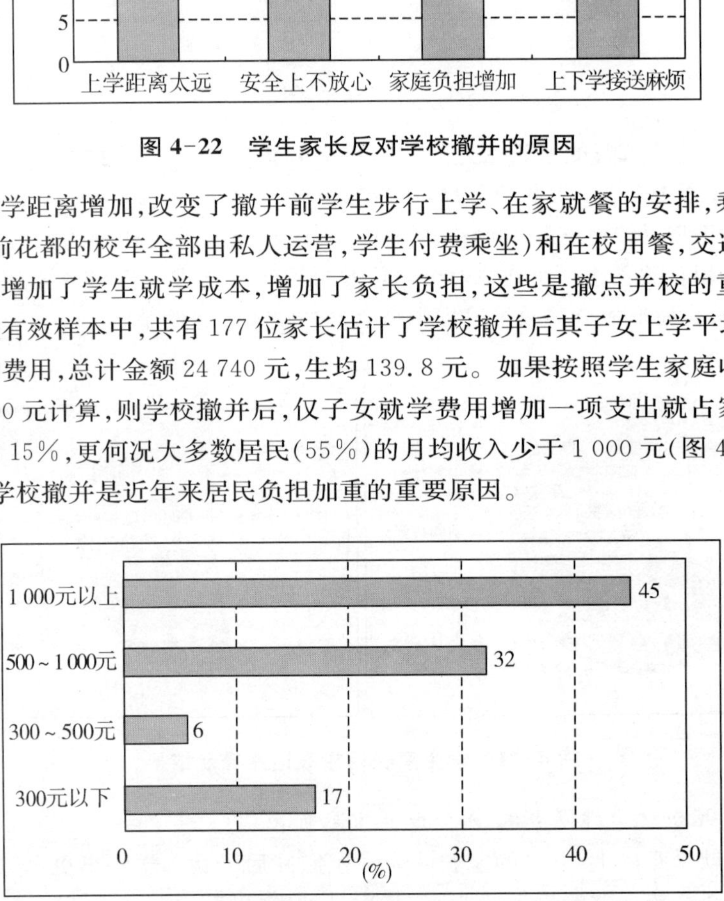

图 4-23 学生家庭月收入分布图

5）教学质量并无明显提高

“撤点并校”的一个重要目的就是合理配置教育资源，提高教育质量，让更多更广范围内的学龄儿童能够享有优质教育的机会。但如图 4-24 所示，

52%的家长认为撤并前后的学校教学质量并没有明显变化，远超过认为撤并后教学质量更好的家长比重(26%)。甚至有22%的家长认为学校撤并之后教学质量更差了，“孩子的成绩直线下降就是最好的证明”(家长在问卷上的留言)。因此，虽“撤点并校”政策已实施近8年，但其对教育质量提高的作用仍有待证实。

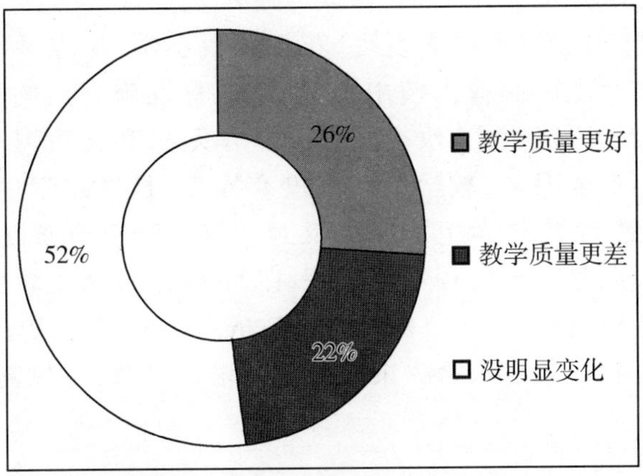

图4-24　撤点并校后教学质量变化

6) 学校撤并加剧学生去向的社会分化

“撤点并校”导致学生去向分流，是未来社会阶层分化的基础。根据问卷调查数据，在被采访的家长中，有68%的家长认为在“撤点并校”背景下，有学生选择就读城区优质学校，有50%的家长认为撤点并校使部分学生选择了就读民办学校，而15%的家长表示“撤点并校”是学生辍学率回升的重要原因(图4-25)。因此，基于“撤点并校”的作用，学生去向分流明显，经济

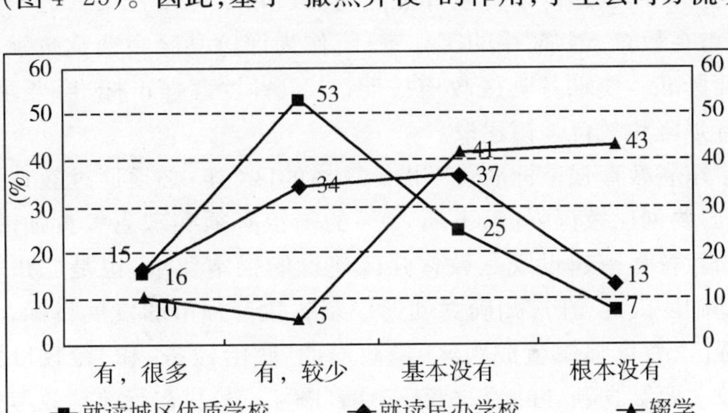

图4-25　“撤点并校”下的学生分流

条件较好的学生去城区就读优质学校,条件较差的学生只能就读民办学校甚至失学。基础教育阶段的学生分流,是未来社会阶层分化的基础。正如哈维指出,公共服务设施的聚集模式不仅与它们加剧或改善了社会经济分异有关,而且它们还与更广泛的社会空间辩证有关。邻里间稀缺资源特别是教育设施接近性的差异,有助于将邻里在"市场能力"(在经济秩序中发挥特定功能的能力)中的差异性从一代人传到另一代人(Harvey. D, 1975)。

综上所述,通过问卷调查发现,花都区中小学"撤点并校"使公立学校更加集中在片区中心或街镇中心,注重教育设施利用的规模效益,但空间分布不均衡特征突出,改变了学生就学距离和食宿习惯,增加就学辅助成本和不安全因素,教学质量并没有提高,且导致学生分流和社会分化,受到超过60%的学生家长的反对。但由于政府垄断教育设施供给及空间分布调整决策过程不科学民主,不尊重公众受教育权,使公众利益诉求表达机制缺失,只能被动接受政府垄断背景下中小学教育设施"撤点并校"过程。政府供给决策与公众需求相脱节,是供需矛盾产生的根源。

4.3.4 撤点并校动力机制:行政目标主导下的政府责任转嫁

撤点并校的影响因素主要包括构建教育强市行政目标、义务教育投资结构的调整及教育发展政策的偏向理解三个方面,共同促进中小学撤并进程。

1) 广州创建广东省教育强市的行政要求

2002年广州市确立创建教育强市目标,广州市政府分别与各有关区(县级市)政府签订了《创建广东省教育强区(县级市)目标责任书》,进一步落实各区、县级市在教育"创强"中的工作责任,作为评价县区主要党政领导干部实绩的重要标准。要求各县区政府按照《广东省教育强市标准》要求,推进广东省教育强区和教育强镇建设。

基于广东省教育强市标准,广州市70%的区(县)必须通过教育强区验收,而区(县)要创建教育强区,下属70%的街镇必须实现省教育强镇建设,所以花都的教育强镇建设既是教育强区建设的根本要求,也是广州教育强市创建的基础。因此,在广州确立创建广东省教育强市的发展目标之后,创建省教育强区、教育强镇就成为区、镇政府的"政治任务"和"行政目标",并被纳入各政主要级党领导的绩效考核范畴(图4-26)。在行政绩效考核压力下,区、镇政府迅速推动辖区的教育创强工作,在此背景下,中小学的"撤点并校"成为各镇教育创强的首选行动。

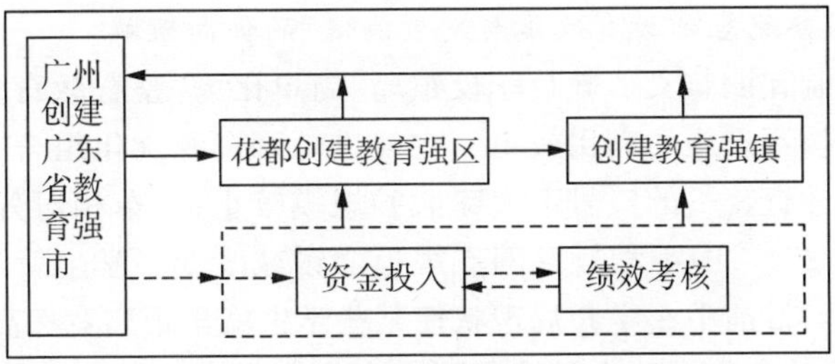

图 4-26 广州市教育“创强”行政目标系统

通过“撤点并校”，花都区教育强镇的创建成果逐步凸显。2005—2006年，新华街、花山镇、狮岭镇、炭步镇、赤坭镇、花东镇顺利通过了省教育强镇的督导验收，为花都区申报教育强区奠定坚实的基础。2007 年 3 月，花都区被省人民政府授予“广东省教育强区”称号。同年 5 月和 12 月，雅瑶镇和梯面镇也顺利通过了省教育强镇的督导验收。至此，花都区 7 镇 1 街全部通过省教育强镇督导验收，实现了“强区无弱镇”的教育发展目标，“创强”成果得到进一步的巩固和扩大，为广州市顺利通过省教育强市督导验收作出了积极的贡献。

2）义务教育投资结构的调整，增加区级政府财政负担

我国经济发展迅速，但教育投入增长幅度不大，原计划在 2000 年教育投入占财政支出的 4%，但目前仍只占 3.8%，所以地方教育投资不足。尤其是在义务教育投资结构调整之后，确立地方政府负责、分级管理、以县为主的教育投入体系。广州市教育投资也由“市、区、镇”三级投入，改革为“区、镇”两级结构，区级政府成为教育投入责任主体，增加区级政府财政负担。如 2009 年花都区财政预算支出计划表所示，其中教育支出金额高达 6.7 亿，占区财政预算支出比重的 20.41%，仅次于基本公共服务支出的 8.58 亿(表 4-4)。如图 4-28 所示，在 2000—2008 年间，花都区教育投资从 1.08 亿迅速增加到 5.04 亿，年均增加教育投资 0.5 亿，成为区级政府财政压力的主要来源。

表 4-4 2009 年花都区财政预算支出计划表

支出项目	基本公共管理	公共安全	教育	科学技术	文化体育传媒	社会保障就业	医疗卫生	环境保护	城乡社区事务	农林水事务	交通运输	采掘电力信息	其他支出	合计
支出金额	8.58	4.11	6.70	0.99	0.50	2.65	1.83	0.33	2.35	1.09	0.19	1.75	1.60	32.67
占总支出比重	26.26	12.58	20.51	3.03	1.53	8.11	5.60	1.01	7.19	3.34	0.58	5.37	4.89	100

3）对“国务院基础教育改革与发展决定”的偏向理解

将“因地制宜调整义务教育学校布局”简单化为“整合教育资源，优化学校布局，提高教育设施的利用效率”，在促进教育资源优化组合、缩小区域教育差距、促进教育公平的口号下大肆撤并规模较小、分布相对分散的义务教育网点(图 4-27)。中小学教育网点规模的锐减改变了学生就学的可达性，问卷调查显示，目前中小学布局现状使某些学生就学距离竟然高达 20 公里。一些距离较远的学生只能在学校周围投亲靠友借宿读书，甚至由父母作伴，在学校周边租房读书，增加学生就学支出，也影响学生家长正常的生活秩序。而政府偏向理解国家教育政策的实质是希望通过缩减学校规模，减少教育投资。结合创建广州市“教育强区”的时间进度安排，实行简单“一刀切”的工作方法，将中小学撤并当作工作任务和政绩标杆，不能实事求是，片面追求学校布局调整效果、速度和效率。由此可见，非公众需求导向的公共服务设施供给模式给居民生活带来极大负面影响。

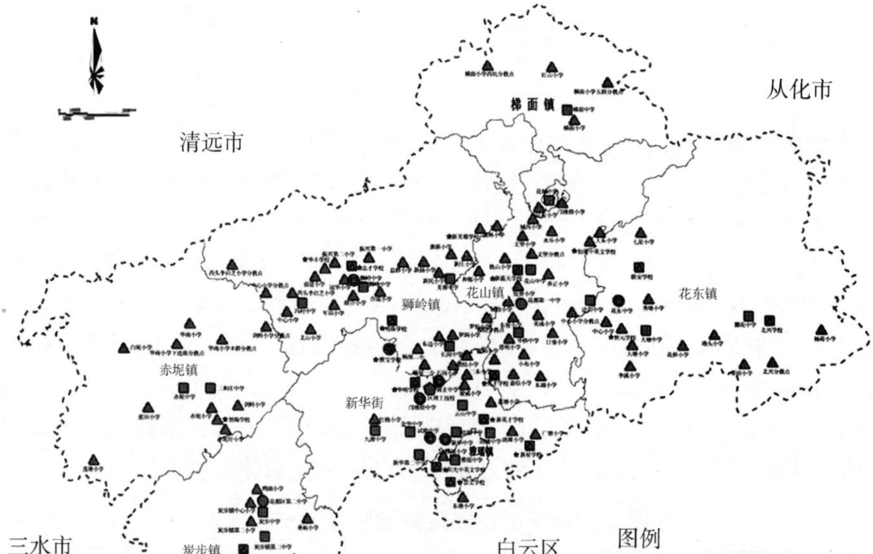

图 4-27　花都中小学空间布局现状图

4）综合作用机制

在义务教育投资结构调整、教育强市行政目标作用下，从两个方面改变了花都区教育设施发展的路径选择:一是确立了花都在创建“广东省教育强区”中的主体责任地位。针对“教育强区”中的省教育强镇比例和等级学校比例等“硬性”指标,花都区政府通过缩减中小学校基数,将市教育创强资金集中使用且加快等级学校建设步伐,撤点并校成为必然选择,以提高教育强镇和等级学校比例。二是调整教育投资结构,基础教育投资重心进一步下移,使区级政府成为投资主体,加重区级政府的财政负担。2000—2008 年以来花都区教育投资从 1.08 亿增加到 5.87 亿元,教育投资绝对量增加了 4.4 倍(图 4-28)。因此,希望通过撤点并校实现学校集中、教育资源集中是转嫁区级政府财政压力的重要途径。

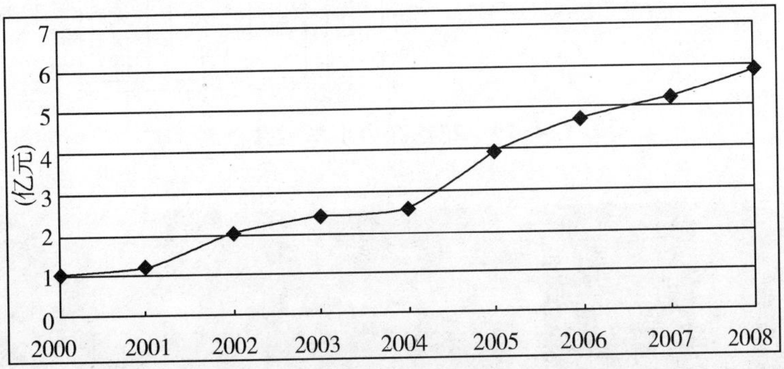

图 4-28 花都区教育投资变化趋势图

从效果上看,撤点并校的后果包括显性后果和隐性后果两个方面,其中显性后果是随着“弱小”学校的撤并,教育设施网点基数减少,等级学校及教育强镇比例迅速提高。到 2007 年全区公办中小学规范化比例达到 100%,实现义务教育“强区无弱镇、镇镇是强镇”的目标,巩固了“创强”成果。另外,在教育创强及学校规模减小的背景下,政府教育投资使部分片区中心和中心城区的公立学校办学条件有所改善,综合作用机制如图 4-29 所示。

但与此同时,撤点并校也带来诸多“隐性后果”。首先是在义务教育投资结构调整中,政府进一步转嫁教育投资主体责任,学生就学辅助成本上升,家庭负担加重;其次学生流向分化,辍学率回升,表现在不同收入阶层家庭子女在撤点并校过程中出现社会分化,产生新的教育不公平;最后是由于学校撤并条件不成熟,教学条件及教学质量没有保证,增加学生就学困难(图 4-30)等;同时,学校撤并导致教育资源大量流失而并未实现合理优化整合配置。

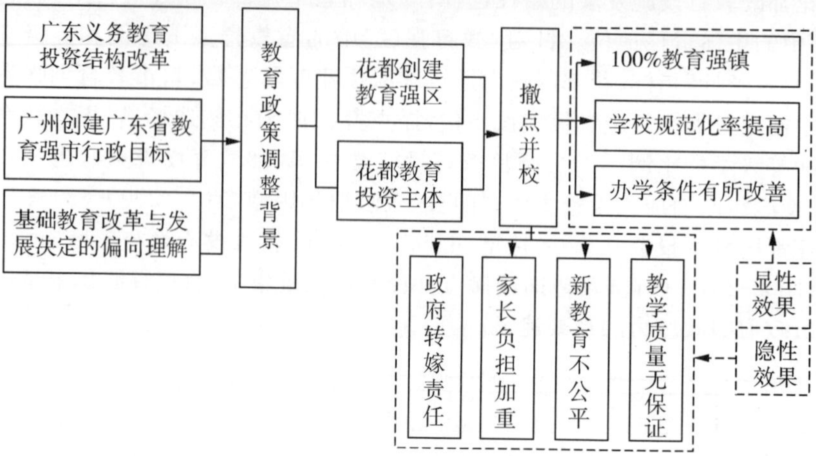

图 4-29　花都区中小学撤并机制

图 4-30　寒风中等待私人校巴的小学生和他们的教室

4.3.5　撤点并校模式启示:公共服务设施供给中的公众需求导向缺失

1）撤点并校策略背景下的教育设施供给模式分析

撤点并校在本质上就是政府主导下的教育设施供给模式调整过程,其结果是政府进一步转嫁义务教育设施的供给主体责任,社会就学辅助成本增加,而市场营利组织则获得更多发展机会。撤点并校下的教育设施供给模式具有以下特征:

(1) 供给主体结构:政府公共部门与市场营利组织主导教育设施供给

目前花都中小学教育设施供给方式包括完全政府供给(G—G)及政府规制下市场供给(M—G)两种类型。政府公共部门主办中小学 114 所,占现有中小学教育设施总规模的81.4%，是教育设施供给的主导力量。在“撤点并校”策略推动下，市场获取越来越多的发展机会，9年来民办学校从无到有，现有中小学校26所，占现有教育设施总规模的18.6%，是公共部门教育设施供给的重要补充，构成二者共同主导花都教育供给的局面。

(2) 供给模式的制度设计

① 行政目标导向下的调整决策机制

从2003年起，广州确立建设“教育强市”的发展目标，要求花都推进“教育强区”建设，并作为区、镇政府的“政治任务”和“行政目标”，被纳入各级党政领导的绩效考核范畴。花都区随后确立“教育强镇”时间表，通过各种途径，花都区7镇1街在2007年实现了教育强镇目标，也完成了“教育强区”目标。而在实现教育强区目标过程中，其关键就是使70%的中小学实现“教育强镇”和“规范化学校”标准，通过撤点并校降低学校总规模基数，是提高规范化学校比率和实现教育强镇的重要途径。因此构建“教育强区”的行政目标是推动撤点并校的决定因素。

② 生产提供机制进一步分离

花都区政府是中小学教育设施提供和生产安排的主体，具有公共服务设施供给责任。但在“撤点并校”过程中，政府公共部门举办小学学校规模从237所锐减到114所，表明由政府完全供给的教育设施规模逐步减少。而在政府发展民办教育的政策支持下，私营资本逐步更多地参与公共服务设施供给，成为政府实现教育设施供给目标下的生产手段。因此在撤点并校作用下，教育设施建设生产功能进一步由市场私营部门替代，体现了生产提供机制进一步分离的趋势。

③ 公众参与及诉求表达的监督机制缺失

教育设施的合理供给和分配是重大民生问题，尤其是义务教育阶段的教育设施，在供给规模及空间布局上须以满足学龄儿童的就近、方便入学为导向，保证“普九”义务教育目标实现。但在“教育创强”过程中，为了实现教育的规范化和标准化，花都政府更多的是在行政目标的压力下，往往是通过《致家长的一封信》就迅速推进学校撤并，而不考虑学生的实际情况及家长的意愿，且制度化的公众意见领袖——人大代表却选择了集体失语。因此除一些市场化的城市精英媒体之外，公众意愿及撤点并校过程中的不民主决策及不科学运作都不被外所知，导致公众参与及诉求表达监督机制缺失，成为引发公众矛盾的焦点。

④ 花都教育设施供给的综合模式

通过问卷调查及供给机制分析，发现转型期花都教育设施供给存在政府主导和政府规制下市场主导两种模式。在完全政府供给模式中,政府公共部门基本负责教育设施供给的全部过程,包括投资、规划设计及运营管理全过程。政府规制下市场主导则是在遵照政府的教育设施供给标准,私营资本根据市场需求决定教育设施提供规模(图 4-31)。但两种模式都忽视公众意愿和教育设施需求,是导致中小学撤并矛盾的根本原因。

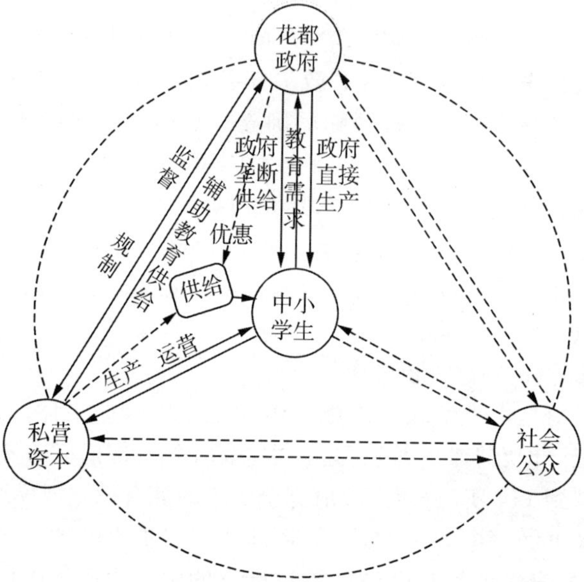

图 4-31 转型期花都区中小学教育设施供给模式

2)"撤点并校"模式启示:公共服务设施供给中公众需求导向缺失

(1) 政府垄断公共服务设施供给决策过程,公众参与机制失效

城市公共服务设施是具有显著外部效应的公共物品,事关公众社会福利及生活质量,甚至会影响到代际公平。但在当前公共服务设施供给实践中,作为我国反映人民群众意见及利益诉求制度化安排的人民代表却出现缺位,没能有效反映居民意愿,这是公众参与不足、居民诉求不能有效表达的重要原因。

在花都中小学撤点并校过程中,正是由于缺乏有效的公众参与和利益诉求的表达机制,73%的家长没有就学校撤并反映自己的态度,27%的家长对学校撤并意见是通过子女就读学校及居委会反馈,但由于学校及居委会是基层政府部门,在当前的科层体制下无法对政府决策提出异议,诉求表达的结果是有高达 77%的家长认为意见反映没有效果或效果非常一般。因此居民对学校撤并的意见无法有效地表达,更无法对政策产生影响。

(2) 基于效率追求的政府决策,忽视公众教育公平的利益诉求

教育的效率是指教育资源配置要形成一定的优势结构,即用有限的教育资源获得教育规模与教育质量的较大发展;而教育的公平,是指法律上要保证每个公民都享有同等的受教育权利,以及相等的接受教育的机会。政府出于减少公共财政中教育投入,实施压缩学校规模的"撤点并校"改革,本质上是政府追求教育效率而忽视教育公平的体现。就义务教育而言,政府必须确立公平优先的价值取向,秉承"公平优先,兼顾效率"的方针,保证义务教育要"以需求决定供给"原则,政府要提供充分的教育设施,保障受教育者在教育设施使用上的机会公平,而"撤点并校"的实质内涵恰恰相反,是为了提升效率而牺牲教育公平。

(3) 相关制度设计不合理,加剧公共服务设施供需矛盾

首先,教育投资结构不合理是政府责任转嫁的制度基础,义务教育对提高国民素质及促进社会经济发展具有全局性、基础性和先导性作用,具有鲜明的"纯公共品"特征,所以政府对基础义务教育具有全部的投入责任。但在实践中,我国义务教育投资主体的政府重心过低,2001 年确定"地方负责,分级管理"和"多渠道筹资"的教育投资结构,使地方政府成为义务教育投资主体,也为政府义务教育投入责任的转嫁提供制度基础。

其次,在当前政绩考核条件下,地方政府逐步演变成为一种准经济主体,其投资取向在于以较少的投入成本获取更多的政治利益。相对其他经济发展投资而言,教育投资是一种长期、效益滞后且政治利益不明显的投资行为。因此,在缺乏公众参与和公共利益监管的背景下,由政府主导中小学教育设施配置,出于减轻财政压力,减少教育投入,尽量压缩教育设施的配置,将义务教育投资责任转嫁给学生家长和社会。"撤点并校"一经提出就迅速在全国蔓延就是当前义务教育设施供给过程中公众参与和监督机制不健全及政府转嫁教育投资责任而导致的后果。

综上所述,通过花都中小学教育设施的"撤点并校"事件分析,可以发现,在当前条件下,政府基于效率和经济发展目标的追求,垄断公共服务设施的供给决策,且由于相关制度设计不合理,加剧公共服务设施供需矛盾。其根源在于目前的公共服务设施供给模式下的供给目的不是出于居民需求满足,而是政府主导或垄断下的政治经济效益追求,仍是传统公共服务设施管制模式的延续。因此要调整服务设施供给模式,明确政府的公共物品类服务设施的投入主体责任,构建政府和居民在服务设施供给过程中协作互动架构,建立以居民教育及其他生活服务需求为导向的服务设施供给模式。

4.4 小结

在社会主义改造完成之后，广州确立了城市公共服务设施供给的政府垄断供给模式，虽在表现形式上有所差别，如教育设施是多层级供给模式，医疗服务机构是双系统供给模式，但不论是教育设施还是医疗服务机构的规划、建设、运营和管理都是由政府部门包办，以单位福利的形式向企事业单位职工免费提供，服务设施参与及筹资主体只有政府公共部门，具有典型的政府垄断供给特征。

改革开放以来，社会经济体制改革赋予市场营利组织和社会力量参与城市公共服务设施供给机会，通过市场化和社会化改革，逐步构建了政府主导，有市场、社会共同参与的多元化供给模式。通过花都中小学"撤点并校"事件分析可以发现，在当前政府主导的多元供给模式下，基于经济建设型政府和城市经营的管理模式特征，政府垄断供给决策过程，市场拥有越来越多的话语权，但体制监督和公众参与的制度化安排失效，使政府利用行政手段转嫁服务设施供给责任，公众的公共服务设施需求难以得到有效尊重，公众只能被动接受政府和市场的公共服务设施供给安排，从而导致供需脱节，矛盾尖锐，这是转型期城市公共服务设施供给模式重构的现实基础。

5 转型期城市公共服务设施供给模式形成机制

转型期以来,城市公共服务设施供给的主体结构及相应制度设计与计划经济时期截然不同,这是经济社会体制综合转型背景下政策力、市场力和社会力共同作用的结果。因此,影响转型期城市公共服务设施供给模式形成的因素可以被归纳为制度政策因素、市场因素和社会因素。本章在比较转型前后城市公共服务设施供给模式变化特征的基础上,从制度政策—市场—社会视角剖析转型期供给模式形成和演化的影响因素,并运用"结构—能动性"理论分析其形成机理。

5.1 转型期城市公共服务设施供给模式变化

5.1.1 供给模式主体结构变化特征

1)供给主体结构由政府垄断转向政府、市场与社会多元参与

城市公共服务设施供给过程由生产者、消费者和安排者三方参与主体构成。社会经济体制转型前,政府是社会公共领域唯一的活动主体,集公共服务设施安排者和生产者于一体,包办一切公共服务设施的生产和提供,政府垄断供给(G—G)是传统社会经济体制下公共服务设施的唯一供给模式;转型期以来,基于分权化改革,政府、市场和社会一体化的利益格局不复存在,城市公共服务设施生产者、消费者和安排者之间角色和权力关系得到了调整,逐步形成政府主导(G—G)、市场主导(M—M)和社会主导(S—S)的三主类供给模式和政府委托市场供给(G—M)、政府委托社会供给(G—S)及政府规制下市场供给(M—G)的三亚类供给模式。政府—市场—社会(G—M—S)三主体联动模式理论上能最有效地实现多元参与主体沟通、合作及利益协调,但由于我国当前公民社会仍处于发育发展阶段,力量薄弱且缺乏相应有效制度安排,政府—市场—社会(G—M—S)三主体联动的供给模式仍非常少见,这也正是当前城市公共服务设施供需问题产生的根源所在。

2)供给主体联系由政府间纵向层级主导转向本地多部门横向协调

在社会经济体制转型过程中,政府围绕公共服务设施供给不断地调整自身角色。改革开放以来,政府通过纵向行政分权和横向市场化、社会化,

使公共服务设施供给主体本土化特征显著，供给主体联系由纵向层级主导转向本地多参与主体的横向协调。

城市公共服务设施供给分为中央供给、中央和地方联合供给及城市政府供给三个类别。在计划经济时期，广州城市公共服务设施供给主体是中央、广东省政府。其运行模式是通过地方政府和基层单位申请立项，由中央政府或上级单位审批，划拨必需建设资源来完成。改革开放后，经过一系列的财政改革和行政放权，地方政府的公共服务设施供给权限被放大了。尤其是1994年财政体制改革建立分税制，明确了中央政府和地方政府（包括城市政府）的财政权力边界，第一次赋予了地方政府经营税收剩余权，为城市公共服务设施供给提供了基本的财政保证。通过分税制改革，地方财政占财政总额的2/3，中央财政占1/3，从而使地方城市政府承担公共服务设施供给的经济实力大大增强，投入比重也大于中央（表5-1）。诸如城市公用事业、教育、医疗等公共服务设施的供给成为地方城市政府的主要职责，本土化特征显著，促进了本地多部门的横向协调。

表5-1 公共服务供给结构简介

供给主体	供给服务类型
中央政府供给	国防、外交、中央机关运行、对外经贸制度设置、金融与货币政策、产业管制等
中央、地方城市政府联合供给	全国性交通网、通信或其他信息网、基础设施网、就业等社会保障服务、环境保护、防灾减灾、教育、农业和科研的支持等
城市政府供给	城市政府的运营、地方基础设施建设和运营、城市公共事业、警察服务、地方科教文卫事业、社会福利

3）政府与市场主导转型期城市公共服务设施供给模式变革

基于前文分析，社会经济体制转型以来，政府不再是城市公共服务设施唯一的供给主体。在政府规制下，市场和社会参与了城市公共服务设施供给。在市场化背景下，市场企业组织是独立法人和投资主体，具有强势话语权。在城市经营的管理模式下，政府引入私营部门的发展理念和管理技术，提高城市公共服务供给效率成为政府公共服务设施供给的首要选择，本质上政府与市场合作组成的“公私伙伴关系”成为城市公共服务设施供给的主要模式。由于我国公民意识仍在逐步培育和发展中，还不能与政府和市场结成平等的伙伴关系，所以实践中由政府—市场—社会（G—M—S）构建的互动网络在公共服务设施供给中仍不多见。花都市中小学撤点并校和越秀区医疗服务设施供给案例体现了当前公共服务设施供给的主要模式类型，包括政府主导模式(G—G)、政府委托市场供给模式(G—M)和政府规制下的市场主导模式(M—G)三种类型，社会非营利组织主导模式(S—S)虽有较大发展，但主要是政府扶持的结果，“官民合办”色彩较浓。所以政府或政府与市场合作主导转型期城市公共服务设施供给过程中的体制监督及公众参与程度不高。

5.1.2 供给模式制度设计变化特征

1）转型期供给决策机制演变的“路径依赖”特征显著

“路径依赖”是制度或体制机制变迁最根本特征之一。诺斯指出“路径依赖”之所以重要，是因为我们今天的选择会受历史因素的影响，只有对过去的根本性影响因素有了透彻的了解，才能清楚地面对现在及未来的制约因素，选择那些有发展的机会。同样，转型期城市公共服务设施供给模式变革也受到历史惯性的影响，路径依赖特征显著。

转型期城市公共服务设施供给模式演变“路径依赖”主要体现为当前服务设施供给模式的双重性特征。一方面是基于经济体制转型背景，市场经济体制和理念被引入到城市公共服务设施供给过程中，用于组织公共服务设施供给；另一方面传统计划经济体制的特征还广泛存在，政府对公共服务设施的计划供给无法适应当前“碎片化”的社会公众需求，是公共服务设施供给与需求相脱节的重要原因。现实案例更能说明这个问题，在番禺垃圾焚烧发电厂(附录一)和花都教育设施布局调整案例中，政府与市场出于自身利润最大化追求，将城市公共服务设施的供给效率和经济利益作为公共投资的主要目的，而公众生活必备设施，具有公共物品属性的公共服务设施由于缺乏获利能力或获利能力较弱而未受到应有的重视，导致公共服务设施供给与公众需求的脱节，甚至出现为了追求自身政治经济利益而损害公众利益的现象，这些都成为引发群众性事件的重要原因。

2）供给决策与建设运营管理主体由统一转向垂直分离

社会经济体制改革以前，广州城市公共服务设施供给决策主体和建设运营及管理主体合二为一，中央及广东省政府是公共服务设施供给的投资主体，政府承担规划决策、生产建设和运营管理的全过程。社会经济体制转型以来，分权、多元是社会发展的整体趋势，政府、市场和社会是城市公共事务的三大参与主体。在公共服务设施供给过程中，基于以经济发展为宗旨的城市政府职能定位及对公共服务设施经济属性认识的深化，政府逐步退出大部分非基本公共服务设施的供给过程，将设施供给的建设、运营和管理过程交给市场营利组织和社会非营利组织，逐步形成公共服务设施供给决策和建设运营主体垂直分离的局面(图 5-1)。所以，如同城市基础设施，城市公共服务设施供给决策和建设运营管理主体的垂直分离是转型期城市公共服务设施供给的最显著特征。

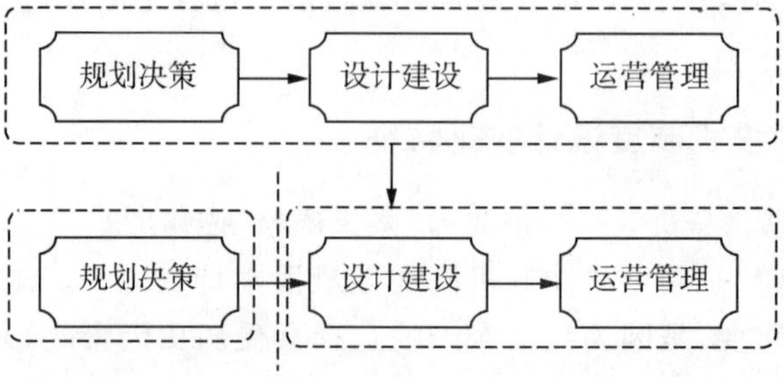

图 5-1 公共服务设施供给决策与建设运营管理垂直分离

3）转型期城市公共服务设施供给模式中体制监督失效、公众参与不足

改革开放以来的社会经济体制转型，使政府、公众及企业的自主状况都发生了根本性变化，从根本上影响了服务设施的供需特征。城市公共服务设施供给过程不再是政府公共部门根据国民经济计划进行封闭式决策的过程，而是在供给决策及相关运行机制安排中接受全方位监督的一个开放式供给过程，接受体制内外相关政策和公众的监督。但一方面由于相关体制和制度的不完善，且缺乏有效的监督实施机制，公共部门在法定程序执行过程中出现了“越轨”行为，导致体制内监督失效。例如在花都中小学撤并过程中，作为民意代表的人大代表却没有参与调研，代表公众表达利益诉求；同样在番禺垃圾焚烧发电厂选址过程中，人大代表意见和态度与政府保持一致，脱离公众需求，既无法作为公众的意见领袖，也不可能对公共部门起到监督体制内监督作用。另一方面，我国公民社会仍处于发育发展阶段，参政、议政、维权意识仍有待提高。非营利组织力量薄弱，对公共部门监督乏力，对公众参与引导不足。

5.2 转型期城市公共服务设施供给模式形成机制

5.2.1 供给模式形成的制度政策因素

1）体制转型背景下的分权化改革

分权化是社会经济体制转型的核心，包括各级政府之间和政府部门之间围绕决策权、事权和财权分配而进行的权力转移的过程；也包括不同层级政府部门在公共事务管理和公共服务提供中，将相关权力、责任转向市场、社会组织的过程。分权语境下企业成为市场主体，成为投资主体和独立法人，拥有越来越多的话语权。通过承接政府释放的诸多计划经济体制下包办的社会功能，社会力量得到发育发展。公民社会逐步崛起，全社会的公民主体意识、参政、维权意识的提升，使改革开放后中国社会结构与计划经济时代截然不同(图 5-2)。因此，我国社会经济体制转型是市场主体和社会主体不断发育的过程，为城市公共服务设施供给主体多元化提供了组织基础，驱动着公共服务设施供给模式的多样化演进。

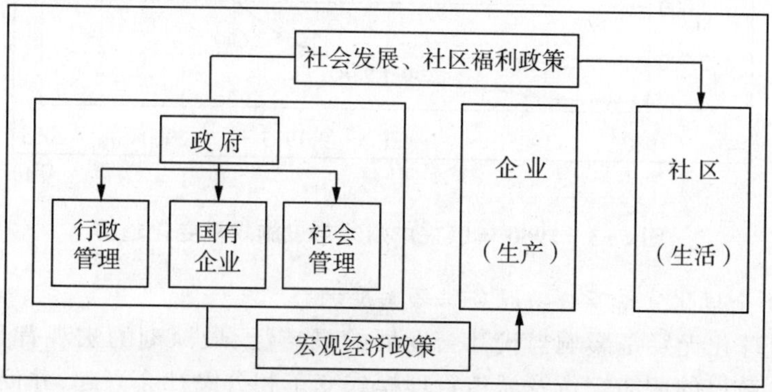

图 5-2 改革开放后的中国社会结构

改革开放初，中央给予广州“特殊政策、灵活措施”的发展权力，并赋予其计划单列、省级经济管理地位，使它的发展自主权领先于全国其他城市。通过自主积极调动辖区范围内一切城市资源，广州发挥沿海区位及广泛海外联系的优势，吸引投资，提升了城市竞争力。其中积极的体育设施建设为广州城市空间结构优化及竞争力提升带来巨大的发展机遇。在改革开放初期的 1980 年，广州市体育设施合计 376 个，为迎接六运会，兴建了大量体育场馆，先后动工新建了天河体育中心等大型体育设施。到 1990 年，全市体育设施增加到 1 238 个。随后为了筹办九运会和 2010 年亚运会，又新建改建一批体育设施。到 2003 年，全市体育场馆设施规模达到 10 137 个，比 1980 年增加 26 倍。如图 5-3 所示，从 1995 年起，体育设施增长曲线斜率较以前陡峭，呈急剧增长趋势，年均增长率从 1990—1995 年的 22.73％上升到 1995—2003 年的 35.49％，在时间上与国家 1994 年的财政体制改革契合，说明转型期分权化改革尤其是财政分权是地方公共服务设施供给规模增加的重要驱动力量。

综上,转型背景下的分权化改革一方面促成了广州城市公共服务设施供给主体的多元化,另一方面增加了广州城市公共服务设施供给的自主权,增强了供给的本地化趋势。

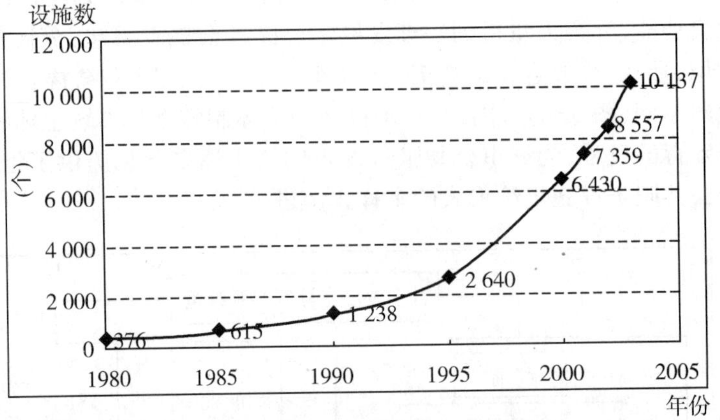

图 5-3 1980 年以来广州体育设施规模变化趋势

2)全球化背景下公共服务供给制度调整

全球化无疑是影响当代社会发展的最广泛、最深刻的宏观背景,直接影响到政府的职能定位及城市管理模式变革和公民社会兴起,并促使中国城市公共服务供给制度的调整,主要体现在城市公共服务设施供给的市场化进程上。

社会经济体制的转型,使传统高度集权体制下的城市公共服务设施供给制度随之调整,其主要方向就是政府退出非基本公共服务设施供给领域,实行市场化改革。据广州市计划委员会材料(专栏七),在市场化改革初期,基于对市场失灵的忧虑,政府颁布了大量的法律、法规、规章来规范市场,企图用各种政府规范来约束公共服务设施的供给市场行为。这一时期本质上是计划经济时期高度集权体制的延续,政府对各种城市公共服务设施供给、运营拥有绝对主导权,政府主导是公共服务设施供给的最主要模式,市场机制的作用空间非常有限。随着政府失灵特征凸显和对公共服务设施社会经济属性的认识深化,为了缓解在直接生产或绝对控制公共服务设施供给过程中的各种矛盾,政府又通过放松管制以提高公共服务供给效率和效益,扩大市场机制作用空间,促使越来越多的私营企业、非营利组织加入到公共服务设施生产和供给中,供给模式也由政府主导的单一模式逐步转向为政府主导(G—G)、政府—企业公私合作(G—M)、市场主导(M—M)及非营利组织主导(S—S)等多元模式并存的模式。下面转用广州计委有关材料,显示城市公共服务设施正式制度的调整过程，这种调整也是供给模式转型和多样化的驱动力量。

专栏七

政府对公共服务业领域的规制已逐渐放松

公共服务业的发展和政府的政策导向有着密不可分的关系。在经济社会转型期，随着计划经济体制向市场经济的过渡，政府部门对公共服务业的规制发生了明显的转变。

国家计委在2001年12月3日《关于"十一五"期间加快发展服务业若干政策措施的意见》中就明确指出要以市场为导向、企业为主体、技术为进步支撑，大力调整和优化服务行业结构，提高服务业的整体素质和国际竞争力。推进连锁经营、特许经营、代理等组织形式和服务方式的发展，提高服务质量和经营效益。积极发展房地产、物业管理、社区服务、教育培训、文化、体育等需求潜力大的行业，形成新的经济增长点。同时明确规定要放宽服务业的市场准入，改变部分行业垄断经营严重、市场准入限制过严和透明度较低的状况，积极鼓励非国有经济在更广泛的领域内参与服务业的发展，对非国有经济实行与国有经济同等待遇。其中特别指出了在公共服务业领域各级政府要做好有关领域的基本公共服务，基本公共服务以外领域都要实行产业化经营。放宽外贸、教育、文化等行业的市场准入资质条件。凡鼓励和允许外资进入的领域，均鼓励和允许国内投资者以独资、合资、合作、联营、参股、特许经营等方式进入。国有经济比重较高的领域也要逐步放宽对非国有经济的准入限制和扩大对外开放。

资料来源：刘筱，广州市计划委员会有关公共服务政策材料整理，2004，有删减。

3）城市经营模式下的政府企业化行为

政府职能是国家在行政管理中的基本职责和职能，是由政治职能、经济职能、社会公共管理和服务职能所构成的有机整体。现代行政管理学认为，政府职能定位包括全能统治型政府、经济建设型政府及公共服务型政府三种类型，而与此相对应的城市管理模式是城市管制模式、城市经营模式及城市治理模式（表5-2）（申剑，白庆华，2006），所以城市治理模式是现代公共行政发展背景下城市管理发展的必然趋势，而经济建设型政府和城市经营模式也是当前经济社会发展的必经阶段，其核心在于主张公共部门引入市场机制，通过市场化或合同外包方式调整政府公共服务供给职能。

表 5-2 城市管理模式变迁

城市管理模式	城市管制模式	城市经营模式	城市治理模式
理论基础	传统公共行政	新公共管理	新公共服务
政府定位	全能统治型政府	经济建设型政府	公共服务型政府
城市治理主体	政府	政府、企业等私有部门	政府、非营利组织及企业等非政府组织
主要观点	政府就是"公共服务主体",由政府直接向社会提供各种公共产品和公共服务,是传统公共行政的首要特征。具体表现:(1) 公共职能履行方式直接化;(2) 公共职能履行主体单一化	通过市场化以及合同外包等方式减弱政府职能,其核心点在于主张公共部门引入市场机制,政府的角色在于"掌舵"而非"划桨"	把公民参与视为民主政府的一种至关重要且必不可少的因素,因而尤为关注民主的价值,要求活跃的、积极的、参与的公民价值
公私互动合作程度	无	一般	强

目前,在经济建设型政府范型下,广州城市政府由传统经济体制下的"代理型政权经营者"演变成为"谋利型政权经营者",为了优化城市投资环境,提升城市综合竞争力,政府利用对行政资源的垄断,作为一个"超级企业"进行"城市经营"。表现在政府的投资格局上,就是有利于提升投资环境,城市竞争力的领域往往能获得更多的投入,而促进公共资源和机会公平分配的城市公共服务设施却因投资经济效益不明显而获得投入较少。如图 5-4 所示,在广州 2007 年的城市公共设施投资规模上,交通运输、仓储投资规模超过 249 亿,而教育、医疗卫生、文化娱乐及体育设施投资总规模仅为 109 亿,不及交通运输及仓储设施投资规模的一半。这种偏向经济设施的投资结构是城市经营模式下的政府企业化体现,直接影响城市公共服务设施的供给。

同样,如图 5-5 所示,2000 年来花都区财政投入比重发生显著变化,教育投资规模占预算支出比重从 23.2%下降到 16.8%,年均减少投入约 4 000 万元。而同期行政管理费用从 0.27 元亿上升到 8.62 亿元,年均增加投资约 9 300 万元,占总预算投入比重从 5.63%上升到 24.69%,其主要用于投资环境的建设和完善,是导致义务教育投入不足的重要原因。

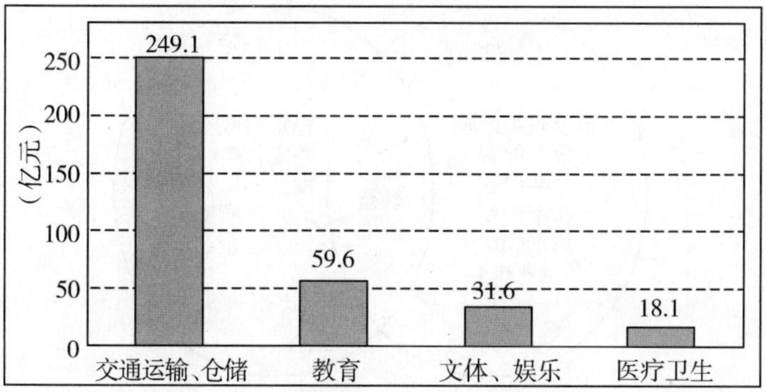

图 5-4　2007 年广州城市公共设施投资规模比较

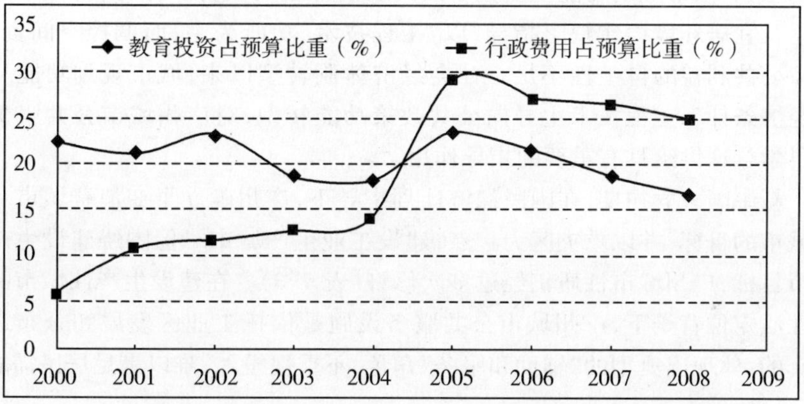

图 5-5　2000—2008 年花都区教育与行政费用投入比重比较

另外，在广州番禺垃圾焚烧发电厂案例中，广州市政府与企业结成"伙伴关系"，"越轨"执行法定程序，授权广日集团广州 25 年的垃圾终端处理特许经营权，其目的一方面是通过上马垃圾焚烧项目获取中央产业补贴；另一方面就是要通过这一行为扶持广日集团，打造国内最大的垃圾焚烧设备产业基地，促进地方经济发展，扩大产业规模，创造更多就业岗位（图5-6）。这种以行政手段与市场合作，实现地方经济发展和竞争力提升，以及政府自身政治、经济利益的过程，属于典型的政府企业化行为。

4）城市规划功能转型

城市规划是实现城市社会经济发展目标的综合性手段，是保证城市建设和城市土地合理开发利用的前提和基础。从本质上来说是调控城市空间资源、保障公众利益的一项公共政策。改革开放前，受高度集中的国民经济

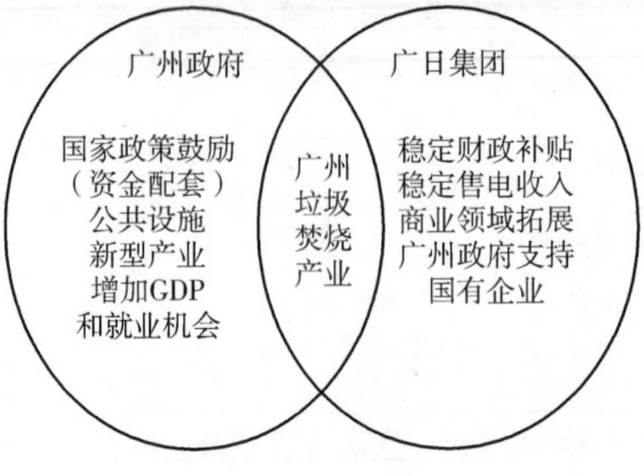

图 5-6 广州政府与投资企业之间的“伙伴关系”

计划影响，城市规划功能主要在于国民经济计划的执行和深化，对城市空间优化及宜居环境构建缺乏指导，以“工程技术”功能为主，而调控空间资源、保障公共利益的自主性不足。社会经济体制转型以来，城市规划功能从计划经济条件下工程技术主导向公共政策功能转型，对广州城市公共服务设施科学合理供给具有重要的指导作用。

新中国成立初期，在国民经济计划指导下，广州确立了变消费城市为生产城市的目标，并以重灾区为起点，建设工业生产城市。但围绕建设生产型城市目标，广州城市性质仍经过多次修订(表 5-3)。在建设生产性城市的城市性质定位背景下，广州城市公共服务设施是依托工业区发展和分布进行配套的，体现出典型的“辅助和服务”角色，不重视投入，难以满足居民需求。

表 5-3 广州城市性质定位变迁及公共服务设施配置

时间	总体规划	城市性质定位	公共服务设施配置
1954 年	第 1～4 方案	由消费性城市基本改变为社会主义生产城市	初步提出人均居住和公建配套建筑面积；贯彻“为生产服务，为劳动人民服务”的方针
1955 年	第 5～7 方案	由消费性城市基本改变为社会主义生产城市	压缩城市规模和城市规划指标
1956 年	第 8～9 方案	广州将发展成为以轻工业为主，交通运输业、商业又占有一定比重的城市	增加商业设施
1958 年	第 10～11 方案	把广州建设成为华南工业基地	商业功能向工业转变

续表 5-3

时间	总体规划	城市性质定位	公共服务设施配置
1961 年	第 11 方案修订	建设成一个具有一定重工业基础、轻工业为主的生产城	开展分区规划，安排文教卫生及公共福利设施
1972 年	第 12 方案	把广州建设成为一个具有一定重工业基础、以轻工业为主、对外贸易占一定比重的现代化的社会主义生产城市	强调对外贸易功能
1976 年	第 13 方案	逐步把广州市建设成为一个轻重工业相协调的综合工业城市，成为广东省的工业基地，对发展华南地区的经济起骨干作用	编制"生活配套"专项规划
1981 年	第 14 方案	广东省政治、经济、文化中心，我国的历史文化名城之一，我国重要的对外经济文化交往中心之一	将天河打造为广州市的科研文教区，搞好区内生活服务设施的配套建设；确定居住区—居住小区—住宅组团居民生活三级结构，强调生活服务设施配套建设；编制公共事业专项规划
1990 年	对 14 方案调整、补充、深化	城市性质保持不变	考虑外来人口对公共服务设施要求；增加商业网点、文教卫生专项规划；确立旧城中心和珠江新城的政治、经济、文化、体育和生活多种功能地位
2001 年	第 15 方案	广东省的政治、经济、文化、交通中心，是我国的历史文化名城和华南地区的中心城市，是我国重要的经济、文化中心和对外交往中心之一，是我国南方的国际航运中心	建立市—区—街三级公共服务设施网络，保证公共服务设施用地规模不得减少、改变用地性质或被侵占，结合新区开发和旧区改造，根据需求予以标准配套、改建或扩建

改革开放后，随着广州城市性质定位由"生产性"向"中心性"的转型，城市公共服务设施配套受到重视，并逐步被完善，体现在三个方面：一是从 1980 年代起打造天河市级公共服务功能区，城市空间结构由单中心向双中

心转变;二是确定城市居民"居住区—居住小区—住宅组团"三级生活组织结构,强调生活服务设施配套建设,构筑公共服务设施网络;三是编制商业网点、科教卫生等专项规划,深化公共服务设施认识,满足居民需求。

在城市规划空间优化功能作用下,广州城市公共服务设施对城市空间具有重要的塑造作用,一方面表现在能够驱动城市空间拓展,另一方面对城市空间拓展具有逐步"固化"的功能。其中体育设施对广州城市空间形态的重塑功能最为明显,在不同时期以不同的模式影响城市空间形态①(彭涛,王建军,等,2007)。1980 年代初期,广州城市快速发展,但城市建成区仍局限于约 60 km² 的旧城区范围内,城市空间发展受限,急需新的空间以容纳日益膨胀的城市功能。借六运会之机,广州配套建设了商务办公、文化功能区,推动了天河区的发展。到 1990 年代末,广州城市空间膨胀已渐缓和,城市环境、交通、公共服务设施等问题使城市空间质量提升成为迫切需要。九运会召开为广州提供了加快城市运行效率、改善城市环境的契机,极大提升了广州城市形象和建设水平。为准备 2010 年亚运会,一批新建和改造的体育设施拉动了广州新城的建设,拓展了广州未来的城市发展空间(图 5-7)。"体育搭台、城市唱戏",通过承办一系列重大体育赛事,广州城市得到了发展及空间优化的重大机遇。广州被认为是"一个善用体育事件的大城市"(袁奇峰,2009)。

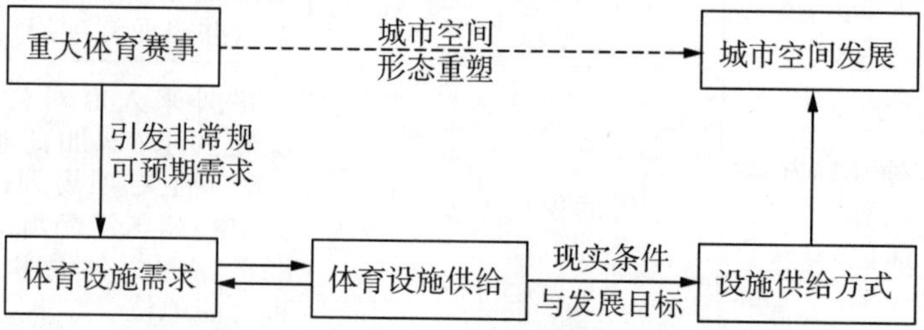

图 5-7 重大体育赛事与城市空间发展模式

1990 年代以来,随着老城区人口和产业疏散,广州城市郊区开始了大规模的房地产开发,建成类似"华南板块"这样的大型居住楼盘。优越的环境和居住质量吸引了众多老城区居民在此购房居住,成为城市居住新区。但由于新区远离中心城区,各种公共服务设施配套不甚完善,新区居民的公共

① "1＊1"模式是指城市以巩固和发展原有城市空间为主,依靠提高现有场馆、服务设施的建设水平与服务能力的方式来满足体育赛事要求。"1+1"模式指重大体育赛事主办城市跳出原有城市空间,结合设施建设开辟城市新区,但不放弃对原有空间的塑造,对城市空间结构进行整合重塑。

服务需求大多通过乘坐交通工具返回市区来满足，导致城市空间拓展过程中典型的“外溢—回波”效应，增加城市运行成本，降低城市效率，影响新区居民居住稳定性。通过逐步完善居住新区的基本公共服务设施配置，提高了新区的“宜居”能力，有利于“固化”城市的拓展空间功能。

5.2.2 供给模式形成的市场因素

1）市场机制改变供给主体权力关系

市场机制的确立改变了政府公共组织、市场营利组织和社会非营利组织间的权力关系。市场机制改革不仅仅促进了私营部门的发展，而且增强了私营部门对权力关系的影响，对转型期城市政府职能定位和公共服务供给机制变革产生重要的促进作用。随着市场机制的发展完善，政府逐渐放弃物质分配权、物价控制权，国营企业萎缩，并逐步实现经营管理股份化、市场化。私营经济得到进一步发展壮大，成为国家经济发展的主力（刘筱，2004）。目前，社会主义市场经济体制逐步完善，对经济社会发展的影响与日俱增，表明市场营利组织对社会发展的作用也越来越大。经济条件改善同时促进市民社会的崛起，非营利组织及社会公众逐步成为社会权力的分享者，城市为社会公共权力使用主体之一，通过参与社会实践表达利益诉求，保障公众利益。因此，基于市场机制发展的社会权力关系重组对社会公共服务制度的调整产生重要的推动作用，是社会经济发展的必然趋势。

2）利益驱动下的理性选择

在市场机制作用下，城市公共服务设施供给主体的多样化组合是利益驱动下理性选择的结果。基于不同利益定位和实现机制，公共部门、营利组织和社会非营利组织在服务设施供给过程中具有差异化的比较优势，合理有效组合能够实现多方参与利益的最大化。以教育设施为例，教育设施尤其是义务教育服务设施，具有纯公共物品属性，一般不具有赢利性质，传统理论认为市场机制无用武之地，属于需政府保证供给并强制配套的服务设施类型。在房地产开发实践中，教育设施一直以来都是开发单位努力逃避推卸配套的设施类型，甚至出现开发商愿意“以罚代建”的现象。但目前政府—开发商之间传统的“规制—逃避”关系开始发生改变，其原因在于房地产企业与政府公共部门在教育设施配套过程中逐步形成了利益共同体。

如表 5-4 所示，“名盘配名校”就是近年来广州教育部门与房地产企业在教育设施供给过程中的有效合作。因为随着知识经济时代的来临，社会公众对子女教育越来越重视，是否配套或临近名校成为住房选择的最具决定性的考量指标之一。因此，“名盘配名校”成为近年来房地产产业最具号召力的促销手段。房地产开发企业在完成校园硬件设施建设的基础上，申请地方教育部门批准，以校董事会的身份联合公办学校一同办学，然后通过多种营销方式将教育设施建设所产生的外部效益转化为住房销售的推动力，实现房地产开发利润的最大化。近年来这类办学方式逐步成为房地产开发实践中教育设施的主流配套方式。仅广州华南板块近年先后上马了这类学校近 10 所(表 5-4)。因此，基于政府规制，开发商将教育设施配套作为获取房地产利润的营销手段，而政府则可以实现高质量的教育设施供给。

表 5-4　广州华南板块部分“名盘名校”

房地产楼盘	配套名校
华南新城	华师附中番禺学校，占地 6.44 万 m^2
锦绣香江花园	锦绣香江学校，中山大学合作联办全程教育
星河湾	香禺执信中小学
南国奥园	北师大南奥学校
广地花园	培正广地实验学校
华南碧桂园	华南碧桂园学校，占地 2.4 万 m^2
广州雅居乐	规划有 10 所学校
祈福新邨	祈福英语学校和祈福新邨学校；投资 4 亿元，占地 6.9 万 m^2

3）多样化服务需求推动

类型多样化及层次多样化的公共服务需求是转型期城市公共服务设施供给模式形成和演进的重要推动力。由于计划经济体制背景下重生产、轻生活的投资模式，城市公共服务设施供给大多仅限于基本生活服务设施，类型单一。转型期以来，随着一体化利益格局不复存在，整体化社会结构及服务需求也开始“碎化”，基于职业分工差异的社会群体类型及收入层次分化，对城市公共服务设施需求差异化及供给模式多元化具有重要意义。

转型期以来，广州城市居民在城市公共服务设施利用选择上存在较大差异，多样化趋势十分明显。张海凤通过问卷调查分析表明，在商业服务设施利用上，超过 95%的居民选择距离适中的大中型超市或商场，但选择近距离小规模及市中心大型购物场所的比重也都超过 39%。同样，在就医选择上超过 50%的受访者选择距离适中的中高等级医院，但选择诊所、距离适中的一般性医疗机构的公众也都超过 10%(表 5-5)，这说明广州城市居民的公共服务设施需求类型及层次呈显著多样化特征，其原因在于城市居民的文化程度和收入水平的多样化趋势。文化程度高，居民从事的职业层次及收入水平也相对较高,对服务设施利用的支付能力较强,能够较自由地选择居住区位,并追求居住效用较大的地方,这中间,城市公共服务设施配套完善是重要的驱动因素。张海凤的调查也进一步表明,广州居民在未来的购房居住选择中,在区位适中的基础上,购物、就医、娱乐和上学等各种服务设施配套完善是最重要的考虑因素(张海凤,2005)。

表 5-5 广州市居民公共服务设施利用选择

调查内容	选择分类	比重(%)
购物选择	近距离小规模购物场所	39.01
	距离适中的大中型超市或商场	96.22
	市中心大型购物场所	39.95
	其他	8.51
就医选择	近距离诊所	13.95
	距离适中的医疗机构	30.73
	距离适中高等级医院	50.12
	其他	6.15
休息娱乐	与家人在一起	71.39
	近距离购物、公园或会友	43.03
	远距离郊游、购物	11.82
	其他	10.64

从城市公共服务设施利用选择的角度上看,广州城市居民的服务设施利用选择在类型上和层次上具有较明显的多样化特征。在市场机制作用下,多元的利用选择必然引导多样服务供给,因此多样化的服务需求是广州城市公共服务设施供给模式多元化的重要驱动力。

5.2.3 供给模式形成的社会因素

1)城市经济发展加速社会阶层分化

改革开放以来,广州城市产业结构的逐步调整和升级,主要表现在第一产业比重下降,第二产业内部结构调整优化,第三产业的比重迅速上升,成为国民经济支柱产业,不论是从就业人员规模还是其占地区生产总值比重上看,第一产业比重都是在下降,第二产业基本稳定,而第三产业比重大幅度提升,尤其是第三产业内部的新兴服务业,如生产性服务业和信息服务业比重快速上升,成为经济增长动力(阎小培,姚一民,1997)。产业结构的变化导致就业结构的变化,不同性质和规模的部门职工的收入差距逐步拉开,造成社会阶层分化和居住分异。刘望保利用问卷调查资料,按照陆学艺提出的根据组织、经济和文化(技术)三种资源占有情况划分社会阶层的方法,将广州居民划分为十大社会阶层(刘望保,2007)。

如表5-6所示,拥有最为丰富组织、经济和文化(技术)资源的最高社会阶层,包括国家与社会管理层、经理人员阶层、私营企业主及专业技术人员阶层,不论是个人年均收入,还是家庭年均收入,都高于其他社会阶层。

表5-6 广州社会阶层分化

社会阶层类型	数量	比重(%)	个人年均收入(元)	家庭年均收入(元)
国家与社会管理层	30	2.0	54 200	98 100
经理人员阶层	179	11.9	60 897	82 271
私营企业主阶层	27	1.8	82 423	125 704
专业技术人员阶层	61	4.06	53 541	95 148
办事员阶层	322	21.42	30 769	45 506
个体工商户阶层	305	20.29	41 272	65 655
商业服务业员工阶层	347	23.09	22 161	32 679
产业工人阶层	211	14.04	18 469	30 116
农业从业者阶层	3	0.2	37 000	43 333
城乡无业、失业和半失业阶层	18	1.2	21 694	25 861

与社会结构分化相对应,不同社会阶层拥有的公共服务设施的使用机会也不相同,相应评价也有较大差别。职业和收入具有高度一致性,不同职业就能代表不同收入阶层特征。如图5-8所示,不同阶层居民对四种公共服务设施评价存在明显差异,其中康乐设施、教育设施和诊所医院的评价得分在不同阶层群体之间差异尤为显著。其基本规律是较高社会阶层居民对三种公共服务设施的评价得分都高于中等和低收入社会阶层居民的评价得分,得分变化趋势是随社会阶层降低而降低。不同阶层社会群体对购物网点的评价得分也存在差异,但差异程度小于其他三类设施。以上分析说明不同阶层社会群体拥有不同的公共服务设施使用满意度,中上阶层社会群体对城市公共服务设施的满意程度高于低收入阶层社会群体。不同社会阶

层对非公共物品类服务设施满意程度差异较小，说明市场机制能够引导非公共物品类服务设施空间分布的相对均衡。

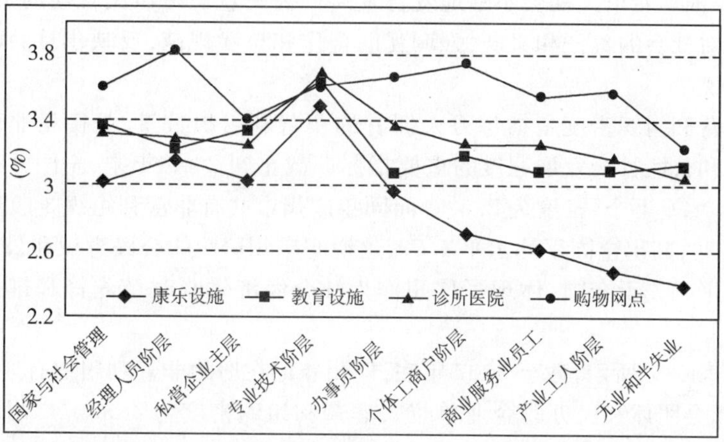

图 5-8 不同社会阶层对公共服务设施利用评价

社会阶层分化影响居住选择及城市公共服务设施利用。高层次从业者及高收入群体拥有更优越的居住区位及公共服务配套设施，形成特定高收入阶层的居住空间。基于高收入群体的强社会影响力，合力引进“友好型”服务设施，而排斥“厌恶型”服务设施，进而引导政府公共投资空间分布，是城市公共服务设施社会空间分异的基础。因此，不同阶层社会群体通过影响城市公共服务设施供给模式，引导城市公共服务设施空间布局，从而使公共服务设施供给的地域空间社会分异特征显著(图 5-9)。

图 5-9 不同阶层社区篮球运动设施配套差异

2）公民意识培育和市民社会的发展

社会经济体制转型以来，在从单位制“回归”社会的过程中，公民意识逐步觉醒，推动着市民社会不断地发育发展。公民意识是市民社会的灵魂，强调公民对社会的责任和义务，强调互助合作和自我规范，反映出社会的发展趋势。

非营利组织密度是指每万人拥有的非营利组织数量，是衡量非营利组织发展和公民社会发展程度的重要指标。截止到2006年末，全国共有非营利组织34.6万个，密度为2.63。而同年广州市共有非营利组织3 197个，密度为4.20，高出全国平均水平1.57，这说明广州居民的公民意识和公民社会发展水平领先于全国，体现了广州作为社会经济体制改革先锋和排头兵的地位。

如表5-7所示，截至2007年底，广州登记在册的非营利组织有3 250个（包括社会团体和民办非企业单位），非营利组织密度为4.33。广州非营利组织密度在2002—2007期间逐年增长，表明广州公众的公民意识和公民社会在持续发育发展。同时也正是由于广州公众公民意识的逐步发展，才使得番禺居民在反对垃圾焚烧发电厂选址过程中表现出强烈的自我利益诉求和自主意识。所以市民社会发展促使城市居民对城市公共服务设施供给及需求表达有了更广泛、深入的参与意识。通过构建多样化的参与机制，而不是对国家或私人部门的过分依赖，广州逐步形成基于城市公共服务设施多元需求为导向的多样化供给模式，这对转型期城市公共服务设施供给模式演进具有重要意义。

表5-7　2002—2007年广州非营利组织规模及密度

年份	户籍人口数(人)	非营利组织数量(个)	NPOs密度(个/万人)
2002	7 206 299	2 177	3.02
2003	7 251 888	2 577	3.55
2004	7 376 720	2 925	3.97
2005	7 505 322	3 091	4.12
2006	7 607 220	3 197	4.20
2007	7 734 800	3 250	4.33

3）广泛的海外联系促进供给模式演进

广州地处沿海，历来是我国对外交往的窗口，海外移民及经贸往来频繁，存在极其广泛的海外联系。以花都为例，海外华侨、华人众多，且呈现人数日多、分布日广的趋势。据《花县志》记载,1955 年花县有华侨 37 623 人,到 1989 年增加到 158 731 人。华侨分布也由新中国成立初的 23 个国家、地区,扩散到 56 个国家和地区,其中旅居北美的最多,占总规模的 52.1%(花县地方志编纂委员会,1995)。改革开放后,广州是我国最早对外开放的沿岸之一,中央赋予广州的"特殊政策、灵活措施"是推动广州社会经济快速发展的重要原因。除此以外,广泛的海外联系是取得经济社会发展成就的重要促进力量。

广州的广泛海外联系主要从两个方面推动了城市公共服务设施供给模式演变。一是通过华侨捐资捐建,解决城市公共服务设施供给的筹资问题,促进公共服务设施供给主体结构及供给模式多元化。海外华侨捐资捐建服务设施多集中在教育和医疗服务设施领域(表 5-8)。

表 5-8　1985—1990 年华侨港澳同胞捐资和社会集资情况表

年　份	港　元	人民币
1985	5	489
1986	53	712
1987	141	328
1988	10	1 146
1989	254	—
1990	62	425
合计	525	3 100

二是便利的海外联系,有利于国外公共服务理念和服务模式的引入,尤其是毗邻香港的地缘优势,对公民意识的培育和非营利组织的发展具有重要的引导作用。在花都教育和医疗设施投资中,华侨捐资捐建是投资构成的重要组成部分。如花城中学、日鋆小学、杨屋小学及人民医院住院楼都是由华侨捐资捐建成立的(花县地方志编纂委员会,1995)。如前所述,广州的非营利组织密度超出全国水平,公民意识及公民社会发展也在全国处于领先地位,是经济迅速发展以及受香港及其他海外联系引导和合作的结果。通过上述两方面途径,海外联系在供给主体结构及服务理念和意识培育方面对广州公共服务设施供给模式演进产生了巨大的促进作用。

5.2.4　供给模式形成的综合作用机制

结构化理论认为,社会本身是有结构的,并通过制度关系及规则来规范群体和社会组织行为；而人或社会组织的行动又产生新的需求，并以此来影响、调整和规范现有的行为规则及社会制度，进而使社会结构发生变化。运用“结构—能动性”范式能够解释转型期城市公共服务设施供给模式形成的内在机制。结构对转型期城市公共服务设施供给模式形成及演进产生的影响主要表现在传统的体制运行空间容量限制了政府的制度和政策作用。在高度集中的政治经济体制下，广东省、广州市政府是社会公共活动领域唯一的活动主体，抑制了社会和市场组织力量的发展，也制约了城市公共服务设施供给主体及供给模式多元化。社会经济体制转型以来，广州确立了以经济建设为主导功能的政府范型和城市经营管理模式，调整了城市公共服务设施供给主体结构及制度设计，构建了城市公共服务设施供给模式下新的制度环境。但实践中公权与资本的结合主导着城市公共服务设施供给。忽视公共利益和社会公平，以及公众参与及社会监督机制失效，共同构成了转型期城市公共服务设施供给所面临的结构性制约。

根据“主体—实践”范式，作为独立利益主体的市场、社会组织及公众，通过寻求合适途径维护和实现自身利益诉求，表现其主体能动性。城市公共服务设施供给模式演进是市场、社会及公众与政府进行互动、博弈的结果，也是对传统体制下由政府垄断城市公共服务供给制度安排所形成固定结构的回应。市场的能动性作用主要体现在市场机制改变了城市公共服务设施供给主体结构，基于政治经济利益追求，促使公权和资本结成同盟，逐步构建政府和市场主导的供给模式。社会层面的能动性作用体现在公民意识的发育发展和公民社会的崛起、增强公众表达诉求和博弈能力，以及在公共服务设施供给过程中的话语权。因此，城市公共服务设施供给模式演进，是社会组织、公众及市场企业组织在新的政府制度性环境下做出的能动选择，其本质就是不同利益主体的利益冲突和利益协调过程，体现了结构与能动的互动特征。

综上，制度和政策因素、社会因素及市场因素的综合作用，构成了转型期城市公共服务设施供给模式形成和演进的能动因素。在作用方式上，政府通过制度和政策安排，调节市场和社会组织及公众行为，直接影响着城市公共服务设施的供给模式变革。广州公民意识发育及公民社会崛起增强了社会组织和公众在公共服务设施供给过程中的话语权及参与政府博弈的能力，促进了供给主体及供给模式的多元化变革；市场改变了供给主体权力关系，在利益驱动下与公权结成的利益共同体，也是驱动公共服务设施供给模式变革的重要力量(图 5-10)。实际上，转型期以来，由于政府、市场、社会的利益分化，不同的利益定位注定其差异化的利益实现机制，宏观层面的制度政策因素与微观层面的社会和市场因素共同推动转型期城市公共服务设施供给模式变革。

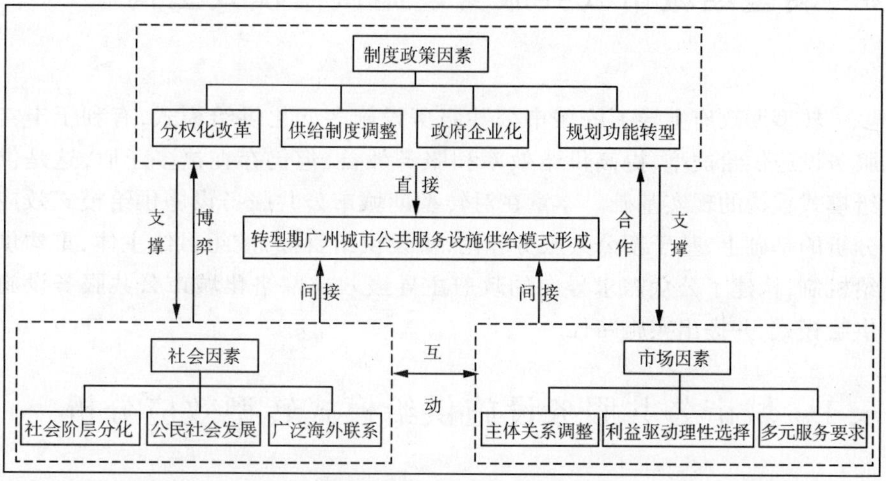

图 5-10　转型期广州城市公共服务设施供给模式形成机制

5.3　小结

改革开放以来的社会经济体制综合转型调整了城市公共服务设施供给主体结构及相应制度设计，表现出与计划经济时代截然不同的供给特征。政府垄断的主体结构转向政府、市场和社会多元参与，其中政府与市场主导供给过程，供给主体间联系方式由政府间纵向层级主导转向本地多部门横向合作；在运行机制上，供给决策机制延续了传统体制特征，但决策主体与建设运营管理主体逐步分离，体制监督失效，公众参与不足。

转型期广州城市公共服务设施供给模式形成影响因素包括制度政策因素、市场因素和社会因素，其中制度政策调整形成了转型期公共服务设施供给新的制度环境，传统体制的运行空间限制及体制运行不规范和监督机制的失效，共同构成转型期城市公共服务设施供给模式形成及演进的结构性制约。作为具有独立利益诉求的城市公共服务设施供给参与主体，市场营利组织、社会非营利组织及公众发挥主体能动性参与政府博弈，是对由政府主导的城市公共服务供给制度安排所形成固定结构的回应，体现了结构—能动性的互动机制。因此转型期城市公共服务设施供给模式形成本质上是不同参与主体的利益协调过程。

6 转型期城市公共服务设施供给模式重构

转型期政府主导下的城市公共服务设施多元化供给模式,有利于丰富服务设施供给类型,提高供给效率和服务效益,但仍存在诸多矛盾,这是供给模式重构的现实基础。本章在对转型期城市公共服务设施供给模式效应分析的基础上,基于新公共服务理论,重设供给目标,重组供给主体,重构供给机制,构建了公众需求导向的政府主导嵌入式网络化城市公共服务设施供给模式,并提出实施路径。

6.1 城市公共服务设施供给模式转型效应分析

相对计划经济时代而言,转型时期的城市政府在公共服务设施供给过程中更具主体意识和能动性,城市公共服务设施供给成为城市社会经济发展、城市空间结构塑造、提升城市竞争力的重要手段和方式。但城市经营管理体制下的供给模式变革也对服务设施供给产生了诸多负面效应,是转型期城市公共服务设施供给模式重构的现实基础。

6.1.1 供给模式主体结构调整效应

1）政府与市场主导城市公共服务设施供给,公众诉求难受尊重

社会经济体制转型以来,政府不再是城市公共服务设施唯一的供给主体,在政府规制下,市场和社会参与了城市公共服务设施的供给过程。随着城市经营管理模式的确立,通过引入私营部门的发展理念和管理技术,提高城市公共服务供给效率成为供给参与主体的首要选择,政府与市场的“公私伙伴关系”成为公共服务设施供给的主要模式。番禺垃圾焚烧厂选址及中小学撤点并校案例体现了当前公共服务设施供给的主要模式,包括政府主导模式(G—G)、政府委托市场供给模式(G—M)和政府规制下的市场主导模式(M—G)三种类型。广州非营利组织发展水平虽领先于全国,但仍处于发展的起步阶段,接受政府扶持,组织独立性较差,“官办”色彩浓厚,对城市公共服务设施供给决策影响较小。例如,广州慈善总会会长由广州副市长兼任,慈善组织变成政府扶持下的公立机构。因此,城市公共服务设施供给过程中,政府或政府与市场合作模式主导转型期城市公共服务设施供给,非

营利组织和公众对供给决策的参与程度有限，公众诉求难以得到有效尊重，这些都会导致公众参与和监督制度安排的失效，是市场机制作用下公共利益受损的重要原因。

2）公权与资本相结合使城市公共服务设施供给与需求相脱节

政府是城市公共服务设施的供给主体，但在城市经营模式下，基于共同的利益基础，公权与资本结合体垄断了城市公共服务设施供给决策。在番禺垃圾焚烧发电厂和花都教育设施布局调整案例中，基于垃圾处理设施和中小学教育设施的公共物品属性，政府是其供给主体，但通过特许经营授权等市场化改革，引入市场力量，并作为决策主体参与公共服务设施供给。出于利润最大化追求，尤其是在缺乏公众参与机制和公众利益诉求有效表达的制度安排背景下，公共服务设施的供给效率和经济利益将被作为公共投资的主要目的，而公众生活必备设施、具有公共物品属性的公共服务设施将由于缺乏获利能力或获利能力较弱而不受重视，从而导致公共服务设施供给与公众需求的脱节，甚至出于政治经济利益追求而损害公众利益，是公共服务设施供给引发群众性事件的根源。

6.1.2 供给模式决策机制转型效应

随着行政性分权和市场化改革的推进，政府不再是城市公共服务设施唯一的供给主体。市场营利组织和社会非营利组织参与公共服务设施供给，但不同参与主体的利益实现机制存在较大差异。其中政府是以强制手段实现公益，市场机制是以自愿手段实现公私益，社会组织以自愿手段实现公益。

1）市场机制作用下城市公共服务设施供给空间分布不公平

在社会经济体制转型期，社会阶层分化已经成为一个不争的事实。不同阶层社会群体的人口属性不同，拥有资源的规模和质量不同，对城市公共服务需求及满足能力也存在较大差异。在住房市场化改革之后，出于对优质和健全服务设施的追求，市场机制作用使相同阶层居民对住房需求具有相似选择，引导不同阶层群体的空间聚集。同样，不同收入阶层的空间聚集必将引导特定类型、质量的城市公共服务设施的集中，导致不同社会阶层居民公共服务设施使用机会的不平等，因此城市公共服务设施供给过程中“人的不平等”和“地的不平等”同时存在。在广州公共服务设施现状格局上，高素质、高收入、高层次从业者往往距离教育、医疗、大型商业网点等生活必需服务设施更近，享有较好可达性及更多的使用机会，而外来人口、本地低收入群体及城郊居民却只能获取不足或低等级的公共服务设施。所以，基于城市居民的社会阶层分化,公共服务设施供给也是"不公平空间生产"的过程。这种基于社会公共资源空间分配带来的不平等,是基于阶层分化在空间上的反映,是"马太效应"在社会空间内的上演。

2) 城市经营模式下,基础性公共服务设施供给中的政府投资不足

基础性公共服务设施一般是指纯公共物品类服务设施,具有使用的非竞争性和非排他性,且具有强烈的外部性,事关国计民生,所以市场营利组织在纯公共物品类服务设施供给领域无所作为,而社会非营利组织则无能为力,通常是由政府负责基础性城市公共服务设施。转型期以来,出于经济利益追求,经营性城市公共服务设施是私营资本主要投资领域,投资规模大幅提升。而作为基础性公共服务设施的供给主体,政府公共部门有限的投资也主要集中在经营性公共服务设施领域,以促进城市经济发展和城市竞争力提升,这样就导致了基础性公共服务设施投资的不足。在花都教育设施空间布点调整中,政府在 8 年间撤并 51.9%的中小学学校,其目的就是将缩减中小学教育设施规模作为降低教育投资规模的手段,结果是 2005 年以来花都区教育投资规模的财政支出比重以年均 1.6%的速度下降,但学生就学辅助成本随之上升,所以政府投入规模不足是造成基础性公共服务设施供给规模矛盾的重要原因。

6.1.3 供给模式监督机制演变效应

供给主体及决策机制的差异化使得转型期城市公共服务设施供给模式的监督机制也不同于改革开放之前,监督过程制度安排不合理及监督机制失效是当前公共服务提供问题产生的重要原因。

1) 公众参与制度设计不合理

在社会经济体制转型期,城市公共服务设施供给的制度安排和设计仍不健全完善,甚至存在明显缺陷,是供给问题产生的重要原因之一。在城市规划领域,公众参与制度安排的不足最为突出。城市公共服务设施是保障城市居民生活的必备条件,事关城市居民生活质量提高和社会福利。只有基于城市居民需求导向的服务配套设施才能最大限度地满足居民需求,公众参与是合理有效供给公共服务设施的必然选择。但在实践中,公众参与和表达意愿的机会有限,且大多为形式上的"伪参与",并不能影响政府的决策结果。

在番禺垃圾焚烧厂选址案例中,其审批流程突出了政府规划部门在选址决策中的垄断和权威地位,公众参与程序虽然被内嵌在项目环境评价过程中,但具有典型的"滞后"参与特征,公众是一种被动参与者。广州市政府的立项公示发生在国土部门批准项目建设用地申请之后,且政府没有发动

公众进行说服教育。事实上,当时项目用地申请已经得到批准,公众意见不会对项目选址产生有效作用(图 6-1)。同样,在花都中小学撤点并校案例中,问卷调查显示有超过 70%的学生家长表示不清楚政府撤点并校政策,而在知道撤点并校的家长中,仅仅 8%是从政府宣传中得到消息,可见政府在公众参与制度安排上的不足使现有的公众参与制度设计是典型的“走形式”过程,无法对项目决策产生有影响性的作用,也不能实际体现公众意见和利益诉求的功能。因此不合理的制度设计也是转型期城市公共服务设施供给问题产生的重要原因。

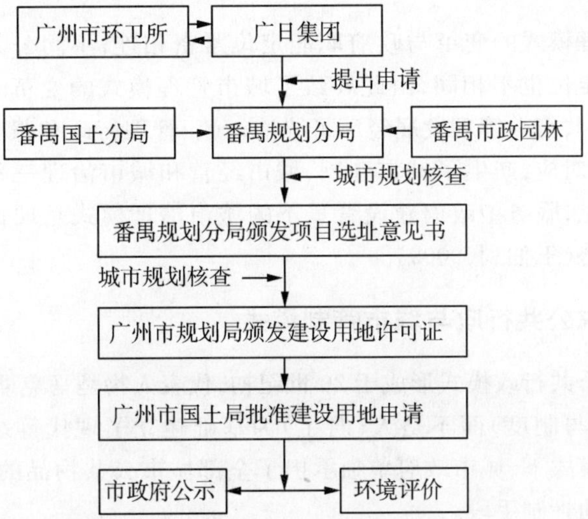

图 6-1 番禺垃圾焚烧发电厂选址流程①

2) 城市公共服务设施供给过程缺乏有效监督

市场化改革之后,企业营利组织成为城市公共服务设施供给的重要参与主体。基于转型期制度安排不健全和公众参与机制失效所导致的公共服务设施市场化过程中有效监管不足,是产生公共服务设施供给矛盾的重要影响因素。城市公共服务设施是公众生活必备设施,事关城市居民生活质量和社会福利,完善的、高质量的城市公共服务设施供给是现代文明的标志。但由于缺乏有效监督,城市公共服务设施供给并不能够充分满足公众需求,甚至成为矛盾的焦点。有效监督的缺失体现在公共服务设施供给决策过程中。按照我国人民代表大会制度安排,人民群众是权力的主人,代表公众

① 与番禺区规划分局编研中心张志强副主任就番禺垃圾焚烧发电厂选择流程及相关问题产生原因进行访谈整理,2010 年 3 月 13 日。

利益,监督政府,促成政府与公众的和谐互动。但案例分析显示,在公共服务设施供给与公众需求相脱节或影响公众利益时,人大代表选择了和政府一致的立场,或集体失语,对公众诉求熟视无睹。在公共服务设施供给决策过程中,公众利益和话语权难以得到体现,也无法对由政府、市场主导的供给决策形成监督。因此有效监管制度安排的不健全和失效是导致公共服务设施供给质量低下,甚至有损公共利益的重要因素。

6.2 城市职能定位与城市管理模式变革

城市管理模式的变革与政府职能定位紧密相连,不同公共管理模式下的政府职能定位也不相同,由此导致了城市管理模式的变革。行政管理学认为,现代公共行政管理发展经历了统治行政、管理行政和服务行政三个阶段,而与此相对应,产生了城市管制、城市经营和城市治理三种城市管理模式。由此可见,服务型政府建设背景下的城市治理模式是现代城市管理发展的必然趋势(王佃利,2009)。

6.2.1 传统公共行政与城市管制模式

传统的公共行政模式形成于20世纪初,代表人物是马克斯·韦伯,他以忠于物(组织与制度)而不是人(君主)为基础建立了现代等级官僚行政模式。在这种模式下,城市政府单独承担了全部城市公共物品的供应,行政命令是其主要的管制手段。

1）传统的公共行政理论

20世纪初,威尔逊确立了公共行政管理的政治、行政二分法,认为政治是国家意志的表达,而行政则是国家意志的执行。二分法奠定了公共行政研究的起点。科层制(官僚制)是公共行政的组织基础,是一种建立在专业分工和专业知识基础上的,以行政效率为目标,科学、理性的行政管理体制。二分法和科层制都强调了公共行政管理的工具性和技术性,是传统公共行政的重要特征。在传统的公共行政模式下,城市政府基本上是按照科层制模式进行构建。城市政府是城市唯一的管理主体,是城市公共服务设施的供给主体,供给方式单一,以自上而下行政指令方式进行管理。随着科技与全球经济一体化发展,城市政府管理需要更加综合化、复杂化和多样化,传统的公共行政面临改革需求。

2）计划经济时期的城市管制

在计划经济时期,城市政府消灭市场,吞并社会,是城市唯一的管理主体,垄断所有的城市公共决策,通过自上而下的单一行政指令进行运作,是典型的传统公共行政模式。在此行政模式下,城市管理是采用中央高度集权的、以审批制度为主的城市管制模式,地方社会管理和经济发展权利都集中在中央政府,城市政府缺乏自主权,只能机械地执行中央政府的指令计划。同时因为政府是城市管理的唯一主体,垄断城市各个领域事务的决策,导致管理职能过于宽泛,一方面是抑制了社会其他主体的发展,另一方面又往往在一些基本职能上缺位,造成许多弊端,出现了“管不了”“管不好”“管错了”等政府失灵现象(诸大建,2002)。传统的公共行政模式与计划经济体制相结合,形成了我国封闭僵化的城市管制模式。以追求效率为起点却导致了城市公共服务的无效率供给,是计划经济时期城市管理问题的根源。城市管理模式的转变和创新,需要新的城市职能定位和行政管理范式。

6.2.2 新公共管理与城市经营模式

针对传统公共行政的弊端,从1980年代开始,西方国家陆续掀起了治道变革的浪潮,逐步形成一种称之为“新公共管理”的理论形态。新公共管理理论以经济学理论和私营部门管理范式为基础,倡导通过民营化和签约外包的方式压缩公域边界,重新界定政府职能范围,改革政府作用方式(诸大建,刘冬华,2005)。新公共管理理论为政府改革提供了明确的方向和具体的操作方式,为城市经营管理模式的构建奠定了基础。

1）新公共管理理论

基于政府再造的理论基础,新公共管理理论提倡“企业化的政府精神”,要实现对公共体制和公共组织进行根本性的改造,提高公共部门的组织效率、效能、适应性及创新能力,创造具有内在改进动力和企业家思维的公共部门,打造企业型政府。新公共管理认为政府必须在市场导向下,通过引入竞争机制,运用创新策略来提高政府绩效。其基本特征包括五个方面:一是重视成本效益关系;二是强调顾客导向;三是强调市场机制,重视竞争和选择;四是授予权能,即扩大公共管理者的行政自由裁量权;五是创新与改革,主张公共企业家运用各种创新策略达到管理目标(张成福,党秀云,2007)。

针对传统公共行政的弊端,新公共管理理论更多地表现为管理方法的更新。在城市管理模式上,政府引入企业的管理方法和技术,通过企业的参与更好地为城市提供公共服务,这是企业化政府的职能在城市管理中最重要的体现。政府注重企业的参与,主张运用市场的力量,让企业承担过去政府承担的部分责任,协助政府提供城市公共设施和服务。

2）城市经营模式

城市经营被认为是新公共管理理论在我国的实践,城市经营模式在我国的兴起,源于转型期以来城市政府自主权的逐渐扩大,最终成为一个独立利益体。城市政府自主决定城市资源利用,城市职能定位的变化促使城市管理模式发生变革。

在计划经济体制下,城市政府主要是作为中央政府在地方的分支,代行中央的管理职责,主要任务是履行中央政府的行政指令。自主权的缺失,导致了城市政府组织城市经济社会发展的主动性和积极性不足。随着中央政府在事权和财权向地方政府分割进程的推进,城市政府获取了地方城市发展的自主权,这极大调动了城市政府组织本地经济社会发展的积极性和创造性,使其日益成为一个相对独立的利益主体;在当前日益激烈的城市间竞争中,城市政府转变职能,通过挖掘本城市区位、交通条件、资源和劳动力资源,改善区域投资的硬环境、软环境,提升城市竞争力,吸引国内外"用脚投票"的资金。所以,简单地说,城市经营就是新公共管理在我国的实践,强调企业化理念和企业管理技术的应用,希望更多地借助私营部门、更少地依赖政府部门满足居民公共服务需求,企业化政府也是经营城市经营理念的体现。

6.2.3 新公共服务与城市治理模式

新公共管理理论过于注重企业管理理念和技术,忽略了公共管理的公共责任和民主精神等价值属性,突出体现了在城市经营模式中政府往往缺位于公民基础服务、越位于经济管理的现象。基于对新公共管理理论的反思,新公共服务理论将公民权和公共行政精神作为公共管理的首要精神,强调治理理论的民主取向,进而逐步构建了城市治理模式。

1）新公共服务理论

新公共服务理论是指关于公共行政在将公共服务、民主治理和公民参与置于中心的治理系统中所扮演角色的一系列思想和理论。新公共服务理论突出为公民服务的重要性,认为政府在管理公共组织和执行公共政策时应该强调其服务于公民和授权于公民的职责,公民的利益诉求应该被放于首位。基于公众需求导向,政府要与其他管理者构建治理网络,建立具有整合能力和回应力的公共机构,以满足公民的公共服务需求。新公共服务理论的理念包括:一是服务于公民,而不是服务于顾客;二是追求公共利益;促进建立一种集体的、共同的公共利益观念,创立共同的责任和共同的利益;三是提出思考要具有战略性,行动上要具有民主性;四是承认责任并不简单;五是提出服务,而不是掌舵;即是基于价值的共同理念,帮助公民明确表达和满足服务需求,而不是试图控制或掌控社会的发展方向;六是提出尊重人,而不是尊重效率。就是通过公共组织及网络成员,基于对所有人的尊重而合作(登哈特·罗伯特,登哈特·珍妮特,2002)。

公共管理的首要本质属性是合法性,即公共性。公共管理的目的是追求公民福利、社会公正、公共利益和社会责任等多元价值。如若脱离这个目标,则失去其存在理由;其次,公共管理应具有合理性,即以理性为工具,经济高效地提供公共物品,二者关系是以合法性为基础,合理性为手段,二者同时具备才能保障公共管理的通畅运行(诸大建,刘冬华,2005)。

综合对比传统公共行政理论、新公共管理理论及新公共服务理论(表6-1)可以看出,新公共服务理论提出了一个强调民主、公民权和为公共利益服务的规范理论框架,其重在对公共管理价值观的发掘和推崇,而不在于对管理方法和技巧的改进。新公共服务把公共利益放在重要位置,强调政府需要更关注公共利益和民主理想,以公共利益为自己的追求目标,为城市政府在治理条件下的政府职能定位提供了新的方向。而传统公共行政和新公共管理理论以公共管理的工具性作为管理的追求目标,通过建立不同模型实现工具理性,忽略了公共管理的立足之本,二者的本质内涵具有一致性,只是后者具有更高的运行效率(图6-2)。

表6-1 不同公共管理理论观点对比

	传统公共行政	新公共管理	新公共服务
理论基础与认识论	政治理论	经济理论与私营部门管理理论	人本主义与民主理论
行为模式	工具理性,“行政人”	工具理性,“经济人”	价值理性和工具理性,“公共人”
管理目标	执行政策、维护制度运行	追求“经济”“效率”“效能”	关注公共利益
组织结构	官僚组织	市场分权与公共组织	合作性网络组织
责任	等级制——行政官员对民主产生的上级负责	市场驱动——追求效率和经济利益	双重责任——市场精神保证效率,公民对话维护公正
政府角色	划桨(设计和执行政策)	掌舵(充分利用市场)	服务(为公民利益进行协调)
关注范围	关注组织内部	关注政府—市场关系	关注政府—市场;政府—公民关系

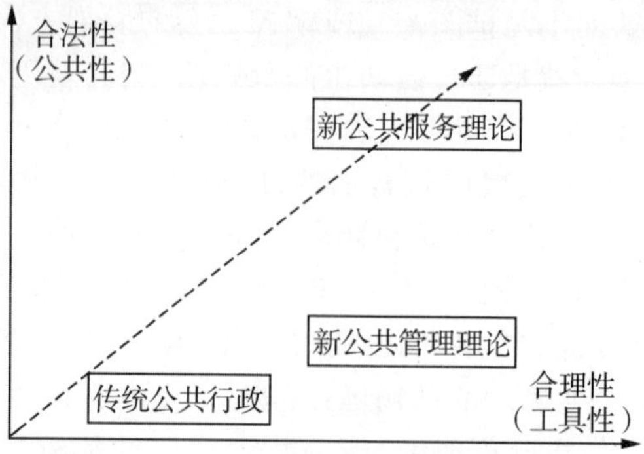

图 6-2　不同公共管理理论的属性维度

2）城市治理与服务型政府

城市治理是城市政府与企业、非营利组织和公民相互合作促进城市发展的过程，其中政府职能定位的转变是城市管理能否实现治理目标的关键。随着市场经济的发展，通过市场化和社会化分权，政府权力越来越分散，许多政府职责都被转移给企业和非营利组织，政府成为企业、非营利组织、利益团体、公民等组成的治理网络中的一员。在这种背景下，政府的角色定位从控制者转变为议程的安排者，通过聚集利益相关者讨论、协商，促成公共问题的妥善解决。在城市治理模式下，城市公共利益和公共服务的提供可以通过政府与社会、企业的合作实现，政府与其他主体共同参与并共同承担责任。这个过程不仅增强了城市政府的效率、有效性、责任性、透明性及回应性，而且有助于公民更好地了解政府决策，有助于市民对城市发展中公共问题的主动参与，增强了公民的责任感，有助于形成城市政府与非营利组织共同关注、参与、促进城市发展的新机制。

服务型政府就是在公民本位、社会本位的理念指导下，在整个社会民主秩序的框架中，通过法定程序，按照公民意志组建起来的以为公民服务为宗旨并承担服务责任的政府（刘熙瑞，2002）。服务型政府将起点确定在公民权利的尊重和保护上，因此服务型政府从观念上应该是以社会公众的需求为出发点，从功能上转变为公共服务的供给者。

城市治理模式实现的关键就在于政府要按照服务型政府的要求来定位。社会经济转型时期中国城市政府面临行政体制改革和政府职能转变，强化政府公共服务职能，构建公共服务型政府是转型时期行政体制改革的根本目的。服务型政府是社会共治政府，要确立以人为本、以公共需求为导向的城市公共服务供给体制，引导企业、非营利组织和公民的参与，以协调城市公共设施和服务的供给，共同促进城市的发展。

6.3 基于新公共服务理论基础的供给模式重构

新公共服务理论是一个强调民主、公民权和为公共利益服务的规范理论框架,认为政府职责不但在于“掌舵”,更在于“造船”,重在为公众提供健全、完善且具有回应性的公共服务。基于当前城市公共服务设施供给模式特征和供给问题,新公共服务理论指导下的城市公共服务设施供给模式重构,需要重设供给目标、重组供给主体之间权力关系及运行机制,从而构建基于公众需求导向的公共服务设施供给模式。

6.3.1 供给目标重设

城市公共服务设施供给所要解决的问题,并非仅仅是在城市地域空间内配置学校、医院等社会性基础设施,更重要的是要面对不同经济属性的服务设施、不同类型的供给模式和不同特性社会群体的需求,以及蕴含这些不同属性的社会、经济、政治和文化背景,综合考虑建构具有时代特征的价值观,以及由此而决定的公共服务设施供给目标。所以,在构建服务型政府和城市治理模式背景下,城市公共服务设施供给强调公民的需求导向和政府、市场、社会等多主体的协商合作,公平、公正和高效地满足公民的公共服务需求。

城市公共服务设施供给目标的重设过程,也是公共服务设施配置的价值观和优先权选择、供给问题界定及供给目标重设三个要素相互影响和修正的过程。其中,价值观和优先权选择处于最为核心的地位(图 6-3)。

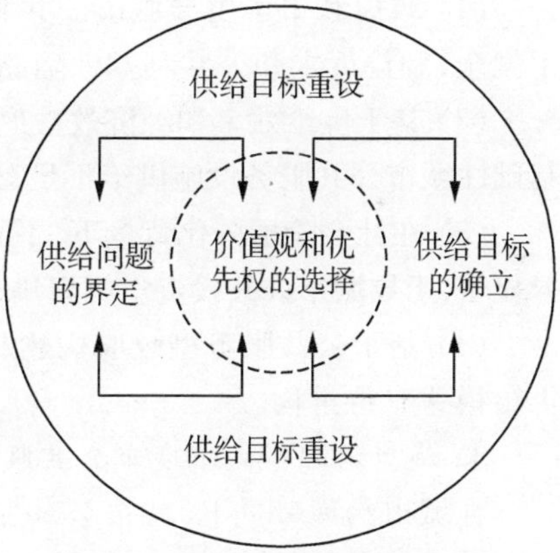

图 6-3 城市公共服务设施供给目标重设过程

1) 价值观和优先权选择

价值观是指人们关于基本价值的立场、取向和态度,是人类意识的重要形式,用以指导人们的思想和行为。在城市规划过程中,规划师需要不断地选择其观察范畴、对于未来的假设、优先的目标、可能的代价及城市发展模式,这一过程不仅是实证的,更是伦理的或规范的(孙施文,1999),规划师在此过程中的判断基础,就是城市规划的价值观选择。同样,构成城市公共服务设施的供给主体及相应的制度安排也是基于特定的价值观基础。

社会转型是整个社会的变化，它不仅需要完成经济、政治等表层结构的转换，更需要社会深层结构中的理念及价值观的转换。价值观是具体行为的高度抽象，从两个方面影响社会个体的行动取向：一方面它将指导对行动目标或结果的关注。例如，对于垃圾焚烧发电厂的选址，引导公众关注的是其目的是否真正出于解决“垃圾围城”困局，其选址进程安排是否尊重公共利益，符合周边居民意愿；另一方面，它还将影响对现实问题的界定和评价，提供界定和评价标准。例如，中小学校的撤并，导致教育设施规模缩减且空间分布不均的结果是否符合居民公共利益，是否符合以人为本、尊重民权公共管理价值取向。因此，价值观和行动中优先权的选择是公共服务设施供给目标重设的核心。

2）转型期公共服务设施供给问题界定

在公共政策分析中，问题的界定具有重要的先决性作用（刘佳燕，2009），重构转型期城市公共服务设施供给模式，需明晰现行供给模式下存在的问题。转型期广州城市公共服务设施供给模式下存在如下几个问题：

（1）政府和市场主导城市公共服务设施供给，公众参与和有效监督机制不健全，利益诉求和公共利益保障路径缺失。

（2）基于供给效率和经济效益追求，城市公共服务设施供给与需求脱节，基础性城市公共服务设施供给不足，公众需求导向缺失，不能满足公众需求。

（3）在社会阶层分化背景下，不同阶层社会群体的服务需求及满足能力差异显著，引导城市公共投资空间聚集，导致公共服务设施的空间不均衡分布。

（4）基于公共服务型政府构建及城市治理模式变革，城市公共服务设施供给模式有待重构。

3）城市治理模式下城市公共服务设施供给目标

在城市治理背景下，城市公共服务设施供给目标就是要在需求导向下最大限度地实现公共服务设施的有效供给，这个过程包括政府、市场和市民社会组织的积极参与。

随着分权化改革的推进，城市政府发挥作用的行政生态环境发生了很大的变化，其地位、作用和目标也都发生转变。在经济职能方面，城市政府宏观调控作用有限，主要承担大量具体的微观管制；在社会职能方面，基于中央的分权，城市政府承接大量的社会公共服务提供职能。随着城市居民、企业公共服务需求的多样化，对城市政府公共服务供给类型和质量提出了更高的要求。所以，在城市公共服务设施供给上，城市政府改革的目标就是以更加灵活的行为模式履行城市公共服务设施供给职能，协调政府、企业、公民和社会组织共同参与城市公共服务设施的供给。结合前文广州公共服务设施供给现状特征及案例分析,城市公共服务设施的供给目标,可以被概括为如下四点:

(1) 城市公共服务设施供给与社会需求相协调。针对不同社会群体的差异化需求,提供多样化、开放性的设施使用机会,实现公共服务设施供给的多元化和合理性。

(2) 城市公共服务设施供给的空间分布相对均衡。保证教育、医疗、文化娱乐、体育等设施分配过程和配置结果的公正性和公平性。为社会弱势群体提供必需的基本生活设施,保障其基本生活质量。

(3) 保证服务设施供给决策和实施过程要实现公开、透明、民主。动员社会公众参与,尊重公众利益诉求并保障公众利益表达机制,提供相关利益群体平等协商的平台。

(4) 基于公众需求导向,构建多元有效供给主体结构,提升公众生活品质。在城市治理模式下,政府、企业和非营利组织组成服务设施的多元供给主体,要以公众需求为导向,有效配置服务设施,提升居民公共福利和生活品质。

6.3.2 供给主体重组

随着社会化改革的深入推进,非营利组织作为新的组织要素引入城市管理过程,城市构建了由政府、企业、社会组成的多元城市治理结构(图 6-4)。在多元城市治理结构中,三类城市治理主体在城市公共服务供给过程中所主导领域和层次、依赖力量与权力及供给原则都存在显著差别(表 6-2)(诸大建,2002)。

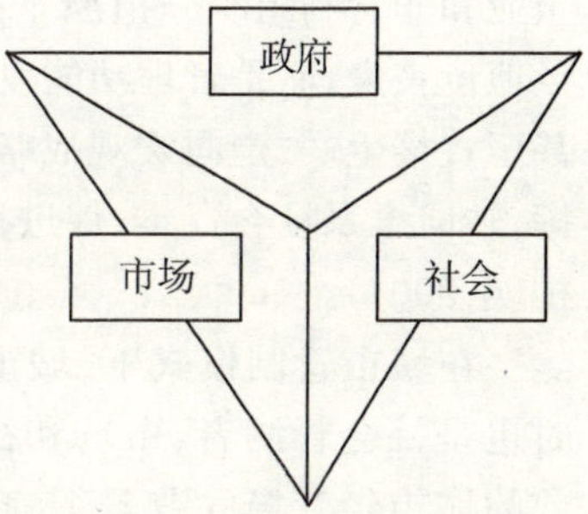

图 6-4 转型期城市治理结构

表 6-2 城市治理结构中三类主体特征比较

政 府	社 会	市 场
公共领域	第三领域	私人领域
高层	中层	低层
政府力量	社群力量	市场力量
公共权力	社会权力	资本权力
公义与秩序原则	自主与参与原则	利润与效率原则
政府宏观职能	中层社会职能	微观经营原则
权威关系	社群关系	契约关系

在传统的城市管制和城市经营模式下，政府或政府与市场结合垄断城市公共设施供给，导致城市公共服务设施供给不足、低质低效，且不能满足公众需求甚至侵害公共利益。城市治理模式就是要通过城市政府、企业和非营利组织之间的对话和集体活动，结成伙伴关系，共同完成城市公共服务设施的有效供给。在多元的城市治理模式中，城市政府依然是城市治理的组织者和引导者。企业和非营利组织则是政府提供公共设施和服务的配合组织，它们的介入克服政府包揽管理事务的传统弊端，从而提高城市管理效率和效益；社会公众则是城市治理主体中的基础细胞，公众参与使城市管理机制从被动外推转化为内生参与，是现代城市管理的重要动力。

1）政府主导

(1) 政府在城市治理结构中的主导地位

新公共服务理论认为，因为城市属于城市公民，城市政府的职能不仅要从原来的划桨者转变为掌舵者，更应该成为一个"造船者"，其主要职能在于为城市企业、社会组织和公民提供优质服务。因此，在城市治理背景下，虽然城市政府通过横向分权化改革，向市场和社会分散公共服务供给权力，使企业和非营利组织分担原本由政府承担的许多职能，但并不意味着政府主导地位丧失，而是管理功能发生变化：从原来纷繁复杂的公共服务设施供给甚至直接生产，走向宏观战略管理和社会资源整合；从自上而下的命令和指挥，转向维系社会资本、促进社会多元治理主体合作，构建城市治理网络（孙柏瑛，2004）。

在城市管制模式下，城市政府是城市公共服务设施的唯一提供者，同时也是社会管制者，市场和社会非营利组织力量弱小，处于附属地位；在当前的城市经营模式背景下，政府公共部门引入私营部门的管理理念和管理技术，甚至与资本权力相结合，通过政府放松管制、特许授权等方式，发挥市场和企业组织在资源配置中的巨大作用。由于公众诉求表达机制的缺失和社会组织发育的不足，社会力量弱小，公众利益诉求难以得到有效表达和尊重。

在城市治理模式下，政府仍在城市治理结构中起主导作用，其在城市发展中的核心地位不会因治理主体多元化而动摇。城市政府可以通过公共部门改制，放权给非营利组织，在制定公共政策时强调公共参与等方式培养社会组织，培育市民社会；通过特许经营授权，与企业建立合作伙伴关系，通过公众参与，加强对企业的监督；另外政府可通过订立契约，以授权—代理的方式决定和影响其他城市治理主体的活动方式和活动效果（图6-5）。

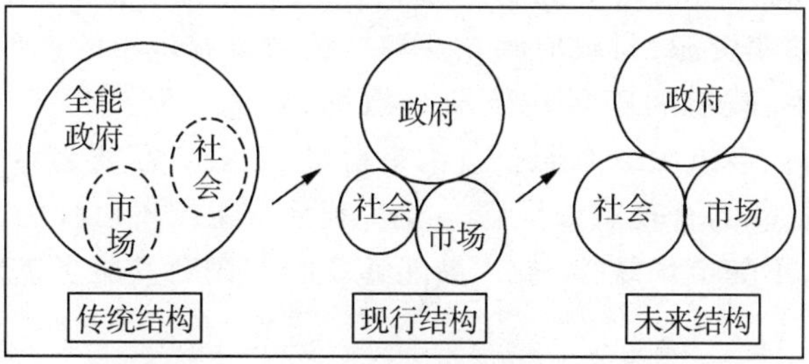

图 6-5 城市管理结构发展示意图

(2) 城市治理结构中政府主导地位的体现

① 直接生产基础公共服务设施,协调非基础公共服务设施供给

在传统的一元城市管制时期,政府包办全部城市公共服务设施,由城市政府各个部门构建各种公共事业单位,直接负责全部公共服务设施的生产和提供。而城市治理理论强调城市公共服务设施供给与生产可以分开,由不同主体完成。城市政府只是直接生产基础性公共服务设施,即纯公共物品类公共服务设施,而准公共物品类和私人物品类型公共服务设施则由城市政府协调市场和企业组织、公民和社会组织比较相应优势,进行协作有效供给(图 6-6)。

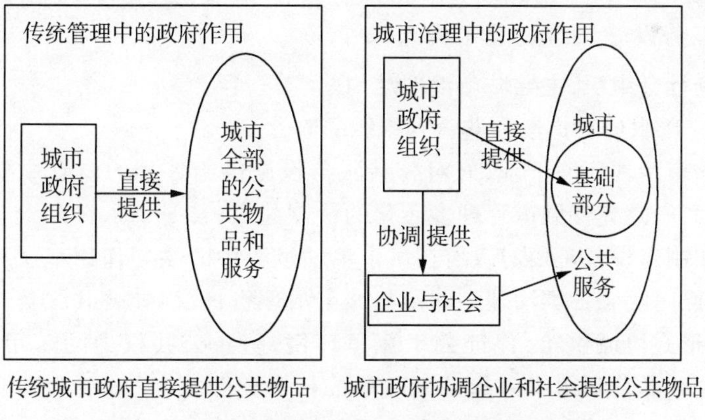

图 6-6 不同管理模式下城市政府作用对比

② 政府主导政府—市场、政府—非营利组织关系

在城市治理网络中,政府、市场、非营利组织三个治理主体之间特征鲜明,政府的特点是依靠强制性的行政权力配置资源,通过自上而下的行政组织体系为社会提供各种公共服务设施;市场通过价值规律实现城市资源的

优化配置,利润导向和竞争机制形成企业之间的竞争格局;非营利组织遵照志愿机制筹集资源,与政府和企业形成公共设施供给的伙伴关系。在这三主体关系中,政府的不足在于缺乏效率,市场机制提升效率,但缺乏公平;非营利的社会组织以志愿公益为宗旨,以受益者需要为导向,追求公共设施和服务资源的合理有效配置。非营利社会组织不以权力为中心,不以谋利为动机,不受市场规律左右,最能够反映居民公共服务需求,实现社会公正。

转型期政府主导改革进程,市场和社会的活动领域都是政府进行横向分权的结果。在城市治理环境下,城市政府通过自身定位和职能转换来影响其他治理主体发挥作用,是城市治理过程的引领者和主导者。在实践中,政府以管制、税收方式介入市场,以特许经营授权形式在公共服务设施供给领域引入市场机制,并在科学技术研究方面与企业共同投资,从而主导政企关系;在政府—非营利组织关系上,通过福利项目的承包,政府为非营利社会组织提供资金,影响非政府社会组织的志愿属性和公共服务供给效果(图 6-7)。因此政府影响城市公共服务设施供给过程中的市场和非营利社会组织,主导城市治理结构。

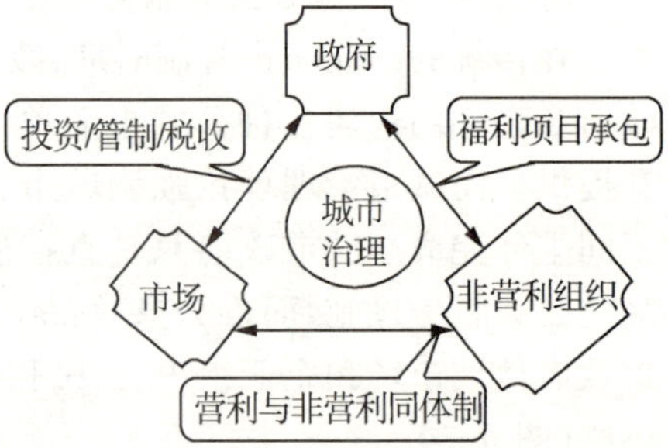

图 6-7 城市治理三方利益关系图

③ 完善政府对市场和非营利组织的监管

在城市治理环境下,政府对公共服务设施供给过程的监管主要体现在两个方面:一是完善城市管理多元化的法制建设;二是引入公众参与。城市监管的法制建设就是要对政府在城市治理过程中的主导作用和主要职责做出规定,同时明确各类治理主体参与城市治理责任;引导公共服务设施的多主体、多形式协调供给,保证公平竞争环境,防止公共权力的滥用和错用。市民社会和非营利组织兴起源于政府的社会化分权,激发公众和非营利组织参与积极性。社会公众是城市治理的基础细胞,而非营利组织在一定程度上成为公众参与公共决策的组织者和代表,是公众进入公共生活和参与城市治理的重要桥梁。因此,在城市治理环境下,社会公众参与城市公共决策的方式,除直接参与城市政府的治理途径和方式之外,还可以通过第三部门的非营利组织,表达利益诉求和意愿,以实现对城市公共服务设施供给的监管(图 6-8)。

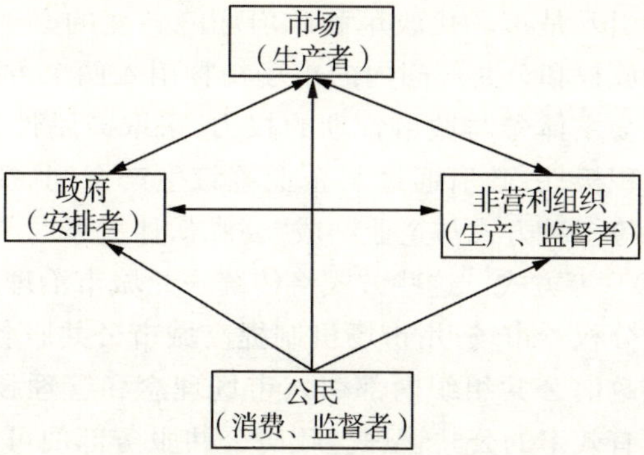

图 6-8 城市公共服务设施供给的公民参与和监管

2）嵌入式

所谓嵌入式就是强调城市公共服务设施供给过程中同时关注政府—市场、政府—公民及社会组织两类关系，既要引入市场机制，利用市场精神提高服务设施的供给效率，又要强调公民参与及公众需求导向，保证服务设施供给过程及结果的公平、公正。从理论上讲，服务设施供给的需求导向和追求公共利益、社会公正，体现出公共管理公共性的价值本质，符合公共管理的合法性基础；而市场机制引入旨在提高服务供给效率，体现出公共管理合理的工具性特征。吸取传统公共行政和新公共管理理论错将公共管理工具理性当作管理终极目标的教训，嵌入式城市治理结构平衡市场和公众参与的关系，保证了公共管理的合法和合理性。在实践中，平衡公共服务设施供给效率和公平，是促进城市经济发展和维护社会公平正义的保障。下面分别讨论嵌入式城市治理结构中政府—市场、政府—公民及社会组织在公共服务设施供给过程中的作用机制。

（1）政府—市场

当前，克服传统公共行政和城市经营管理模式的弊端，关键是要建立政府、市场、社会三位一体的城市治理结构，其中最为核心的内容就是政府职能的转变，从生产性职能转向宏观调控职能，提高城市政府治理能力(表 6-3)。

表 6-3 城市治理与传统城市管理模式对比

	传统城市管理	城市治理模式
管理领域	政府管理城市全部公共事务	政府管理城市基本公共事务
管理职能	政府是公共物品直接提供者	政府是公共管理的宏观协调者
管理主体	政府是城市公共管理的唯一主体	公共部门、私营部门、非营利组织
管理能力	以科层制为特点的行政手段	经济手段、参与手段、行政手段结合

市场机制的引入是市场化改革和政府职能转变的必要条件，主要体现在政府的市场化放权和公共部门内的市场精神引入两个方面。市场化放权就是赋予城市社会主体参与城市管理的权力，采取鼓励性措施激发城市发展中多元主体的积极性，政府通过与企业签订生产合同、授予经营权、政府参股及经济资助等多种方式与企业结成"公私伙伴关系"，具体包括BOT方式、BOO和BOOT等方式。这些方式将传统一元城市治理模式下政府的公共服务生产职能分权给市场，用市场机制提高城市公共服务设施供给效率；另一方面就是在政府公共组织内部引入市场理念和管理技术，目的是推动公共部门提供更有效率的公共管理。政府公共服务部门可以利用私营部门的绩效管理、目标管理和人力资源管理等方法提高公共部门的效率，从而为社会提供更好的管理和服务。

(2) 政府—非营利组织

城市中分散的公众是城市治理网络的基础细胞，也是由政府、企业、非营利组织构成的治理体系的基础，公众参与城市治理机制存在的合法性基础，所以公众参与是城市治理的重要标志和基础。本书在这里没有将非营利组织与公众参与进行特别区分，其原因在于非营利组织不仅是公民社会最有代表性的组织形式，也是公众表达利益诉求和参与城市治理的重要桥梁(王佃利，2006)，二者的利益取向具有高度一致性，有时甚至是特定群体的不同组成形式。在参与形式上，公众往往自发形成以特定问题为核心的公民参与网络。以这种富有弹性化、相互交叠且共同参与的组织形式参与治理体系，也是非营利组织构建的重要来源。因此，诸大建认为非营利组织已经在一定程度上成为公众参与决策的组织者和代表(诸大建，2002)，一方面是公众作为城市治理的基础细胞，除直接参与城市管理的途径和方式之外，还可以通过非营利组织表达意愿和诉求；另一方面，非政府组织利用贴近公众的优势，可以充分了解公众状况、社区需要，因而可以更确切地反映公众意见(图6-9)。

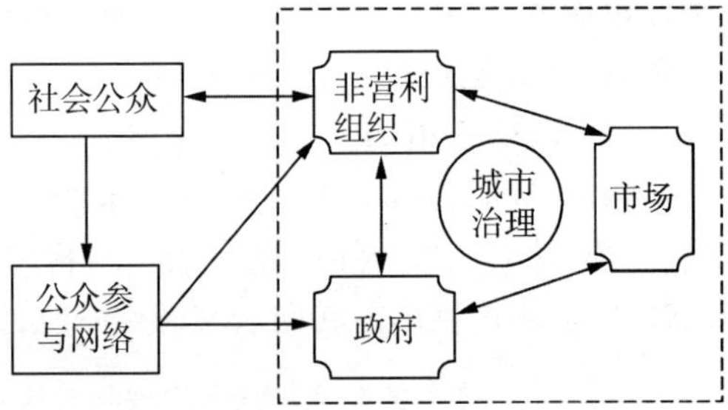

图6-9　社会公众参与城市治理途径

不同于政府的强制和市场的价格机制，非营利组织是以志愿机制供给城市公共物品、参与城市治理，其出现是针对基于公共服务供给过程中政府失灵和市场失灵的反映。基于非营利组织自身的性质，在城市治理中，政府与非营利组织形成了互补关系，即政府将更多的对公共服务的管理权移交给非营利组织，赋权于非营利组织，使非营利组织具有更多独立和自主的发展机会，可以在多个领域与政府合作，如教育、医疗、健康和保健设施的供给等。非营利组织的发展可以进一步拓展其连接社会公众与政府的“桥梁”作用：一方面，非营利组织的发展能唤起民众的公共意识和参与城市治理的热情，促进公民自我意识增长和市民社会崛起；增加公众公共利益诉求表达，如对城市公共服务设施需求的表达；可以加强对政府公共政策的监督，增进公共决策的有效性；构建政府与公众之间的良性双向流动关系；有利于维护社会发展公平正义和城市公共资源配置公开公平。另一方面，非营利组织发展为城市治理主体之一，有利于促进政府职能转型，使政府由公共事务的唯一管理者转变为与社会、市场共同参与的合作者，由城市管制者和控制者转变为多方利益的引导和协调服务者，建构起多元城市治理网络。

3）网络化

城市治理的城市管理体制就是政府、企业和非营利组织组成互动的治理网络，参与城市公共服务设施供给过程。由于不同治理主体的利益定位和利益实现方式不同，治理主体之间价值观的矛盾及不同的利益实现方法，造成彼此之间利益冲突是不可避免的。而城市治理的网络结构强调分权、透明及公众参与，鼓励利益诉求的表达，提倡治理主体之间的平等性、协调的水平性、决策的集体性和运作的协同性，能够提高城市治理主体的利益协调效率和满意度，更好地实现公共服务设施供给。因此，网络化城市治理结构的形成提高了主体之间的利益协调能力，为城市公共服务设施的协调有效供给提供了新的思路和解决方法。

城市治理网络包括形成于城市公共部门内部、政府—企业之间及城市地域空间范围内围绕特定服务设施供给而构成的跨部门、体制、等级的网络联盟三种类型。首先是公共部门内部科层组织之间形成的网络式联盟。这种网络联盟的形成是以任务为导向，以问题解决为目的构建的一个跨各种专业部门的持续变化的网络结构，有利于工作内容交叉、利益关联面广、具体目标性强的城市管理任务的完成。如在中小学教育设施布点调整过程中，城市管理涉及教育、国土、规划、财政等多个公共部门，旨在构成一个达成教育设施空间布局优化目的的协作网络。其中教育部门提出问题或现存矛盾，规划部门根据相关教育设施配置标准与规定，提出调整或规划设想，然后与国土部门对接，落实用地供给可能性，而财政部门则负责划拨规划咨询经费并调整教育投资预算。当任务完成后，这一城市政府“内部合作”的网络结构也随之发生改变。

其次是创建基于各种公私伙伴关系的合作网络。面对日益紧张的政府财政拨款和日益增长的城市公共服务设施需求,以制度化的公共部门与私营企业为基础,城市政府与投资者、开发商、私有企业结成伙伴关系,通过构建公私伙伴网络关系促进城市公共服务设施供给。其主要合作方式包括签订合同(如 BOT 方式)、授予特许经营权及经济资助等方式。如政府会对民营的图书馆、教育及卫生设施建设给与补贴、津贴、减免税收等多种形式的经济资助。

最后就是围绕特定服务设施供给形成的跨部门、体制、等级及群体的网络联盟。由于市民社会的发展及公众参与意识的加强,现代社会公共决策日益复杂,尤其需要政府、非政府组织及社会公众更多的专业经验、专业技术知识的参与,组建一个多元网络治理联盟,这对解决特殊专业、行业和群体的特殊问题具有较好效果。如对于垃圾焚烧发电这类专业设施配置,涉及特殊专业技术知识,公众需要一个广泛的了解和学习过程。以上需要发挥城市治理网络中不同主体之间的平等、协商和沟通功能,扩大不同参与意见的广泛参与,加强专业知识的普及和教育,增强公众的主体意识和接受程度。

因此,基于城市公共服务理论,政府、企业和非营利组织围绕城市公共服务设施供给,通过组建公私合作网络、公共部门供给网络、公民参与网络及企业—非营利组织的协作网络,共同构成城市治理网络结构,协调各自利益定位和利益实现机制,实现城市公共服务设施有效供给(图 6-10)。

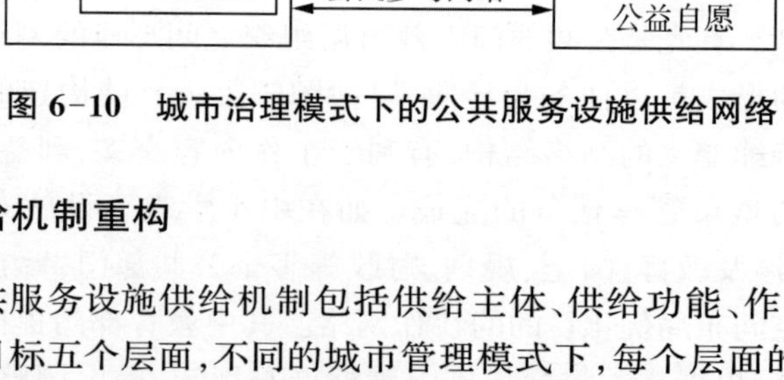

图 6-10 城市治理模式下的公共服务设施供给网络

6.3.3 供给机制重构

城市公共服务设施供给机制包括供给主体、供给功能、作用工具、供给对象和供给目标五个层面,不同的城市管理模式下,每个层面的内涵及层面之间的作用关系都存在较大差异,城市治理模式下公共服务设施供给机制重构就是要确立居民需求导向,调整设施供给五个层次的内涵及作用机制,实现城市居民生活质量提高和城市社会全面发展的目的。

1）城市管制模式和城市经营模式下的供给机制

在计划经济时期,城市政府是中央政府在地方的利益代表,主要职责在于执行中央下达的经济社会发展任务,没有主导地方经济发展和社会管理的权力。城市发展目标是“变消费性城市为生产性城市”,制约被划定为“非生产性投资”的服务设施配套资金投入。生活性服务设施供给是通过发展生产辅助性功能配套实现,且是以自上而下“以供定销”的模式配置,利用强制性的行政指令下达服务设施配置标准和目标。僵化的行政科层体制导致计划经济时期城市生活性服务设施供给不足。改革开放以来,在中央政府的分权化改革背景下,城市政府日益成为一个独立的经济主体。为了取得竞争优势,基于新公共管理理论,城市政府管理引入私营企业管理技术和管理理念,确立城市经营的管理模式。城市公共服务设施供给主体是城市政府和政府与私营部门结成的公私伙伴结合体,服务设施供给以促进城市经济增长和提高城市竞争力为目的。公私伙伴关系以市场化手段提供服务设施,并以获利能力较强且能促进地区经济增长的生产性服务设施为主要供给对象,通过民营化和签约外包的形式最大限度地赋予市场的服务设施供给权力。城市经营模式下,城市公共服务设施的市场化供给保证了供给效率,但不能保证服务设施供给的公平,且仅将公众定位为服务设施使用者和决策过程的“局外人”,不能参与公共设施供给决策过程,忽视了城市公众的社会性服务设施需要和利益诉求,不利于城市居民生活质量提高和社会发展(图 6-11)。

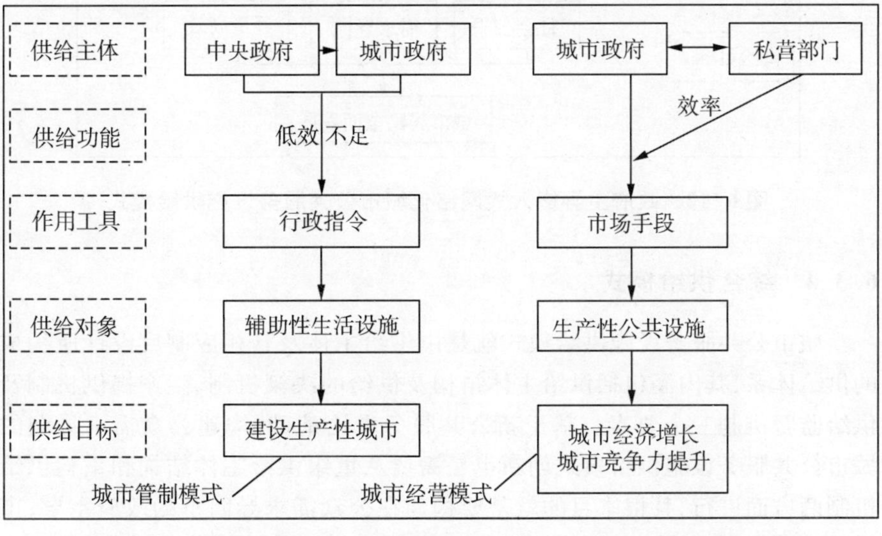

图 6-11 城市管制与城市经营模式下公共服务设施供给机制

2）城市治理模式下公共服务设施供给机制

在城市治理模式下，城市政府、企业和非营利组织及公民组成城市治理网络，是城市公共服务设施的供给主体。其中政府是城市公共服务设施供给结构的主导力量，通过嵌入非营利组织志愿精神追求公益和私营部门高效率追求利润的功能特征，在提高城市公共服务设施供给效率的同时，保证公民对服务设施需求意愿的表达和满足，以维护社会公平。治理模式下城市公共服务设施供给作用工具主要包括经济、行政手段和公众参与，其中公众参与是服务设施供给的核心手段，通过公众参与机制表达公众的服务设施需求和利益保护诉求，基于需求导向的设施供给保证社会公平，并通过选择合适的供给方式保证设施的配置效率，实现城市居民全面发展的公共服务设施供给目标（图 6-12）。

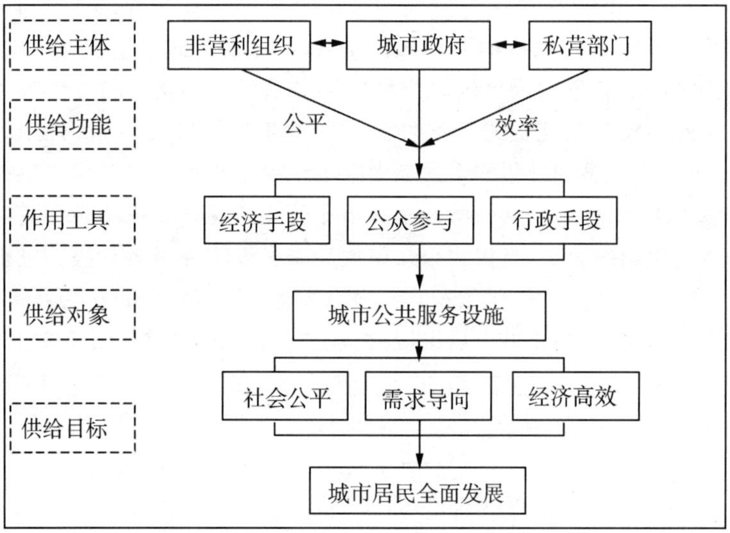

图 6-12　政府主导嵌入式网络化城市公共服务设施供给模式

6.3.4　综合供给模式

城市公共服务设施供给模式就是由供给主体及其相应制度设计所构成的供给体系，其内涵包括供给主体结构及供给的决策机制、生产提供机制及供给监督机制三个要素。基于新公共服务理论基础，构建公众需求导向的城市公共服务设施供给模式创新也是需要从重组供给主体结构和重构供给机制两方面进行，其根本目的就是要构建在公众需求导向下的政府主导、市场和社会共同参与的三方综合联动供给模式。

1）供给主体结构：政府主导下市场、社会共同参与的“多中心”供给主体结构

城市公共服务设施是城市社会性服务业的依托载体，事关公众生活质量和社会福利水平，政府主导才能保证城市公共服务设施的基本供给。但同时由于缺乏竞争导致没有动力和激励去提高效率，政府主导是传统条件下城市公共服务设施供给质量和效率低下的重要原因。市场机制的优势在于更加注重生产的成本收益关系，通过引入竞争机制以提高供给质量和效率。但过于注重效率追求往往会导致社会公平的缺失，而社会非营利组织的供给参与，一方面通过自身力量提供公共服务设施；另一方面更重要的是可以通过表达公众的公共服务设施诉求及意愿，对政府和市场方式下的公共服务设施供给给予需求方向引导，促进公共服务设施供给公平。所以，基于城市公共服务设施差异化的社会经济属性，发挥政府、市场和社会的比较优势，确立政府主导下的多中心供给主体结构，有利于促进不同服务设施的公平有效供给。

2）供给模式制度设计

（1）基于公众需求导向的科学民主决策机制

城市公共服务设施是城市居民生活的必备物质基础，与公众日常行为紧密相关，其供给必须体现公众意愿和需求，才能确保供需对应。构建科学民主的决策机制需要改变传统至上而下单一流向的供给决策机制，构建不同利益主体的利益表达渠道。切实反映公众需求，是公共服务设施供给科学民主决策的关键。在“撤点并校”过程中，政府垄断了中小学撤并决策过程，公众被排除在供给决策过程之外，且基于行政目标驱动的撤并进程，忽视了公众利益和意愿，这种“一刀切”式非科学民主供给决策机制就是引发社会矛盾的关键。

（2）合理划定生产提供范围

城市公共服务供给过程中的提供和生产、监督和管理都是具有可分性，应该基于不同类型公共服务设施的特性，发挥公共组织、私营资本及非营利组织的比较优势，合理界定不同供给主体的生产、提供范围和角色。基于公共服务设施的公共性特征，首先是要强化政府作为供给主体的职能和职责，从建设性财政转向公共性财政，负责基础性公共服务设施（如义务教育、基础性医疗）生产和提供。完全政府供给为基础性公共服务设施提供充分的保证。其次发挥市场和社会力量作用，弥补政府供给不足，使其从经营性设施供给领域中退出，构建“多中心”的公共服务设施供给模式。因此合理划定不同参与主体生产提供范围是保证城市公共服务设施合理有效供给的

根本。

(3) 加强体制内外监督,完善公众参与机制

城市公共服务设施供给模式转型需要政府加强体制内外监督机制。城市公共服务设施供给的市场化、社会化改革需要政府加强管理和监督职责,充分运用间接、动态管理等手段,对多种模式下的公共服务设施供给过程进行监管。同时适应开放性社会的全方位监督要求,引导和完善公众参与,包括公共服务设施供给决策、规划建设、运营管理的全程参与,使公民能更加有效地表达需求和监督政府及市场组织的城市公共服务设施供给行为。

6.4 城市公共服务设施供给模式重构的实施路径

城市公共服务设施供给机制的重构是不同相关主体之间利益冲突和相互协调的过程,其主要原因在于不同主体的利益表达及利益实现机制的不同。政府是以强制性手段追求公益,企业则是以志愿手段追求私益,非营利组织以志愿性手段追求公益(席恒,2003)。因此公共服务供给模式重构的关键在于不同供给主体之间利益整合,而不同参与主体利益需求和主体行为规范是利益整合的关键。

6.4.1 政府行为的规范

在城市治理模式下,城市政府既是治理网络中的一员,又是治理体系的引导者和组织者,因此公共服务设施供给机制重构首先就是要规范城市政府的行为模式。从中小学撤并及垃圾焚烧发电厂选址案例分析中我们可以得出,城市政府在公共服务设施供给过程中的行为失范主要出自城市经营模式下政府对经济效益的追求,而忽视城市公共利益和公众诉求。因此政府职能定位转型、建设服务型政府是完善城市治理、重构公共服务设施供给模式的关键。具体包括以下两个方面:

1) 切实转变城市政府职能

遵照公共服务型政府的要求转变城市职能是当前推进公共服务设施供给管治和重构公共服务设施供给模式的关键。当前,广州城市管理已经逐渐脱离传统的城市管制模式,处于基于新公共管理理论的城市经营模式阶段。从发展方向上看,城市政府的最终定位应为服务型政府,城市治理模式下的公共服务设施的供给管治也是重构公共服务设施供给模式的努力方向。基于案例分析,近来广州政府在公共服务设施供给方面与城市公众开始互动和利益协调,并承诺将推进决策透明化、公众诉求表达机制程序化、

法制化过程，这是服务型政府建设的起步。

2）合理规范政府行为

公众对政府行为的评判，不仅关注政府的行为目的，更关注其行为方式（王佃利，2009）。因此在公共服务设施供给过程中，保持过程的程序化、合理化更具有重要意义。城市公共服务设施供给过程的行为规范，就是要合理利用各种管治手段，规范公共服务设施供给秩序，避免政府行为的"越轨"和"越位"，保证公共利益不被忽视。在广州番禺垃圾焚烧发电厂选址中，政府在公共服务设施供给过程中存在"越轨"和"偷步"行为，不尊重公众的知情和参与权，侵害了公众的合法权益，受到广泛抵制，这就是政府行为不规范的体现。

6.4.2 市场企业组织行为规范

在政府与企业的合作中，基于利润的追求，企业往往会采取各种机会主义行为，构成政府与企业合作的风险，致使合作达不到引入市场机制参与城市公共服务设施供给的目的。而且，由于监管机制不健全和政府自身经济、政治利益的存在，政企合作会演变成为政企"合谋"，损害公众利益。因此需要规范企业行为，引入公众参与，完善监管体制。

1）保证企业进入机制的公开、公平

政府要确定程序，以公开竞争的方式选择公共服务设施供给的合作对象，在竞争过程中，政府要保证程序的公开性和合理性，强调过程的公正和透明，通过公开、公平的过程进行特许经营权授予。广州未来25年的垃圾终端处理权被授予给一个非专业垃圾处理企业，且整个过程没有进行公示和征求意见，这是垃圾焚烧发电厂选址中引起公众质疑的主要原因之一。其根源就在于政府在选择合作伙伴、授予特许经营权、建立伙伴关系过程中，违背了特许经营权授予程序，不能保证企业进入机制的公开、公平。

2）利益相关者的全程参与

在政府与企业的合作中，有效参与和监管是合作成功的重要途径，也是公平市场竞争的需要。在城市治理管理模式下的城市管治中，作为城市管治主体，政府需要纳入社会公众、非营利组织、企业营利组织等利益相关的参与方。权力共享意味着获取和利用资源的公正性。利益相关者只有进入全程监管过程才能形成有效的监管模式，所以政府要保证利益相关者适当参与渠道和利益诉求的表达机制，从而形成科学的公共服务设施决策和建设运营管理的监督体系。

6.4.3 非营利组织行为的规范

从城市公共服务设施供给实践上看,我国非营利组织发展还不充分,自我生存与发展能力不足,运作效率低下,难以与政府、企业建立平等的伙伴关系,在公共服务设施供给参与上过度依赖政府扶持(如广州慈善医院建设),而自我筹资、建设能力低下。因此需要进一步培育志愿精神,发展非营利组织,这对增强公众利益诉求表达、维护公共利益都有着非常重要的作用。

1）明确非营利组织的公共服务供给功能

非营利组织作为“嵌入”于社会结构中的一种社会组织,具有一定的公共责任,其核心就是基于志愿精神的使命感和责任感。在城市公共服务设施供给过程中,非营利组织能够发挥自身特性,在一定层次上与政府的公共服务设施供给功能形成互补和互动,基于志愿手段的公益实现机制能够保证其能更加有效地进行公共服务设施供给。非营利组织聚集不同背景和不同等级的人,有着特定的诉求和需要,在共同的价值观和组织文化的驱动下,能够参与公共服务设施供给,以行动服务公众,最终促成组织目标和价值的实现,也能促使公共服务设施公平有效供给。

2）伙伴关系与公民社会建设

在转型期城市公共服务设施供给过程中,政府、企业和非营利组织基于相互分工、协调和密切合作形成公共服务设施供给管治主体结构。其中政府的角色在于立法和财政资助,调控非营利组织发展方向,也是政府取得社会稳定与发展的有效手段。非营利组织可以补充政府忽略或不能充分提供的公共服务,促进公众参与、利益诉求的表达和公共利益的维护,以完善城市公共服务设施的有效供给。

7 结论与讨论

7.1 主要结论

7.1.1 转型期城市公共服务设施供给是不公平空间生产的过程

广州城市公共服务设施空间分布不均衡，不同阶层居民所拥有的公共服务设施使用机会及不同区域所具备的公共服务设施配套都存在显著的空间差异。转型期城市公共服务设施供给过程中“人的不公平”和“地的不公平”同时存在，因此转型期广州城市公共服务设施供给是基于社会公共资源分配的“不公平空间生产”过程。

1）广州城市公共服务设施空间分布不均衡

广州城市公共服务设施空间聚集特征显著，呈现以老城区为核心，老城区外为边缘的“核心—边缘”空间分布格局，越秀区各类公共服务设施供给的空间聚集水平最高，其次是荔湾区，而黄埔区公共服务设施聚集水平最低；就不同类型的服务设施而言，文化娱乐设施、医疗设施、体育及消防设施供给的空间聚集水平较高，而商业设施空间分布最为均衡；广州城市公共服务设施空间分布的圈层分化及扇区分化特征明显，其中以广卫街为中心、2 km 为半径的第三圈层及 E-EES 扇区聚集公共服务设施规模最大；高等级优质服务设施主要集中在海珠区和越秀区，天河区高等级服务设施比重较高，而黄埔区和萝岗区高等级服务设施规模最低，空间分布不均衡格局显著。

2）广州城市公共服务设施空间布局社会分异特征显著

区域人口特征与城市公共服务设施空间分布呈显著相关性，城市公共服务设施空间布局社会分异特征显著。对教育设施可达性较好的区域人口属性特征表现为学历水平相对较高、中小学学龄儿童比重高、高层次从业者和高收入阶层规模大、户籍居民是人口主体、住房拥有率高、住房条件优越；对小型零售商业网点可达性较好的区域人口属性表现为人口老龄化趋势明显、教育及收入水平较低、外来人口比重大、从事中低层次职业、住房以单位提供或租用为主；而对大型商业设施具有良好可达性的区域年龄结构较为年轻，教育程度相对较高，住房条件优越且自有率高；低素质、低收入外来人口对文体设施可达性较好，消防设施主要分布在中心城及周边地区，人口老龄化趋势明显，外来人口比重高；在与医疗设施相关性上，一般城市居民与综合医院、专科医院及妇幼保健院可达性较好。而社区卫生服务中心与高素质高收入居民相关性较好，且医疗设施等级高的地区，区域人口受教育程度、职业层次、家庭月收入水平较高。

基于区域人口社会经济属性及城市公共服务设施配置特征，广州中心城区 116 个街镇可划分为六种类型社区，不同类型社区内部人口社会经济属性和服务设施配套具有较高相似度，而社区之间则差异显著，且高素质、高收入阶层居住区公共服务设施配置优于低素质、低收入居住区，这表明广州城市公共服务设施现状空间布局存在显著的社会分异特征。

7.1.2 转型期城市公共服务设施供给模式综合演变

1）城市公共服务设施供给主体及供给模式多元化演进

随着城市政府职能定位转型和城市管理体制变革，广州城市公共服务设施的供给主体和供给模式实现多元化变革。在供给主体结构上，政府不再是唯一的供给主体，市场企业组织和社会非营利组织成为“新兴”力量参与城市公共服务设施的生产和供给；在供给模式上，基于不同参与主体的主导地位和利益实现机制差异，转型期广州城市公共服务设施供给模式包括政府主导模式(G—G)、市场主导模式(M—M)和社会主导模式(S—S)三种主体类型，以及政府委托市场(G—M)、政府委托社会(G—S)和政府规制下市场主导(M—G)的三种亚类模式；政府—市场—社会(G—M—S)合作联动模式在理论上是协调和实现三方参与主体利益的最佳机制，是转型期城市公共服务设施供给模式重构的方向。

2）供给模式演变中城市政府能动性增强，市场话语权增多，公众影响力有待提升

基于行政体制的分权化改革，地方政府在城市公共服务设施供给过程中的主体能动性增强。为了提高城市竞争力和实现社会经济发展目标，广州城市政府运用多样化的资金来源及不同主体的组合模式，逐步完善公共服务设施空间分布网络。在市场化改革背景下，市场企业组织拥有越来越多的话语权，与政府共同主导城市公共服务设施供给；非营利组织力量薄弱且相关制度设计不健全，公众利益诉求难以有效表达，对服务设施供给决策影响有限，是转型期城市公共服务设施供需矛盾产生的主要原因。

3）转型期供给模式决策机制演变的“路径依赖”特征显著

基于当前社会经济体制转型背景，城市公共服务设施供给模式具有显

著的双重性特征。一方面在城市公共服务设施供给过程中引入市场机制和理念,用现代市场企业组织城市公共服务设施供给;另一方面传统计划经济体制特征还广泛存在,城市管制模式也广泛应用于公共服务设施供给制度安排。由于公民意识和市民社会发育不充分,相关利益调整和协调的制度安排不足,使转型期城市政府仍垄断大部分公共服务设施供给决策,这是传统城市管制体制下公共服务设施供给模式的延续。因此,转型期城市公共服务设施供给模式决策机制演变的路径依赖特征显著。

4)转型期城市公共服务设施供给模式的体制内监督失效、公众参与不足

改革开放以来的社会经济体制转型,使政府、公民及企业的自主能力都发生根本性变化,从根本上影响了服务设施的供需特征。城市公共服务设施供给过程不再是政府公共部门根据国民经济计划进行封闭式决策的过程,而是在供给决策及相关运行机制安排中接受全方位监督的一个开放式供给过程,接受体制内外相关政策和公众的监督。但由于相关体制和制度不完善,且缺乏有效的监督实施机制,公共部门在法定程序执行过程中存在"越轨"行为,致使体制内监督失效。另一方面,我国公民社会仍处于发育发展阶段,非营利组织力量薄弱,参政、议政、维权意识仍有待提高,对公共部门监督乏力,对公众参与引导不足。

7.1.3 转型期供给模式形成体现了结构—能动性互动机制

"结构—能动性"范式能够有效解释转型期城市公共服务设施供给模式演进的内在机理。结构对转型期城市公共服务设施供给模式产生的影响主要表现为政府制度安排的变革。通过引入市场机制及社会参与,构建转型期城市公共服务设施供给模式下新的制度环境,将其与传统制度下的体制运行空间容量限制一起构成转型期城市公共服务设施供给模式变革所面临的结构性制约。市场、社会及公众具有维护和实现自身利益诉求的主体能动性,形成了结构性制约背景下的能动机制。因此,城市公共服务设施供给模式变革,是社会、公众及市场对转型期供给模式形成所面临的固定结构做出的能动性反映,其本质就是转型期不同利益主体间的利益冲突和协调过程,体现了结构与能动性的互动特征。

7.1.4 基于新公共服务理论基础的供给模式重构

1)城市公共服务设施供给模式转型负面效应显著

转型期背景下,广州城市政府推动下的公共服务设施供给模式多元化

变革有利于丰富服务设施供给类型，提高供给效率和服务效益；但经济建设政府范型下的供给模式变革也产生诸多负面效应，主要体现在：在主体结构上，政府与市场主导城市公共服务设施供给，公众诉求难受尊重；公权与资本相结合使城市公共服务设施供给与需求相脱节；决策机制上，市场机制作用下城市公共服务设施供给空间分布不公平，基础性公共服务设施供给中的政府投资不足；供给模式决策机制上公众参与制度设计不合理，公共服务设施供给过程缺乏有效监督。转型期供给模式变革的负面效应是供给模式重构的现实基础。

2）政府主导嵌入式网络化的城市公共服务设施供给模式构建

公共服务型政府及城市治理管理体制是现代公共行政管理发展的必然趋势。公共服务型政府的起点在于对公民权利的尊重和保护，要从功能上转变为基于公众需求的公共服务提供者。政府主导嵌入式网络化城市公共服务设施供给模式，就是在政府主导的公共服务设施供给过程中，通过嵌入非营利组织志愿精神和营利组织的高效率功能，在提高城市公共服务设施供给效率的同时，保证公众需求意愿的表达和公共利益的保护，以维护公共服务设施供给的公平、有效。城市公共服务设施供给机制重构的关键是协调政府、市场和非营利组织的利益定位和实现机制，通过规范政府、企业和非营利组织的行为，促成城市治理主体的网络一体化。

7.2 研究创新

7.2.1 主要创新点

1）研究对象及主题创新

本书将城市公共服务设施作为单独研究对象，构建供给模式研究的系统框架，丰富了转型期“非经济”层面社会问题的理论研究。

城市公共服务设施是城市社会性服务业依托载体，是城市公共资源的重要组成部分，其相关研究散见于城市地理和城市规划等相关研究领域，直接以公共服务设施为对象的系统研究尚不多见；政治学、行政管理、社会学等学科的相关研究重在从宏观视角分析城市公共服务供给的整体背景和特征，不涉及具体地域空间、具体设施类型的供给特征和模式演进。因此本文将城市公共服务设施单独出来作为研究对象，综合研究其供给主体及相应制度设计的演变及动力机制，在研究对象和研究主题上具有创新性。同时，转型期城市公共服务设施系统研究有助于进一步认识社会分层和空间极化背景下城市生活空间结构和社会空间分异规律,有利于维护社会公共资源均等分配和社会公正,丰富转型期"非经济"层面问题的理论研究。

2)研究视角创新

本书从供给主体利益协调机制变革的视角研究供给模式转型,注重供给模式演进过程的研究。

城市公共服务设施的现有研究重在空间分布评价及规划实践探讨,而对现状格局及特征形成过程解释不足。本文将供给模式界定为供给主体结构及相应制度设计两个子系统,注重转型前后不同供给模式下参与主体的行为机制、协调过程及制度设计,从参与主体角色转换上把握供给模式演进过程。在对转型期前后供给模式理论探讨的基础上,基于利益相关者理论分析现实案例中参与主体的行为机理,从微观视角考察公共服务设施供给过程。因此,通过宏观与微观分析、历史演进与现实机理相结合,综合分析公共服务设施供给模式特征及演进过程。

3)理论方法创新

本书基于新公共服务理论重构转型期城市公共服务设施供给模式。

公共管理从本质上具有公共性和合理性的双重属性,其中公共性是公共管理的基础属性,合理性是手段,属工具属性。从传统的公共行政到新公共管理理论,其根本目的在于追求公共管理的工具属性,而忽略属于根本性的公共属性。因此传统的城市管制模式及当前的城市经营模式的目的在于追求运行机制效率,而新公共服务理论以人本主义、民主和公民权理论为基础,追求社会公众、公共利益及社会多元价值。以新公共服务理论为基础,确立公众需求导向的公共服务设施供给目标,重组由政府公共部门及市场企业组织及社会非营利组织构成的供给主体结构,构建政府主导嵌入式网络化的供给机制,实现转型期城市公共服务设施供给模式重构,以上为转型期城市公共服务设施合理有效供给提供了理论基础。

7.2.2 研究不足与展望

1)对不同阶层社会群体的城市公共服务设施利用选择的主观能动性特征分析不足,有待结合问卷调查进一步研究

本书从公共政策与制度分析视角探讨了转型期城市公共服务设施供给模式演变及其动力机制。虽然在案例分析过程中也集中关注了个体参与者在供给模式中的功能角色,但研究视角总体上较为宏观,对社会阶层分化背景下不同社会经济属性的居民公共服务设施利用及选择差异仍分析不足。因为不同社会阶层群体空间分布及其行为机制,是影响公共服务设施空间

分布的重要因素，对分析转型期城市公共服务设施供给空间布局的社会分异具有重要意义，因此需要进一步研究。

2）对不同区域、不同类型的服务设施供给模式对比研究有待进一步深入

城市公共服务设施类型多样，其供给模式及供给特征受区域发展背景和发展特征影响，具有地域差异性。公共服务设施供给受区域社会经济发展水平影响。政府职能定位的不同决定了公共服务设施供给模式特征的地域差异性。由于时间及资料的获取程度，本书仅以广州为案例分析了公共服务设施供给模式的历史演进及机制特征，未来将对处于不同经济发展水平区域的公共服务设施供给模式进行对比研究。另外，不同类型的城市公共服务设施具有显著的功能差异，本书虽对医疗、教育设施进行了案例分析，但对城市居民生活有重要影响的商业及文化娱乐等设施的分析尚未涉及，需进一步研究。

附录一　案例调研过程及资料获取情况

1）花都撤点并校案例调研

花都区中小学撤点并校案例调研分两个阶段：2009 年 12 月 15～18 日是第一阶段，分街镇收集中小学规模、布点及调整相关资料，并走访代表性学校；第二阶段是 2010 年 1 月 12～14 日，是在第一阶段的基础上选取三个代表性学校做重点访谈，并在新华、碳步及赤坭选取三个年级共 10 个班做问卷调查，深入了解不同的相关主体在撤点并校过程中的功能特征及态度（表附 1-1、表附 1-2）。

表附 1-1　花都区中小学撤点并校案例调研

第一阶段：

<table>
<tr><th>时间</th><th>地点</th><th>访谈人员</th><th>资料收集</th></tr>
<tr><td>2009-12-15
上午</td><td>花东镇</td><td>庚主任
139 **** 0133</td><td rowspan="8">① 中小学基本情况
② 中小学撤点并校政策背景及实施进展
③ 中小学撤并程序及家长态度
④ 常住人口变化情况及外来人口变化情况
⑤ 教育工作总结、工作报告（2005—2009）
⑥ 教育发展十二五规划设想
⑦ 外来人口子女入学情况
⑧ 中小学社会办学情况及问题
⑨ 中小学教育发展面临的实际问题及现行对策（如撤并后的校舍、师资及校车问题）
⑩ 典型学校走访</td></tr>
<tr><td>2009-12-15
下午</td><td>梯面镇</td><td>苏老师
135 **** 8061</td></tr>
<tr><td>2009-12-16
上午</td><td>炭步镇</td><td>汤主任
135 **** 2596</td></tr>
<tr><td>2009-12-16
下午</td><td>赤坭镇</td><td>骆主任
139 **** 3996</td></tr>
<tr><td>2009-12-17
上午</td><td>花山镇</td><td>黄主任
139 **** 5110</td></tr>
<tr><td>2009-12-17
下午</td><td>狮岭镇</td><td>彭委员
136 **** 1681</td></tr>
<tr><td>2009-12-18
上午</td><td>新华街</td><td>徐主任
139 **** 8216</td></tr>
<tr><td>2009-12-18
下午</td><td>雅瑶镇</td><td>邓主任
137 **** 7338</td></tr>
</table>

续表 1-1

第二阶段:			
2010-01-12 上午	花都教育局(时间 1.5 小时)	曾科长 135 **** 3692 黄干事 136 **** 6915	(1) 学校撤并程序 (2) 从三级办学到两级办学对投入结构的影响 (3) 中小学撤并时政府的态度及行动策略 (4) 调查问卷问题商讨
2010-01-12 下午	新华街新红棉小学(时间 1 小时)	常校长 135 **** 6222	(1) 新建红棉小学的考虑因素 (2) 撤并学校对招生范围的影响 (3) 撤并后学校发展面临的问题及相关思考 (4)发放问卷
2010-01-12 下午	碳步镇第二小学(时间 1 小时)	宋主任 137 **** 2282	(1) 学校撤并前后学生规模变化 (2) 撤并后教学设施配套及使用情况 (3) 撤并学校效果,学生及家长态度 (4) 发放问卷
2010-01-13 上午	赤坭镇白坭小学(时间 1.5 小时)	任校长 135 **** 3665	(1) 撤并学校对就学影响 (2) 撤并学校的影响范围 (3) 当前学校面临的问题 (4) 撤并后校舍及校车配套现状及设想 (5) 发放问卷
2010-01-14 上午	花都区规划分局	江工 189 **** 6300	(1) 学校撤并后的土地权属问题 (2) 撤点并校后片区中心新建或扩建学校的用地规划 (3) 花都区中小学布点现状图

表附 1-2　花都区各街镇中小学民办学校名单(共 26 所)

街镇	名　称	小学生人数(人)	初中生人数(人)	学校占地面积(m^2)	生均占地面积(m^2)	可容纳班级数(个)
新华	雅宝学校	705	928	98 579	60	26
	和兴学校	713	382	16 800	15	32
	东晖学校	1 296	704	26 300	13	47
	新晖学校	1 240	378	12 680	8	36

续表 1-2

街镇	名　称	小学生人数(人)	初中生人数(人)	学校占地面积(m^2)	生均占地面积(m^2)	可容纳班级数(个)
新华	英才学校	516	141	6 000	9	15
	新星学校	784	422	12 000	10	30
	博知中英文学校	1 300	306	28 000	17	50
	华明学校	1 253	444	20 000	12	50
	凤凰中英文学校	1 104	323	12 000	8	47
	新华金华小学	953		7 671	8	21
	新都小学	516		16 000	31	20
花山	创英中英文学校	389		10 000	26	—
	东骏学校	885		34 000	38	—
	花都区新蓝天学校	632	180	20 000	25	—
	嘉信学校	541		12 650	23	—
花东	花东镇智元学校	876		22 000	25	32
	花东镇华元学校	880		28 900	33	24
	莘田中英文学校	850		12 300	14	18
狮岭	花都区华丰学校	1 192		12 500	10	34
	花都区明珠学校	1 073	260	15 300	11	35
	花都区志才学校	1 264	344	12 875	8	42
	花都区新芙蓉学校	703		13 332	19	17
炭步	花都区华晨学校	1 413	900	18 600	8	48
赤坭	花都区智海学校	537		13 300	25	25
雅瑶	花都区崇文学校	643	228	13 800	16	25
	阳光中英文学校	651	324	23 000	24	27

2）番禺垃圾焚烧发电厂选址案例调研

番禺垃圾焚烧发电厂选址案例调研主要涉及华南板块业主、选址周边的会江村和谢村村民及番禺规划分局的工作人员，围绕选址事件发生过程、反烧反建过程中不同主体之间的关系等问题展开深入访谈，获取了案例研究的第一手资料(表附 1-3)。

表附 1-3　选址案例调研

时间	地点	访谈人员	资料收集
2009-11-28 星期五 2009-11-29 星期六	大石镇会江村 钟村镇谢村	会江村村委会梁主任 原住居民 外来务工人员 小摊贩	会江村垃圾填埋场建设历程 周边村民的知晓程度 周边村民的态度 周边村民的反对方式
2009-12-2 星期三 2009-12-4 星期五	华南碧桂园 丽江花园 南国奥园	业主杨先生 135 **** 6069 宋女士、王先生 李先生	业主"反建反烧"事态发展过程 业主"反建反烧"的出发点及行动方式 业主与开发商在反建反烧过程中的关系 博弈过程中的业主、政府和媒体的关系
2009-12-12 星期六	番禺规划分局	杨工 QQ:997406841 136 **** 0615	番禺垃圾焚烧发电厂的选址历程 规划局选址考虑的出发点和依据
2009-12-13 星期天	番禺规划分局	张主任 QQ:56554667 139 **** 1205	番禺垃圾焚烧发电厂的选址历程 番禺垃圾焚烧发电厂的选址规划图 番禺近期重点项目分布图 番禺最新村镇边界图 选址中周边居民的意见反映及政府的处理态度

3) 越秀区卫生局调研和资料收集

在同门郭环局长的引荐下,我分别于 2009 年 12 月 15 日和 2010 年 4 月 20 日两次到越秀区卫生局调研,收集资料和访谈,在写作过程中也曾多次电话联系相关人员。访谈对象是医政科何文力科长(13719004999)和办公室李姐(13710809203)。在访谈过程中,我了解了越秀区医疗服务设施布局现状、营利性医疗服务机构的申报程序、监管重点及鼓励政策等,并有机会与现场申报医疗服务机构的办事人员交流。通过访谈,我获取了新中国成立以来越秀区医疗服务机构成立名册(1949—2009 年 12 月),这是了解不同时期越秀区医疗服务机构规模、所有制形式、经营性质的最珍贵资料。部分(前 2 页,共 9 页)名册如下(表附 1-4)。

表附 1-4　医疗机构一览表

机构名称	地　址	开业时间	经营性质	所有制形式
广州友谊集团股份有限公司医疗室	广州市环市东路 369 号	1978-03-01	非营利性（非政府办）	股份制
民生医院	广州市越秀北路 209 号	2009-04-10	非营利性（非政府办）	股份制
广州市越秀区杨箕村卫生站	广州市杨箕泰兴直街 13 号	2003-01-01	非营利性（非政府办）	集体
广州市吴琛养老院医务室	广州市北京南路同庆坊 20 号	2008-06-25	非营利性（非政府办）	其他
中铁二十五局集团有限公司机关医务室	广州市中山一路 55 号	1994-09-01	非营利性（非政府办）	其他
广东省佛教协会慈善中医诊所	广州市德政北路 427、429 号首层	2004-12-01	非营利性（非政府办）	其他
广东国际大酒店医务室	广州市环市东路 339 号 B2 层	1991-06-01	非营利性（非政府办）	其他
广信江湾新城大酒店医务室	广州市沿江东中路 298 号 C 座夹层	1992-07-01	非营利性（非政府办）	其他
广东亚洲国际大酒店医务室	广州市环市东路 326 号	2003-01-01	非营利性（非政府办）	其他
广晟酒店集团有限公司卫生所	广州市五羊新城江月路 11 号	2000-01-01	非营利性（非政府办）	其他
广州市金德安养老院医务室	广州市海珠北路书同巷 35 号	2008-03-01	非营利性（非政府办）	其他
广州凯旋华美达大酒店医务室	广州市明月一路 9 号	2005-09-01	非营利性（非政府办）	其他
广州花园酒店医务室	广州市环市东路 368 号	2005-01-01	非营利性（非政府办）	其他
广州市第二十一中学医务室	广州市环市东路天胜村 16 号	1954-09-01	非营利性（非政府办）	全民
广州市恒福中学医务室	广州市恒福路 250 号；广州市水荫一横路 38 号	2007-01-01	非营利性（非政府办）	全民

续表 1-4

机构名称	地　址	开业时间	经营性质	所有制形式
广州市第二建筑工程有限公司卫生所	广州市法政路50号	1953-08-01	非营利性（非政府办）	全民
广州市儿童福利会幼儿园医务室	广州市烟墩新街20号	1988-08-01	非营利性（非政府办）	全民
广州市第七中学医务室	广州市烟墩路28号	1997-04-01	非营利性（非政府办）	全民
广州市知用中学卫生室	广州市解放北路百灵路83号	1950-09-01	非营利性（非政府办）	全民
广州市第一幼儿园医务室	广州市越秀区北校场路5号一楼	1951-09-01	非营利性（非政府办）	全民
广州市第二幼儿园医务室	广州市三育路10号	1954-09-01	非营利性（非政府办）	全民
广州市赵秀区东方幼儿园医务室	广州市寺贝通津15号	1956-09-01	非营利性（非政府办）	全民
广东省交通医院厅机关卫生所	广州广九三马路七号大院10号首层	2003-01-01	非营利性（非政府办）	全民
广东省第三建筑工程公司医务室	广州市环市中路323号103房	1988-03-01	非营利性（非政府办）	全民
南方医科大学第三附属医院第二门诊部	广州市环市东路邮电新村中街门号	1980-08-01	非营利性（非政府办）	全民
广东实验中学医务室	广州市中山四路51号	1961-08-01	非营利性（非政府办）	全民
广东省育才幼儿院二院医务室	广州市越秀区农林东路26号	1954-09-10	非营利性（非政府办）	全民
广东华侨中学保健室	广州市起义路158号	1996-12-01	非营利性（非政府办）	全民
广东物资集团公司卫生所	起义路175号	1956-03-01	非营利性（非政府办）	全民
广东省药物研究所第一附属门诊部	广州市人民北路452号	2005-01-01	非营利性（非政府办）	全民

续表 1-4

机构名称	地 址	开业时间	经营性质	所有制形式
广州市疾病预防控制中心预防医学门诊部	广州市中山三路23号	2004-01-12	非营利性（非政府办）	全民
广州市供销合作总社医务室	广州市大沙头二马路12号五楼	1997-04-01	非营利性（非政府办）	全民
广州市八一实验学校保健室	广州市达道西路5号	1997-04-01	非营利性（非政府办）	全民
广州市培正中学保健室	广州市培正路2号	1989-12-01	非营利性（非政府办）	全民
广州市红棉大酒店医务室	广州市环市西路184号	1986-03-01	非营利性（非政府办）	全民
广州市第八十二中学医务室	广州市西华路捶帽巷28号	1977-09-01	非营利性（非政府办）	全民
广州市北园酒家职工医务室	广州市小北路202号	1970-01-01	非营利性（非政府办）	全民
广州大学实验中学医务室	广州市解放北路桂花路11号	1986-08-01	非营利性（非政府办）	全民
广州大厦医务室	广州市北京路374号8楼	1999-04-01	非营利性（非政府办）	全民
广州市贸易职业高级中学医务室	广州市中山六路瑞兴新街7号	1956-08-01	非营利性（非政府办）	全民
广州百货大厦医务室	广州市北京路295号	1991-02-01	非营利性（非政府办）	全民
中国科学院广州能源研究所医务室	广州市先烈中路81号大院	1978-06-01	非营利性（非政府办）	全民
广州日报报业集团卫生所	广州市人民中路同乐路10号	1900-01-02	非营利性（非政府办）	全民
广州市第八十五中学保健室	广州市文德东路2号	1997-01-01	非营利性（非政府办）	全民
广州市第十三中学医务室	广州市文德路83号	1997-04-01	非营利性（非政府办）	全民

续表 1-4

机构名称	地　址	开业时间	经营性质	所有制形式
广州市育才中学医务室(高中部)	广州市福今路 2 号	1951-02-01	非营利性(非政府办)	全民
广州市第七十九中学医务室	广州市大沙头四马路 11 号	1968-10-01	非营利性(非政府办)	全民
广州市第四十中学保健室	广州市东华西路海月西街 5 号	1958-09-01	非营利性(非政府办)	全民
华厦大酒店医务室	广州市侨光路 8 号	1994-11-19	非营利性(非政府办)	全民
广州市第三中学保健室	广州市大新路 163 号	1950-02-01	非营利性(非政府办)	全民
广州市越秀外国语学校卫生室	广州市盘福路 98 号	1954-09-01	非营利性(非政府办)	全民
广州市东环中学医务室	广州市东风东路 755 号	1985-09-01	非营利性(非政府办)	全民
广州市第二公共汽车公司医务室	广州市环市西路 158 号	1977-09-01	非营利性(非政府办)	全民
广州机电集团(控股)有限公司医务室	广州市大德路 187 号机电大厦	1957-01-01	非营利性(非政府办)	全民
广州市五羊中学保健室	广州市寺右新马路五羊中学内	1986-09-01	非营利性(非政府办)	全民
广州市建筑集团有限公司医疗室	广州市广卫路 4 号 308 房	1987-06-01	非营利性(非政府办)	全民
中铁二十五局集团广州铁路工程有限公司卫生所	广州市桂花岗东 2 号	1970-11-01	非营利性(非政府办)	全民
广州市长堤真光中学医疗室	广州市长堤 348 号	1963-09-01	非营利性(非政府办)	全民
广州市地下铁道总公司卫生所	广州市中山五路 219 号 16 楼	1993-10-01	非营利性(非政府办)	全民
广州市第三十四中学卫生室	广州市解放中路 468 号	1956-08-01	非营利性(非政府办)	全民

续表 1-4

机构名称	地　址	开业时间	经营性质	所有制形式
广州市第十七中学医务室	广州市小北路216号	1954-09-01	非营利性（非政府办）	全民
广州卫生学校医务室	广州市人民北路604号	1950-08-01	非营利性（非政府办）	全民
广州大学桂花岗校区医务所	广州市解放北路桂花岗东1号	1978-03-01	非营利性（非政府办）	全民
广州市第三十七中学医务室	广州市惠福西路甜水巷31号	1960-12-01	非营利性（非政府办）	全民
广州市第十中学医务室	广州市高费街素波巷30号广州市回龙路6号	1953-06-01	非营利性（非政府办）	全民
广州市公用事业高级技工学校医务室	广州市东华南路162号	1998-11-01	非营利性（非政府办）	全民
广州市珠江实业集团有限公司医务室	广州市环市东路371-375号世贸大厦南塔28楼医务室	1985-07-01	非营利性（非政府办）	全民
中国工商银行广州市分行医务室	广州市大沙头路29号工银大厦5楼	1991-01-01	非营利性（非政府办）	全民
广州动物园医务室	广州市先烈中路120号	1971-03-01	非营利性（非政府办）	全民
广州市第一建筑工程有限公司卫生所	广州市建设六马路3号	1972-02-01	非营利性（非政府办）	全民
广州纺织品进出口公司医务室	广州市东风中路438号广德大厦	1980-05-01	非营利性（非政府办）	全民
中国农业银行广东省分行营业部医务室	广州市环市东路338号9楼	1989-03-01	非营利性（非政府办）	全民
广州市第十六中学医务室	广州市中山二路37号	1953-01-01	非营利性（非政府办）	全民
广州大学附属中学医务室	广州市黄华路6号	1983-09-01	非营利性（非政府办）	全民

续表 1-4

机构名称	地　址	开业时间	经营性质	所有制形式
广州市美术中学医务室	广州市东风东路580号	1997-01-01	非营利性（非政府办）	全民
广州市育才中学东校区医务室	广州市中山一路水均南街21号	1997-01-01	非营利性（非政府办）	全民
广州铁路疾病预防控制中心门诊部	广州市广园西路28号1、4楼	2005-12-01	非营利性（非政府办）	全民

附录二　广州公共服务设施专项调查数据库的数据结构

1) Metlab 环境下大型城市公共服务设施空间隔离计算程序

```
clc
clear all;

xllcorner=30770.947875977;
yllcorner=21277.86328125;
cellsize=100;

nrows=337;
ncols=364;
center=load('D:\data\GAO\data\jiedao_center.txt');
facility=load('D:\data\GAO\data\dashangwangdian.txt');

xBase=xllcorner+cellsize/2;
yBase=yllcorner+cellsize/2;

x1=xBase;
y1=yBase+(364-1)*cellsize;
xy_center=[];
xy_facility=[];
for i=1:337
    for j=1:364
        if center(i,j)~=-9999
hang=i;
            lie=j;
            hang_x=(hang-1)*cellsize;
lie_y=(lie-1)*cellsize;
            x=xBase+hang_x;
```

```
                y=yBase+lie_y;
    xy_infor=[center(i,j) x y];
                xy_center=[xy_center;xy_infor];
            end
        end
    end

    [N,M]=size(xy_center);
    if N~=116
        errordlg('Every individual in population is the same! Ending Evolution!','Wrong Population');
    end

    count=0;
    for i=1:nrows
        for j=1:ncols
            if facility(i,j)~=-9999
                count=count+1;
            end
        end
    end
    nn=0;
    for i=1:nrows
        for j=1:ncols
            if facility(i,j)~=-9999
    nn=nn+1;
                hang=i;
                lie=j;
    hang_x=(hang-1) * cellsize;
                lie_y=(lie-1) * cellsize;
                x_f=xBase+hang_x;
                y_f=yBase+lie_y;
    xy_infor_f=[facility(i,j) x_f y_f];
                xy_facility=[xy_facility;xy_infor_f];
```

```
            end
        end
    end
    dis_info=[];
    for i=1:116
        centerPoint=xy_center(i,2:3);
        for j=1:count
            facilityPoint=xy_facility(j,2:3);
            dist=sqrt((centerPoint(1)-facilityPoint(1))^2+(center-
Point(2)-xy_facility(2))^2);
            dis=[xy_center(i,1),xy_facility(j,1),dist];
    dis_info=[dis_info;dis];
    end
    end

    save D:\data\GAO\data\resualt. txt dis_info-ASCII
```

2）数据结构

请见下面横页。

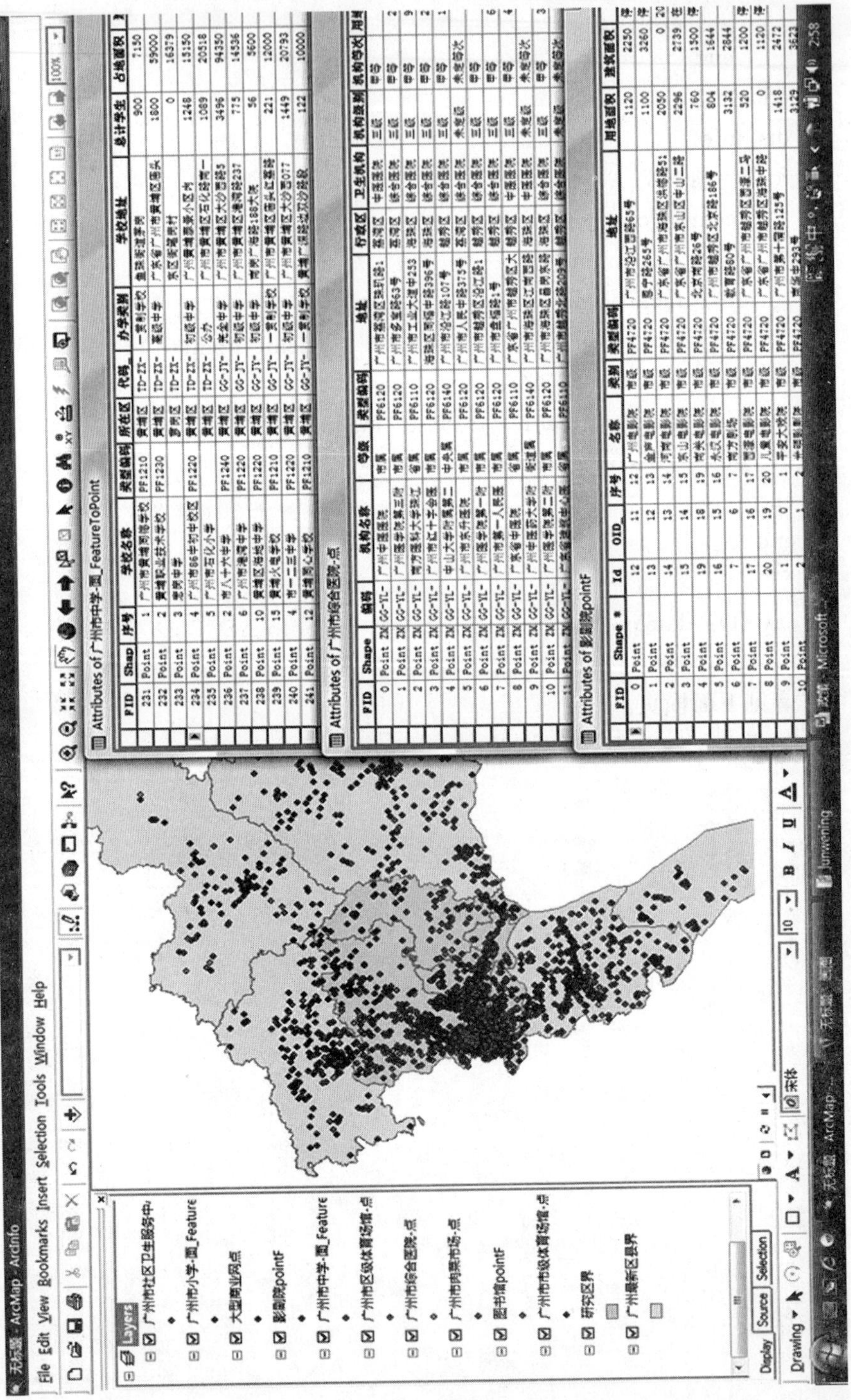
无标题 - ArcMap - ArcInfo
File Edit View Bookmarks Insert Selection Tools Window Help
Layers
广州市社区卫生服务中心
广州市小学_面_Feature
大型商业网点
影剧院pointF
广州市中学_面_Feature
广州市区级体育场馆.点
广州市综合医院.点
广州市肉菜市场.点
图书馆pointF
广州市市级体育场馆.点
研究区界
广州最新区县界
Display Source Selection
Attributes of 广州市中学_面_FeatureToPoint
Attributes of 广州市综合医院.点
Attributes of 影剧院pointF
Drawing

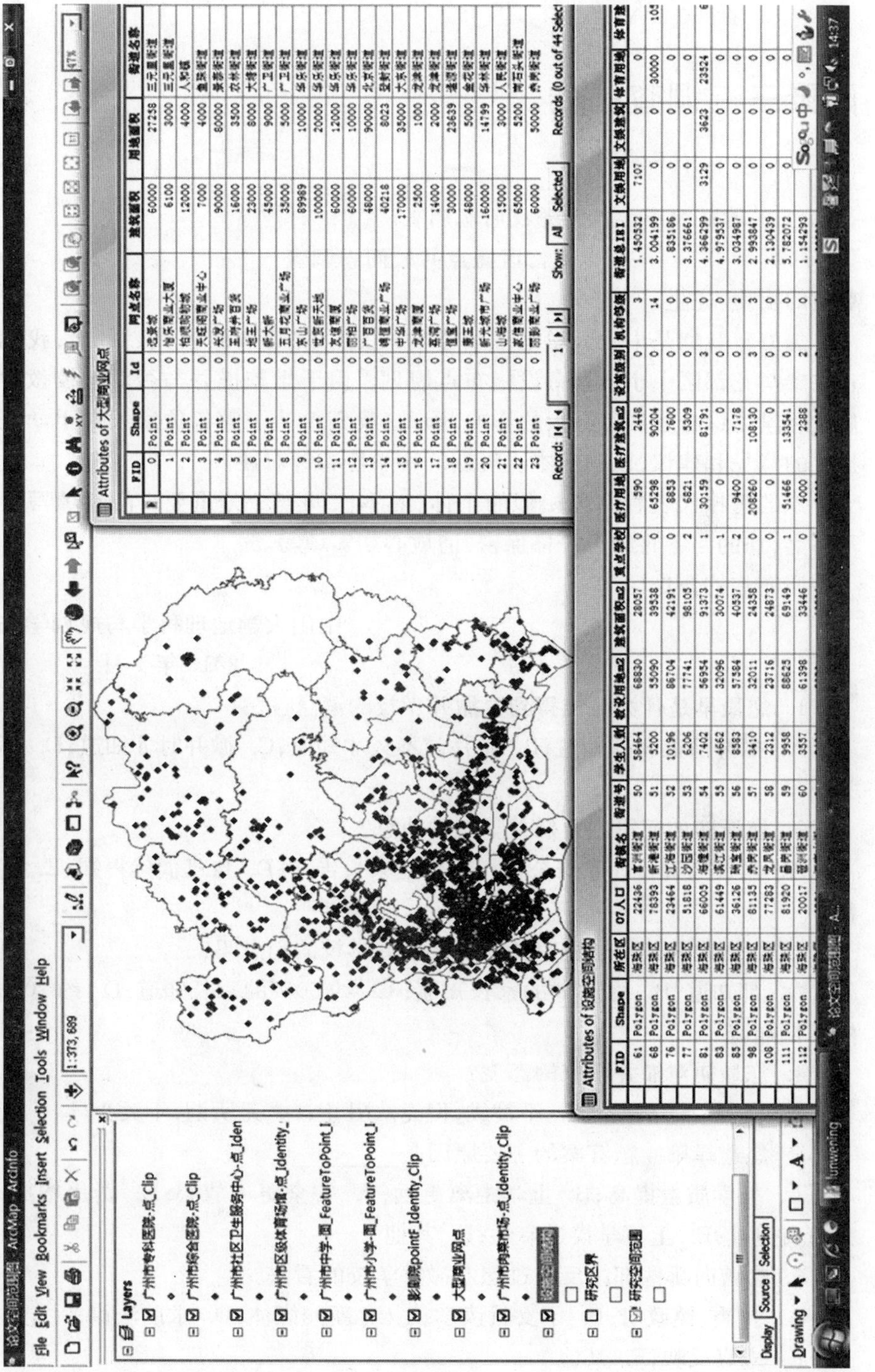
论文空间范围图 - ArcMap - ArcInfo
File Edit View Bookmarks Insert Selection Tools Window Help
Layers
广州市专科医院-点_Clip
广州市综合医院-点_Clip
大型商业网点
研究区界
研究空间范围
Attributes of 大型商业网点
Attributes of 设施空间结构
Drawing

附录三 调查问卷

1）花都区中小学撤点并校问卷调查

花都区撤点并校问卷调查

尊敬的女生/先生：

您好！我们是中山大学地理科学与规划学院的调研人员。目前，我们正在参与花都区中小学教育设施布点规划。由于学校撤并与否对学校教学质量和学生综合发展有重大的影响，因此，我们希望了解各位家长对于学校撤并的意见和建议，以确保本次规划的科学性和针对性。

您的选择代表着许多相似的个体，对本次调查十分重要。问卷填写不用署名，您的回答将给予严格保密，请放心如实填写。

谢谢您的合作！

中山大学地理科学与规划学院

2010 年 1 月

1. 您最早是什么时候得到要撤并学校的消息？

A. 撤并前很早就知道；B. 撤并前不久才知道；C. 撤并时才知道；D. 不关心

2. 您最初如何得到要撤并学校的消息？

A. 学校通知；B. 政府公告；C. 其他家长告知；D. 自己偶然得知；E. 其他

3. 您周边的其他学生家长知道要撤并学校的消息吗？

A. 都知道；B. 约 80%的家长知道；C. 约 50%的家长知道；D. 约 20%的家长知道

4. 您最初对撤并学校的态度？

A. 支持；B. 反对；C. 不赞成，但无法阻止；D. 无所谓，不关心

5. 您选择第 4 题答案的主要原因是________

A. 教学质量提高；B. 上学距离更远；C. 安全更不放心；D. 费用增加，家庭负担重；E. 上下学接送麻烦；F. 其他

6. 您曾向哪些部门反映过您对撤并学校的看法？

A. 村委、镇政府；B. 子女就读学校；C. 新闻媒体；D. 求助法律；

E. 未有反映；F. 其他

7. 您向相关部门反映意见的效果如何？

A. 较满意；B. 效果一般；C. 基本没有效果；D. 完全没有效果

8. 您所在居住地政府对学校的撤并方式________

A. 反复沟通说服群众后撤并；B. “先高后低”分年级逐步撤并；

C. 政府安排好相关事情后撤并；如提供校车、饮食补助等；D. 限期强制撤并

9. 有关部门如何处理您及其他学生家长的意见？

A. 沟通协商；B. 置之不理；C. 强制推进

10. 您觉得学校撤并后子女就读学校教学质量较撤并前________

A. 更好；B. 更差；C. 没有明显变化

11. 学校撤并后您子女的就学距离变化？________

A. 增加，约________公里；B. 不变；C. 减少，约________公里

12. 学校撤并前后，您子女上下学方式有什么变化？

撤并前，您的子女上下学交通方式：________

撤并后，您的子女上下学交通方式：________

13. 学校撤并对您子女就学费用的影响？

A. 增加：平均________元/月；B. 基本不变；C. 减少：平均________元/月

14. 您周边有无因学校撤并而到城区其他优质学校就读的孩子？

A. 有，很多；B. 有，较少；C. 基本没有；D. 根本没有

15. 您周边有无因学校撤并而到民办学校就读的孩子？

A. 有，很多；B. 有，较少；C. 基本没有；D. 根本没有

16. 您周边有无因学校撤并而辍学的孩子？

A. 有，很多；B. 有，较少；C. 基本没有；D. 根本没有

17. 您认为导致学校撤并的原因有哪些？请写在下面的横线上。

____

18. 您的居住地：________镇/街________村/居委会

19. 您的家庭月收入约：________

A. 300 元以下；B. 300～500 元；C. 500～1 000 元；D. 1 000 元以上

20. 您的最高学历：________

A. 初中以下；B. 初中毕业；C. 高中毕业；D. 大学毕业

问卷编号：________

（由问卷回收人员填写）

2）广州城市绿地系统规划公众抽样调查问卷

广州市城市绿地系统规划公众抽样调查问卷

尊敬的女士/先生：

您好！广州市绿地系统规划希望得到您的支持和参与，让我们共同为建设“宜居城市”和“花园城市”出谋划策。您的回答将给予严格的保密，请安心做答，感谢协助。

广州市城市规划勘测设计研究院、广东工业大学

2009.4

Q1～Q9 您对绿地现状的评价和使用

Q1. 您对广州整体绿化现状的评价：(单选)

	很不满意	不满意	一般	满意	很满意
① 综合感受					
② 绿地的分布均匀程度					
③ 绿地养护管理的质量					
④ 绿化树种选择的合理性					

Q2. 您对不同类别绿地的评价：(单选)

	很不满意	不满意	一般	满意	很满意
① 您居住地点附近的家庭绿化、中心花园					
② 广州的街旁绿化，如街头小广场					
③ 各种公园，如越秀公园、儿童公园、动植物园					
④ 风景名胜区、森林公园，如白云山、大夫山					

Q3. 您认为 2000 年以来，广州绿地建设对城市环境的改善：(单选)

① 绿地增加显著，环境明显改善 ② 绿地局部增加，但改善不明显 ③ 绿地变化不大，环境没改变 ④ 绿地减少，环境质量下降

Q4. 您日常主要的休闲方式：(最多选 3 项)

① 看电视 ② 逛街 ③ 走亲访友 ④ 逛公园 ⑤ 运动娱乐 ⑥ 看书看报 ⑦ 上网 ⑧ 旅游 ⑨ 其他

Q5. 您去公园最主要的目的是：(最多选 3 项)

① 呼吸新鲜空气　② 散步观光　③ 陪小孩或老人　④ 棋牌、歌舞等活动　⑤ 运动锻炼　⑥ 学习调研、增长知识　⑦ 社交、联谊或商务　⑧ 其他

Q21～Q32 您的基本资料

Q21. 性别：

① 男性　② 女性

Q22. 年龄(岁)：

① 20 以下　② 20～29　③ 30～39　④ 40～49　⑤ 50～59　⑥ 60 及以上

Q23. 职业类别：

① 未就业或退休人员　② 公司、企业或服务业等一般工作人员　③ 公司、企业或服务业等管理人员，教师及科研人员，公务员　④ 金融、保险、房地产、高科技公司人员、专业人员(会计、律师、医生)、演艺人员等

Q24. 受教育程度：

① 高中及以下　② 大专　③ 本科　④ 研究生及以上

Q25. 家庭月收入(元)：

① 2 000 以下　② 2 000～5 000　③ 5 000～10 000　④ 10 000～20 000　⑤ 20 000 以上

Q26. 家庭状况：

① 单身　② 有配偶无子女　③ 有配偶及 0～12 岁子女　④ 有配偶及 13～18 岁子女　⑤ 有配偶及 18 岁以上子女

Q27. 您的户籍：

① 广州本地户口　② 非本地户口

Q28. 您在广州居住时间：

① 半年以下　② 半年～5 年　③ 5 年以上

Q29. 您的住房状况：

① 单间　② 两房一厅　③ 三房一厅或二厅　④ 四房及以上

Q30. 您现在所居住的住房属于：

① 租住　② 单位提供福利房　③ 自建　④ 个人购买

Q31. 您的住地是：

① 可自由出入的开放社区　② 限社区人员出入的封闭社区

Q32. 您的住址：广州市________区________路(街道)________(小区/楼盘)

访问结束，谢谢！☺

注:本套问卷是受广州城市规划勘测设计研究院委托,由广州工业大学江海燕老师(作者的同门师姐)组织学生完成问卷调查和统计过程,问卷按中心城区 106 条街道常住人口总规模 1‰比重发放,共回收有效问卷 3 594 份。因本论文研究需要,我参与此套问卷的设计及部分街头调查,最后获取了问卷调查统计结果中的人口社会经济属性数据,结合广州城市公共服务设施专项调查数据库,完成了广州中心城区城市公共服务设施空间分布社会分异研究。问卷完成于 2009 年 4 月,问卷首页及社会经济属性部分(尾页)如上。

参考文献

[1] Allard. S. W. 2004. Access to social services: The changing urban geography of poverty and service provision[J]. Metropoltan Policy program, 1-19.

[2] Allen. R. 2007. Allocating Pupils to Their Nearest Secondary School: The Consequences for Social and Ability Stratification [J]. Urban Studies, 44(4): 751-770.

[3] Andrews. R. 2007. Civic Culture and Public Service Failure: An Empirical Exploration[J]. Urban Studies, 44(4): 845-863.

[4] Bank. W. 1995. Colombia Local Government Capacity: Beyond Technical Assistance[M]. Washington. D C: World Bank. 45.

[5] Barbosa. O, J. Tratalos. 2007. Who Benefits from Access to Green Space? A Case Study from Sheffield[J]. UK: Landscape and Urbanplanning, (83): 187-195.

[6] Batley. R. 1996. Public-Private Relationships and Performance in Service Provision[J]. Urban Studies, 33(4): 723-751.

[7] Baum. S, R. Hassan. 1993. Economic Restructuring and Spatial Equity: a Case Study of Adelaide[J]. Journal of Sociology, 29: 151-172.

[8] Bennetta. J. , E. Ioss. 2006. Building and managing facilities for public services[J]. Journal of Public Economics, 90(10): 2143-2160.

[9] Cooper. L. 1963. location—Allcation Problems [J]. Operations Reasearch, 11(3): 33-343.

[10] Cox. K. R. 1984. Social change, turf politics and concepts of turf polities[J]//A. Kirby, P. Knox, S. Pinch. Public Service Provision and Urban Development. London: Croom Helm, 283-315.

[11] Cummins. S, S. Macintyre. 2002. A systematic study of an urban foodscape: the price and availability of food in Greater Glasgow[J]. Urban Studies, 63(39): 2115-2130.

[12] Dixi. A. 1997. Power of Incentives in Private versus Public Organization[J]. The American Economic Review, 87(2): 278-384.

[13] Ennis. F. 2003. Infrastructure provision and the urban environment [M]//Infrastructure Provision and the Negotiating Process. Aldershot: Ashgate Publishing: 18.

[14] Erkip. F. B. 1997. The distribution of urban public service: the case of parks and recreational services in Ankara[J]. Cities, 14(6):353.

[15] Faguet. J. 2004. Does decentralization increase government responsiveness to local needs? Evidence from Bolivia[J]. Journal of Public Economics, (88): 867-893.

[16] Ferris. J. M. , E. Graddy. 1994. Organizational choices for public service supply[J]. Law, Economics&Organization, (10):126-141.

[17] Fisman. R. , R. Gatti. 2000. Decentralization and Corruption: Evidence across Countries [J]. Working paper. Washington. D C: World Bank:2290.

[18] Francois. P. 2003. Not-for-Profit Provision of Public Services[J]. The Economic Journal, 113 (Marc):C53-C61.

[19] Geoffrey. 2000. Reconsidering the legacy of urban public facility location theory in human geography[J]. Progress in Human Geography, 24(1):47-69.

[20] Gibbs, Jonas. 2000. Governance and regulation in local environmental policy: the utility of a regime approach[J]. Geoforum, (31):299-313.

[21] Hansmann. H. 1988. Ownership of the Firm[J]. Journal of Law, Economics and Organization, 4(2):267-304.

[22] Hare. T. S. , H. R. Barcus. 2007. Geographical accessibility and Kentucky's heart-related hospital services[J]. Applied Geography, 27 (7):181-205.

[23] Harpham. T. 2009. Urban health in developing countries: what do we know and where do we go? [J]. Health & Place, 15(5):107-116.

[24] Hart J. T. 1971. The inverse care law. Lancet, 297(7696):405-412.

[25] Harvey. D. 1973. Social justice and the city[M]. London: Edward Arnold.

[26] Harvey. D. 1992. Social justice, postmodernism and the city[J]. International Journal of Urban and Regional Research, (16):588-601.

[27] Hillsdon. M, J. Panter. 2006. The relationship between access and quality of urban green space with population physical activity [J]. Public Health, 120 (15):1127-1132.

[28] Ibem. E. O. 2009. Community-led infrastructure provision in low-income urban communities in developing countries: A study on Ohafia [J]. Nigeria Cities, 26(3): 125-132.

[29] Jahan. S. T. 2000. Distribution of Public Facilities in Dhaka, Bangladesh: A Spatial Analysis[J]. Bulletin of the Faculty of Human Development, 7: 865-874.

[30] James. E. 1983. How Nonprofits Grow: A Model[J]. Journal of Policy Analysis and Management, 2(3): 350-365.

[31] James. E. 1993. Why Do Different Countries Choose a Different Public-Private Mix of Educational Services[J]. The Journal of Human Resources, 28(3): 571-592.

[32] Jarir, S, Dajani. 1973. Cost studies of urban public services[J]. Land Economics, 49(4): 479-483.

[33] Johan, Mackenbach. 1997. Measuring the magnitude of socio-economic inequalities in health-an overview of available measures illstrated with two examples from Europe Soc[J]. Sci. Med, 44(6): 757-771.

[34] Johnstone. R. J. 1994. Dictionary of Human Geography Third Edition [M]. Oxford Basil Blackwell: 22.

[35] Jones. B., C. Kaufman. 1974. The Distribution of Urban Public Services: A Preliminary Model [J]. Administration and Society, 6 (3): 337-360.

[36] King. C., Stivers. C. 1998. Government is US: Public Administration in an anti-Government Era[M]. Thousand Oaks: Sage Publications.

[37] Kinman. E. L. 1999. Evaluting health services equity at a primary care clinic in Chilimarca Bolvia[J]. Social Science & Medicine, 49(5): 663-678.

[38] Kirwan. R. M. 1989. Finance for urban public infrastructure[J]. Urban Studies, (26): 285-300.

[39] Knox. P. L. 1979. The accessibility of primary care to urban patients: a geographical analysis[J]. Journal of the Royal College of General Practitioners, (29): 160-168.

[40] Knox. P. L. 1980. Measures of Accessibility as Social Indicators: A Note[J]. Social Indicators Research, (7): 367-377.

[41] Knox. P. L. 1982. "Residential structure, facilities location and pat-

terns of accessibility" //K. Cox, R. J. Johnston. Conflict, Politics, and the Urban Scene[M]. London: Longman: 63-85.

[42] Kontodimopoulos. N, P. Nanos. 2007. Balancing Efficing of Health Services and Equity of Access in Remote areas in Greece[J]. Health & Place, 76(1):49-57.

[43] Kunzmann. K. R. 1998. Planning for Spatital Equity in Europe[J]. International Planning Studies, 3(1):101-121.

[44] Kwan. M. P, A. T. Murray. 2003. Recent advances in accessibility research: Representation , methodology and applications[J]. Geographical Systems, (5):129-138.

[45] Linbererry. R. L. 1977. Equality and Urban Policy [M]. London: Berverly Hills, 69.

[46] Lineberry. R. L. , R. E. Welch. 1974. who gets what: measuring the distribution of urban public services. Social Science Quarterly, 3(54): 700-712.

[47] Lotfia. S. , M. Javad. 2009. Measuring objective accessibility to neighborhood facilities in the city (A case study: Zone 6 in Tehran, Iran) [J]. Cities, 26(3):133-140.

[48] Luo. W. , F. Wang. 2003. Measures of spatial accessibility to health care in a GIS environment: synthesis and a case study in the Chicago region[J]. Environment and Planning B, 30(56):865-884.

[49] Macintyre. S. , L. Macdonald. 2008. Do poorer people have poorer access to local resources and facilities? Thedistribution of local resources by areadeprivation in Glasgow, Scotland[J]. Social Science & Medicine, 67:900-914.

[50] Maontgomery, Hewett. 2005. urban poverty and health in developing countries: household and neighborhood effects [J]. Demograhpy, 42 (3):397-425.

[51] Mcallister d. m. 1976. equity and efficiency in public facility[J]. Geographical Analysis, 8(1):47-63.

[52] Meier, K. J. , J. Joseph Stewart. 1991. The Politicsof Bureaucratic Discretion: Educational Access as an Urban Service [J]. American Journal of Political Science, 35(1):155-177.

[53] Michalos, A. C. , B. D. Zumbo. 1999. Public Services and The Quali-

ty of Life[J]. Social Indicators Research,(48):125-156.

[54] Miranda. R. A. ,I. Tunyavong. 1994. Patterned Inequality?: Reexamining the Role of Distributive Politics in Urban Service Delivery[J]. Urban Affairs Review,(29):509-534.

[55] Omer. I. 2006. Evaluating accessibility using house-level data:A spatial equity perspective[J]. Computers, Environment and Urban Systems,(30):254-274.

[56] Panter. J,A. Jones. 2008. Equity of Access to Physical Activity Facilities in an English City[J]. Preventive Medicine,46(6):303-307.

[57] Pearce,Witten. 2006. Neighbourhoods and health: a GIS approach to measuring community resource accessibility[J]. Epidemiol Community Health,60(31):389-395.

[58] Pearce. J,D. Dorling. 2006. Increasing geographical inequalities in health in New Zealand, 1980—2001[J]. International Journal of Epidemiology,35(3):597-603.

[59] Pooler. J. A. 1995. The Use of Spatial Separation in the Measurement of Transportation Accessibility[J]. Transportation Research,29(6):421-427.

[60] Powell. M,G. Boyne. 2001. The Spatial Strategy of Equality and the Spatial Division of Welfare[J]. Social Policy & Administration Ission, 35(2):181-194.

[61] A. Pred. City systems in advanced societies[M]. London: Hutchinson. 1977.

[62] Rich. R. C. 1979. Neglected Issues in the Study of Urban Service Distribution:a Research Agenda[J]. Urban Studies,(16):143-156.

[63] Rondinelli,Cheema. 1983. Decentralization in Developing Countries: A Review of Recent Experience. Staff working paper[J]. Washington. D C:World Bank:581.

[64] Samuelson. P. A. 1954. The Pure Theory of Public Expenditure[J]. The Review of Economics and Statistics,(36): 387-389.

[65] Savas. E. S. 1978. On Equity in Providing Public Services Management Science,24(8):800-808.

[66] Savas. E. S. 2006. Privatization and public-private partnership[EB/OL]. http://www.cesmadrid.es/documentos/Sem200601_MD02_

IN. pdf.

[67] Simone, Bishop. 2004. Spatial-temporal model for demand and allocation of waste landfills in growing urban regions Computers[J]. Environment and Urban Systems, 28(4): 353-385

[68] Smith, C. A. 1984. Locating Natural Neighbours in the Urban Community[J]. Area, (10): 102-110.

[69] Sugden. R. 1984. Reciprocity: The Supply of Public Goods Through Voluntary Contributions [J]. The Economic Journal, 94 (376): 772-787.

[70] Talen. 1997. The social equity of urban service distribution: an exploration of park access in Pueblo, Colorado, and Macon, Georgia. Urban Geography, 18 (33): 521-541.

[71] Tanser, F. , B. Gijsbertsen. 2006. Modelling and understanding primary health care accessibility and utilization in rural South Africa: An exploration using a geographical information system[J]. Social Science & Medicine, 63(18): 691-705.

[72] Teitz. M. B. 1968. Toward a theory of public facility location[J]. Papers of the Regional Science Association, (21): 35-51.

[73] Tsou. K. W, Y. T. Hung. 2005. An accessibility-based integrated measure of relative spatial equity in urban public facilities[J]. Cities, 22(6): 424-435.

[74] Wang. F. , W. Luo. 2005. Assessing spatial and nonspatial factors for healthcare access: towards an integrated approach to defining health professional shortage areas[J]. Health & Place, 11(2): 131-146.

[75] Watt. G. 2002. The inverse care law today [J]. Lancet, (360): 252-254.

[76] Witten. K, R. Hiscock. 2008. Neighborhood access to open spaces and the physical activity of residents: a national study [J]. Preventive Medicine, 47(4): 299-303.

[77] Wong. D. W. S. 2008. A local multidimensional approach to evaluate changes in Segretion[J]. Urban Geography, 29(5): 455-472.

[78] Young. D. 2000. Alternative Modles of Government-nonprofit Sector Relations: Thoretical and International Perspective[J]. Nonprofit and Voluntary sector quarterly, (29): 149-172.

[79] Zhang. T., H. Zou. 1998. Fiscal decentralization, public spending, and economic growth in China[J]. Journal of Public Economics,(67): 221-240.

[80] 艾大宾,王力. 2001. 我国城市社会空间结构特征及其演变趋势[J]. 人文地理,16(2):7-12.

[81] 保罗·诺克斯,史蒂文·平齐. 2005. 城市社会地理学导论[M]. 北京:商务印书馆:330.

[82] 蔡彤. 2005. 公共物品供给模式选择与政府行为负外部性的防范[J]. 经济管理,376(12):92-97.

[83] 陈静敏,张研. 2002. "双向互动"机制——推动社区服务设施建设的根本途径[J]. 规划师,(9):32-36.

[84] 陈为邦. 2005. 城市规划应该成为公共政策[J]. 城市,(2):3-6.

[85] 陈伟东,张大维. 2007. 中国城市社区公共服务设施配置现状与规划实施研究[J]. 人文地理,97(5):29-34.

[86] 陈燕萍. 2000. 论居住区相关设施配置指导体系的改革[J]. 建筑学报,(4):54-56.

[87] 陈振明. 2000. 走向一种"新公共管理"的实践模式——当代西方政府改革趋势透视[J]. 厦门大学学报(哲学社会科学版),(2):24-30.

[88] 程文,赵天宇. 2003. 城市边缘区大型公共设施的规划[J]. 城市问题,111(1):29-32.

[89] 戴维·奥斯本,特德·盖布勒. 2008. 改革政府:企业家精神如何改革公共部门[M]. 上海:上海译文出版社:116.

[90] 登哈特·罗伯特. 2003. 公共组织理论[M]. 北京:中国人民大学出版社:162-200.

[91] 登哈特·罗伯特,登哈特·珍妮特. 2002. 新公共服务:服务而不是掌舵[J]. 中国行政管理,(10):50-59.

[92] 董礼胜,等. 2007. 中国公共物品供给. 北京:中国社会出版社:9.

[93] 杜德斌,崔裴,等. 1996. 论住宅需求、居住选址与居住分异[J]. 经济地理,16(1):82-91.

[94] 樊丽明. 2005. 中国公共品市场与自愿供给分析[M]. 上海:上海人民出版社:11.

[95] 范炜. 2004. 城市居住用地区位研究[M]. 南京:东南大学出版社:130.

[96] 方俊. 2008. 政府与第三部门相互关系存在的问题与破解. 岭南学刊,(5):80-83.

[97] 方茜,陈妍. 2008. 准公共品与 PPP 模式——PPP 模式在城市交通设施建设领域的应用[J]. 规划师,20(1):73-75.

[98] 方远平,闫小培. 2008. 西方城市公共服务设施区位研究进展[J]. 城市问题,158(9):87-92.

[99] 冯云廷,骆德武. 2007. 论城市公共服务的有效供给——政府与民间投资的互补性贡献与制度安排[J]. 财经问题研究,235(6):52-57.

[100] 傅高义. 2008. 共产主义下的广州:一个省会的规划与政治. 广州:广东人民出版社:63.

[101] 高鸿业,吴易风. 1990. 当代西方经济学[M]. 北京:经济科学出版社:251.

[102] 高尚全. 政府应从全能转变到高质高效. 第一财经日报. http://finance. sina. com. cn /review / 20060102 /13202244241. shtml.

[103] 顾朝林. 2002. 城市社会学[M]. 南京:东南大学出版社:25.

[104] 广州地方志编纂委员会. 1995. 广州市志(第三卷)· 广州城市建设[M]. 广州:广州出版社:44.

[105] 广州地方志编纂委员会. 1995. 广州市志(第十四卷)· 文教卫生. 广州:广州出版社:63.

[106] 广州市财政局通讯组. 1956. 广州地区基本建设工作中存在的问题[J]. 中国财政,(1):29-30.

[107] 广州市基本单位普查领导小组办公室. 1999. 广州市基本单位情况分析[M]. 广州:中国统计出版社:160.

[108] 韩艾军. 2003. 公共产品理论与市场化改革. 陕西师范大学学报(哲学社会科学版),32(5):37-41.

[109] 何剑枫. 2000. 京沪两地居住配套公共服务设施建设方式比较[J]. 北京城市规划建设,(5):92-98.

[110] 侯百镇. 2005. 城市转型:周期、战略与模式[J]. 城市规划学刊,159(5):1-12.

[111] 胡代光,周安军. 1996. 当代西方经济学者论市场经济[M]. 北京:商务印书馆:18-19.

[112] 胡伟. 2001. 城市规划与社区规划之辨析[J]. 城市规划汇刊,(1):24-26.

[113] 花县地方志编纂委员会. 1995. 教育. 广州:广东人民出版社:816.

[114] 黄建中,赖寿华. 2002. 城市基础设施投资策略研究[J]. 城市规划,26(7):77-81.

[115] 黄捷. 2007. 公共设施的设置应满足老龄化社会的需求[J]. 城市,(6):66-69.

[116] 江波. 2001. 体制分析与体制选择——对中国第三产业中的公共服务与准公共服务研究[D]. 广州:华南师范大学博士论文.

[117] 揭艾花. 2000. 计划经济条件下中国城市生活的特殊制度安排[J]. 中共浙江省委党校学报,(4):29-34.

[118] 晋璟瑶,林坚. 2007. 城市居住区公共服务设施有效供给机制研究[J]. 城市发展研究,14(6):95-101.

[119] 李艾芳,李海娜,等. 2005. 居住社区体育设施规划设计的策略研究[J]. 北京工业大学学报,33(2):208-214.

[120] 李丹燕,陈烈. 2001. 城市规划中的以人为本思想[J]. 经济地理,(21):101-105.

[121] 李德华. 2001. 城市规划原理[M]. 北京:中国建筑工业出版社:422.

[122] 李京生,张彤艳. 2007. 上海嘉定区马陆镇社区公共服务设施配套研究[J]. 规划师,23(50):16-19.

[123] 李爽. 2008. 旅游公共服务供给机制研究[D]. 厦门:厦门大学博士论文.

[124] 李秀辉,张世英. 2002. PPP 模式与城市公共基础设施建设[J]. 工程规划,(7):78-81.

[125] 历幡. 1993. 国内外基础设施建设对比研究[J]. 城市经济研究,(1):50-59.

[126] 梁鸿. 1995. 上海医疗设施布局研究[J]. 中国卫生事业管理,83(5):243-247.

[127] 梁江,孙晖. 2006. 计划经济模式的城区中心的城市形态分析[J]. 现代城市研究,(6):46-53.

[128] 廖晓明,黄毅峰. 2005. 论我国政府在公共服务供给保障中的主导地位[J]. 南昌大学学报 (人文社会科学版),36(1):17-22.

[129] 林初昇. 1984. 广州经济发展分析[M]. 广州:广东人民出版社:15.

[130] 林康,陆玉麒,等. 2009. 基于可达性角度的公共产品空间公平性的定量评价方法——以江苏省仪征市为例[J]. 地理研究,28(1):215-226.

[131] 刘冰,张晋庆. 2002. 城市居住空间分异的规划对策研究[J]. 城市规划,(12):36-40.

[132] 刘成. 2005. 体制转轨与经济发展中的政府公共服务供给[J]. 经济研究参考,(25):20-26.

[133] 刘佳燕. 2006. 社会多元化与政府转型情境下的规划模式转变——浅析多伦多新型社会规划[J]. 城市问题,(6):90-95.

[134] 刘佳燕. 2009. 城市规划中的社会规划:理论、方法与应用[M]. 南京:东南大学出版社:2.

[135] 刘佳燕,陈振华. 2006. 北京新城公共设施规划中的思考[J]. 城市规划,30(4):38-43.

[136] 刘佳燕,郑筱津,等. 2007. 公共服务设施规划——以北京昌平新城为例. 北京城市规划建设,(5):42-45.

[137] 刘望保. 2007. 转型期中国城市居住选择与居住分异研究——以广州为例[D]. 广州:中山大学博士论文.

[138] 刘熙瑞. 2002. 服务型政府——经济全球化背景下中国政府改革的目标选择[J]. 中国行政管理,205(7):5-8.

[139] 刘筱. 2004. 转型时期中国公共服务业管治研究——以广州为例[D]. 广州:中山大学博士论文.

[140] 刘筱,闫小培. 2006. 城市公共服务业的供应模式及其与城市管治的关系——以广州为例[J]. 地理研究,25(6):814-825.

[141] 刘钊,郭苏强,等. 2006. 基于 GIS 的两步移动搜寻法在北京市就医空间可达性评价中的应用[J]. 测绘科学,32(1):61-64.

[142] 马清裕,张文尝. 2006. 北京市居住郊区化分布特征及其影响因素[J]. 地理研究,25(1):121-132.

[143] 欧莹莹. 2005. 广州社区养老模式下老年人服务设施研究[D]. 广州:中山大学硕士论文.

[144] 潘文轩. 2006. 城市公共品供给中各级政府事权与财权的划分[J]. 城市问题,137(9):74-81.

[145] 彭涛,王建军,等. 2007. 亚运会背景下广州城市空间模式思考:供需关系的视角[M]. 北京:社会科学文献出版社:354-364.

[146] 彭希哲,梁鸿. 1995. 上海浦东金桥高级生活园区医疗设施布局实证分析[J]. 市场与人口分析,1(3):37-40.

[147] 钱颖一. 2003. 现代经济学与中国的经济改革[M]. 北京:中国人民大学出版社:69.

[148] 申剑,白庆华. 2006. 从城市管理走向城市治理[J]. 上海城市管理职业技术学院学报,(5):46-49.

[149] 史奉羔. 1992. 城市公共设施规划观念的更新[J]. 城市规划,(3):28-33.

[150] 水亚佑. 1991. 美国城市公共基础设施及其资金来源[J]. 国外城市规划,(4):43-47.

[151] 宋英杰. 2007. 从消费属性看我国公用事业产品供给模式选择[J]. 经济改革参考,12(4):164-168.

[152] 苏立琼. 2007. 浅议上海中心城社区公共服务设施规划——以长宁区为例[J]. 上海城市规划,76(5):36-40.

[153] 苏振民,林炳耀. 2007. 城市居住空间分异控制:居住模式与公共政策[J]. 城市规划,(2):45-50.

[154] 孙柏瑛. 2004. 当代地方治理——面向21世纪的挑战[M]. 北京:中国人民大学出版社:198-199.

[155] 孙立平. 2004. 转型与断裂:改革开放以来中国社会结构的变迁[M]. 北京:清华大学出版社.

[156] 孙荣,朱梦佳. 2006. 社会公平与政府责任——公共财政投入义务教育的视角[J]. 马克思主义与现实,(5):133-136.

[157] 孙施文. 1999. 规划的本质意义及其困境[J]. 城市规划汇刊,(2):6-10.

[158] 唐娟,曹富国. 2004. 公共服务供给的多元模式分析[J]. 华中师范大学学报(人文社会科学版),43(2):14-21.

[159] 唐文韬,杨科,等. 2008. 武汉市部分城区药店分布与人口分布的关联性分析[J]. 中国药房,19(16):1274-1277.

[160] 唐子来. 1999. 居住小区服务设施的需求型态趋势推断与实证检验[J]. 城市规划,23(5):32-36.

[161] 陶海燕,陈晓翔,等. 2007. 公共医疗卫生服务的可达性研究[J]. 测绘与空间地理信息,30(1).

[162] 陶小马,孟葵. 2002. 关于城市居住区公共服务设施建设费用合理分摊的若干思考[J]. 价格理论与实践,(5):48-49.

[163] 王嵘嵘. 2004. 转型时期基础设施供给与管治——以东莞为例[D]. 广州:中山大学硕士论文.

[164] 王嵘嵘. 2005. 新时期组团城市中区域性公共服务设施配置新视角——以佛山高明区为例[J]. 人文地理,86(6):92-98.

[165] 王嵘嵘,周春山,等. 2005. 转型时期基础设施供给管治体系研究[J]. 城市规划,29(8):36-41.

[166] 王佃利. 2006. 城市管理转型与城市治理分析框架[J]. 中国行政管理,12 (258):97-102.

[167] 王佃利. 2009. 城市治理中的利益主体行为机制[M]. 北京:中国人民大学出版社,59.

[168] 王考. 2008. 人口老龄背景下广州市老龄公共服务设施配套研究[D]. 广州:中山大学硕士论文.

[169] 王丽莉,田凯. 2004. 新公共服务:对新公共管理的批判与超越[J]. 中国人民大学学报,(5):4-11.

[170] 王青. 2008. 以大型公共设施为导向的城市新区开发模式探讨[J]. (11):47-54.

[171] 王绍光. 2004. 多元与统一:第三部门国际比较研究[M]. 杭州:浙江人民出版社:9-10.

[172] 王松涛,郑思齐,等. 2007. 公共服务设施可达性及其对新建住房价格的影响——以北京中心城为例[J]. 地理科学进展,26(6):78-85.

[173] 王兴中. 2004. 中国城市生活空间结构研究[M]. 北京:科学出版社:116.

[174] 王兴中,高丽. 2008. 大城市中产阶层化与商娱场所的空间结构[J]. 人文地理,100(2):49-56.

[175] 王雅丽,张春艳. 2003. 城市公共设施供给模式的探讨[J]. 新思维,(6):40-41.

[176] 王彦才. 1999. 民办教育上海模式、广东模式、温州模式比较研究[J]. 教育科学,23(3):50-58.

[177] 王于. 1987. 大转变时期[M]. 石家庄:河北人民出版社:45.

[178] 王远飞,张超. 2005. GIS 和引力多边形方法在公共设施服务域研究中的应用——以上海浦东新区综合医院为例[J]. 经济地理,25(6):80-84.

[179] 维基百科. 2009. public services[EB/OL]. http://en.wikipedia.org/wiki/Public_services 2009/12/14.

[180] 魏立华. 2005. 社会经济转型期中国城市社会空间演进机制研究——以广州市 1990—2000 为例[D]. 广州:中山大学博士论文.

[181] 魏立华,卢鸣,等. 2006. 社会转型期中国“转型城市”的含义、界定及其研究构架[J]. 现代城市研究,(9):10-16.

[182] 魏立华,闫小培. 2006. 1949—1987 年(重)工业优先发展战略下的中国城市社会空间研究——以广州市为例[J]. 城市发展研究,13(2):13-20.

[183] 魏立华,闫小培. 2006. 有关“社会主义转型国家”城市社会空间的研究

述评. 人文地理,21(4):50-56.
[184] 王名. 2007. 中国 NGO 的发展现状及其政策分析[J]. 公共管理评论,(6):132-150.
[185] 吴建军,孔云峰,等. 2008. 基于 GIS 的农村医疗设施空间可达性分析——以河南省兰考县为例[J]. 人文地理,103(5):37-43.
[186] 吴启焰,张京祥,等. 2002. 现代中国城市居住空间分异机制的理论研究[J]. 人文地理,17(3):26-31.
[187] 伍装. 2005. 中国经济转型分析导论[M]. 上海:上海财经大学出版社:135.
[188] 席恒. 2003. 公与私:公共事业运行机制研究[M]. 北京:商务印书馆:28-29.
[189] 新华网. 官方智囊披露"十二五"收入调整思路:九种可选途径[EB/OL]. http://news.ifeng.com/mainland/200912/1207_17_1464969.shtml.
[190] 徐清海. 2006. 城市公共设施服务模式的选择和理念的创新[J]. 特区经济,(6):126-127.
[191] 宣莹,陈定荣. 2006. 城市和谐社区公共设施的规划策略——兼议《南京新建地区公共设施配套标准指引》[J]. 城市规划汇刊,62(2):17-22.
[192] 薛德升,李郇. 1995. 广州市未来居住区热点区位分析[J]. 热带地理,(3):57-61.
[193] 阎小培,姚一民. 1997. 广州第三产业发展变化及空间分布特征分析[J]. 经济地理,17(2):41-48.
[194] 杨团. 2001. 社区公共服务设施托管的新模式——以罗山市民会馆为例[J]. 社会学研究,(3):77-87.
[195] 杨震,赵民. 2002. 论市场经济条件下居住区公共服务设施的建设方式[J]. 城市规划,(5):14-20.
[196] 叶可央. 2008. 市场导向下的社区公共服务设施开发模式研究[D]. 上海:同济大学硕士学位论文:34.
[197] 应联行. 2002. 论建立以社区为基本单元的城市规划新体系——以杭州为例[J]. 城市规划,(12):50-54.
[198] 遇大兴,黄为隽. 2000. 居住小区商业服务设施定额标准依据探讨[J]. 规划师,26(1):113-115.
[199] 袁奇峰. 2009. 广州:一个善用体育事件的大城市[J]. 北京规划建设,

(2):77-79.

[200] 袁政. 2007. 城市治理理论及其在中国的实践[J]. 学术研究,(7):50-57.

[201] 张成福,党秀云. 2007. 公共管理学[M]. 北京:中国人民大学出版社:354-355.

[202] 张海凤. 2005. 广州市城市居民居住区位选择研究[D]. 广州:中山大学硕士学位论文:49.

[203] 张京祥,罗震东,等. 2007. 体制转型与中国城市空间重构[M]. 南京:东南大学出版社,31.

[204] 张仁俐,赵旭,等. 2001. 当前居住区公建配套标准的制定[J]. 城市规划汇刊,133(3):42-47.

[205] 张庭伟. 1998. 政府、非政府组织以及社区在城市建设中的作用[J]. 城市规划汇刊,(3):14-21.

[206] 张文忠. 1999. 大城市服务业区位理论及其实证研究[J]. 地理研究,18(3):73-82.

[207] 张晓生. 2006. 城市郊区居住区公共服务配套研究——以广州市郊区居住区为例[D]. 广州:中山大学硕士论文.

[208] 张旭,徐逸伦. 2009. 南京市餐饮设施空间分布及其影响因素研究[J]. 热带地理,29(4):62-68.

[209] 赵广君,吴光伟. 2004. 上海市居住区公共服务设施设置规划——以上海新江湾城规划管理为例[J]. 城市规划汇刊,153(5):59-65.

[210] 赵民,林华. 2002. 居住区公共服务设施配建指标体系研究[J]. 城市规划,26(12):72-76.

[211] 中国(海南)改革发展研究院. 2006. 聚焦中国公共服务体制[M]. //程宇. 多中心治理:一种公共服务的供求均衡范式. 北京:中国经济出版社:339-345.

[212] 周建军. 2000. 论加强市场经济下城市社会公共服务设施规划调控[J]. 上海城市规划,(4):33-36.

[213] 周燕,梁栋. 2005. 国外公共物品多元化供给观念的演进及启示//北京:首届中国科技政策与管理学术研讨会.

[214] 周义程. 2008. 公共事业民营型供给模式:可能性解析[J]. 南京社会科学,11(11):41-49

[215] 周志清. 2008. 城郊结合区域公共服务设施配置的理论思考[J]. 上海城市规划,78(2):7-12.

[216] 诸大建.2002.管理城市发展:探讨可持续发展的城市管理模式[M].上海:同济大学出版社:40.

[217] 诸大建,刘冬华.2005.从城市经营到城市服务——基于公共管理理论变革视角[J].城市规划学刊,160(6):37-41.

[218] 朱健刚.2004.草根NGO与中国公民社会的成长[J].开放时代,(6):36-47.

[219] 邹兵,吴晓莉.2002.也谈市场经济条件下公共设施用地分类的原则[J].城市规划,26(11):80-86.

[220] 邹东涛,秦红.2005.社会公用事业改革攻坚[M].北京:中国水利水电出版社:242.

[221] 左惠.2009.文化产品的公共物品属性及其供给模式选择[J].中州学刊,173(5):79-81.

图片来源

图 1-1　源自：刘佳燕，陈振华. 2006. 北京新城公共设施规划中的思考[J]. 城市规划，30(4)：38-43.

图 1-2 至图 1-3　源自：笔者自绘

图 1-4　源自：Smith, C. A. 1984. Locating Natural Neighbours in the Urban CommunityArea，(10)：102-110.

图 1-5　源自：Simone，Bishop. 2004. Spatial-temporal model for demand and allocation of waste landfills in growing urban regions[J]. Computers, Environment and Urban Systems，28(4)：353-385.

图 1-6　源自：Linbererry, R. L. Equality and Urban Policy[M]. London：Berverly Hills，69.

图 1-7　源自：Maontgomery，Hewett. 2005. Urban poverty and health in developing countries：household and neighborhood effects[J]. Demograhpy，42(3)：397-425.

图 1-8　源自：范炜. 2004. 城市居住用地区位研究[M]. 南京：东南大学出版社.

图 1-9　源自：笔者自绘

图 1-10　源自：张京祥，罗震东，等. 2007. 体制转型与中国城市空间重构[M]. 南京：东南大学出版社.

图 1-11 至图 1-12　源自：朴寅星. 1997. 西方城市理论的发展和主要课题[J]. 城市问题，(1)：46-49.

图 1-13 至图 1-15　源自：笔者自绘

图 2-1　源自：张庭伟. 1998. 政府、非政府组织以及社区在城市建设中的作用[J]. 城市规划汇刊，(3)：14-21.

图 2-2 至图 2-3　源自：《广州四十年》(1949—1988)数据

图 2-4　源自：《广州市志 · 城市建设》(第三卷)

图 2-5　源自：《广州市志 · 城市建设》(第三卷)数据

图 2-6　源自：《广州市志 · 文教卫生》(第十四卷)数据

图 2-7 至 2-9　源自：笔者调研数据

图 3-1　源自：广州城市公共服务设施专项调查数据(2007)

图 3-2 至 3-10　源自:笔者自绘

图 3-11　源自:笔者自摄(海珠区穗花邨)

图 3-12 至 3-24　源自:笔者自绘

图 3-25　源自:广州第五次体育场馆设施普查报告数据(2004)

图 4-1 至 4-2　源自:花县教育设施数据

4-3　源自:笔者自绘

图 4-4　源自:笔者调研数据

图 4-5　源自:笔者访谈资料

图 4-6　源自:笔者自摄

图 4-7　源自:笔者访谈资料

图 4-8　源自:笔者访谈资料,照片为自摄

图 4-9　源自:笔者访谈资料

图 4-10　源自:笔者自绘

图 4-11　源自:广州城市公共服务设施专项调查数据

图 4-12　源自:笔者自绘

图 4-13 至 4-14　源自:笔者访谈资料

图 4-15　源自:越秀区医疗机构统计数据(1949—2009)

图 4-16 至 4-18　源自:笔者自绘

图 4-19 至 4-25　源自:调查问卷数据

图 4-26　源自:笔者自绘

图 4-27　源自:调查问卷数据

图 4-28　源自:广州市花都区统计公报(2000—2009)

图 4-29　源自:笔者自绘

图 4-30　源自:笔者自摄

图 4-31　源自:笔者自绘

图 5-1　源自:笔者自绘

图 5-2　源自:张庭伟. 1998. 政府、非政府组织以及社区在城市建设中的作用[J]. 城市规划汇刊,(3):14-21.

图 5-3　源自:广州第五次体育场地普查数据

图 5-4　源自:《广州市统计年鉴》(2008)数据

图 5-5　源自:广州市花都区统计公报(2000—2009)数据

图 5-6　源自:笔者自绘

图 5-7　源自: 彭涛,王建军,等. 2007. 亚运会背景下广州城市空间模式思考:供需关系的视角[M]. 北京:社会科学文献出版社:354-364.

图 5-8　源自：刘望保. 2007. 转型期中国城市居住选择与居住分异研究——以广州为例[D]. 广州:中山大学博士论文.

图 5-9　源自:笔者自摄

图 5-10　源自:笔者自绘

图 6-1　源自:据访谈资料绘制

图 6-2 至 6-3　源自:笔者自绘

图 6-4　源自:诸大建. 2002. 管理城市发展:探讨可持续发展的城市管理模式[M]. 上海:同济大学出版社.

图 6-5 至 6-6　源自:诸大建,刘冬华. 2005. 从城市经营到城市服务——基于公共管理理论变革视角[J]. 城市规划学刊,160(6):37-41.

图 6-7 至 6-9　源自:王佃利《城市治理中的利益主体行为机制》有改动

图 6-10　源自:笔者自绘

图 6-11　源自:诸大建,刘冬华. 2005. 从城市经营到城市服务——基于公共管理理论变革视角[J]. 城市规划学刊,160(6):37-41.

图 6-12　源自:笔者自绘

表格来源

表 1-1　源自:Jones,Kaufman,1974; Linebery,1974; Savas,1978; Meier, Joseph Stewart,等,1991; Michalos,Zumbo,1999; Jahan. S,T, 2000; Andrews,2007 整理.

表 1-2　源自:刘佳燕. 2009. 城市规划中的社会规划:理论、方法与应用[M]. 南京:东南大学出版社.

表 1-3　源自:樊丽明. 2005. 中国公共品市场与自愿供给分析[M]. 上海:上海人民出版社.

表 1-4　源自:Savas, E. S.. Privatization and public-private partnership// http://www. cesmadrid. es/documentos /Sem200601 _ MD02 _ IN. pdf.

表 1-5　源自:笔者自绘

表 1-6　源自:WorldBank,1995

表 1-7　源自:Geoffrey,2000; 方远平,闫小培,2008,有调整.

表 1-8　源自:笔者整理

表 1-9　源自:笔者自绘

表 1-10　源自: 登哈特 · 罗伯特. 2003. 公共组织理论[M]. 北京:中国人民大学出版社.

表 2-1　源自:王嶝嵘,周春山,等. 2005. 转型时期基础设施供给管治体系研究[J]. 城市规划,29(8):36-41.

表 2-2　源自:林初昇. 1984. 广州经济发展分析[M]. 广州:广东人民出版社.

表 2-3　源自:《广州四十年》(1949—1988)数据

表 2-4　源自:广州市统计年鉴(1981)

表 2-5　源自:据《广州市志 · 城市建设》(第三卷)资料绘制

表 3-1 至表 3-2　源自:笔者自绘

表 3-3 至表 3-10　源自:笔者调研数据

表 3-11　源自:《广州市志 · 城市建设》(第三卷)

表 3-12　源自:戴维 · 奥斯本,特德 · 盖布勒,2008.

表 3-13　源自:笔者自绘

表 3-14 源自:王名.2007.中国 NGO 的发展现状及其政策分析[J].公共管理评论,(6):132-150.

表 4-1 源自:《1996 年以来花都区流动人口的情况》数据

表 4-2 源自:《越秀区医疗机构一览表(1949—2009)》

表 4-3 源自:访谈资料及广州慈善网资料整理

表 4-4 源自:广州市花都区 2008 年预算执行情况和 2009 年预算草案数据

表 5-1 源自: 刘筱.2004.转型时期中国公共服务业管治研究——以广州为例[D].广州:中山大学博士论文.

表 5-2 源自: 邹兵,吴晓莉.2002.也谈市场经济条件下公共设施用地分类的原则[J].城市规划,26(11):80-86.

表 5-3 源自:《广州市志》(第三卷)《广州城市规划志》《广州市城市总体规划(2001—2010)》数据整理

表 5-4 源自:番禺城乡总规数据

表 5-5 源自:广州居民居住区位选择问卷调查数据(张海凤),2005.

表 5-6 源自:刘望保.2007.转型期中国城市居住选择与居住分异研究——以广州为例[D].广州:中山大学博士论文.

表 5-7 源自:《广州年鉴》(2003—2008)数据

表 5-8 源自:广州地方志编纂委员会,1995.

表 6-1 源自:诸大建,刘冬华.2005.从城市经营到城市服务——基于公共管理理论变革视角[J].城市规划学刊,160(6):37-41.

表 6-2 至表 6-3 源自: 诸大建.2002.管理城市发展:探讨可持续发展的城市管理模式[M].上海:同济大学出版社:40.

后记

本书是在我的博士论文基础上修订而成的。回想在中山大学攻读博士学位的三年，心情难以言表，个中苦乐艰辛是我人生中最为宝贵的财富。博士论文得以如期完稿，不仅是我三年寒窗努力的结晶，也凝聚着许多帮助我的人的心血，所有的艰辛和快乐都在这一刻化为我衷心的感谢。

首先衷心感谢导师周春山教授的悉心指导。周老师在论文的选题、调研及修改完善过程中皆倾注了大量的心血和精力，这是论文得以如期完成的最有力支持。周老师不但思维敏捷、高瞻远瞩，且勤勉有加，严于律已，在做人、做事、做学问上都对我言传身教，耐心点拨，点滴栽培，使我获益颇多。师恩难忘，铭记终身！

感谢许学强教授、闫小培教授、薛德升教授及刘云刚副教授在论文写作过程中所提出的宝贵意见和建议，各位老师思维严谨、高屋建瓴，所提意见于我如醍醐灌顶，对论文的修改、完善和提升具有重要的指导作用。感谢李郇教授和朱竑教授，两位老师聪明睿智、平易近人，数次相遇都曾关心论文的进展，让我倍受感动。在论文写作过程中曾有幸向李志刚副教授和林耿副教授请教，非常感谢两位老师在思想观点和研究方法上的启发。感谢周素红副教授对本文写作提出的宝贵建议，以及对我的包容和提携。此外，在中山大学地理科学与规划学院的三年求学时间里，还有幸聆听了司徒尚纪教授、魏清泉教授、保继刚教授、曹小曙教授、袁奇峰教授、彭华教授及吴晓松副教授等多位老师的教诲，诸位老师思路开阔、学识广博、素养精深，且为人谦达，都是我学习的楷模。感谢外审专家对本文提出的中肯意见和评价。在此衷心祝愿各位老师身体健康、美满幸福！

感谢广州市城市规划编制研究中心的吴超部长、魏凌波规划师提供的广州城市公共服务设施专项调查资料，这是本文重要的基础数据；感谢番禺规划分局张志强副主任、杨其海规划师及花都分局江孟璋规划师提供的案例相关资料；感谢花都区教育局曾科长和黄老师帮我安排花都区中小学调研时间和典型学校走访，并参与组织问卷调查过程；感谢越秀区卫生局医政科何文力科长及办公室李姐在百忙中接受我的访谈，并为我提供了宝贵的资料；感谢所有接受访谈和问卷调查的朋友，没有你们的帮助，论文调研就不可能顺利开展！

感谢中山大学地理科学与规划学院的郝登峰书记、游艳老师、李丹燕老师、温一红老师、左珍利老师在三年求学期间给予我在学习、生活及创作上的帮助和支持。

感谢同门江海燕博士为我提供了参与广州中心城区问卷调查和访谈的机会,并在论文写作过程中与我多次沟通,分享研究方法和经验;感谢同门郭环博士帮我联系越秀区卫生局,并争取调研机会;感谢同窗好友张润朋、宋立新、马海涛、罗彦、肖华斌、李鹏、杨廉、孟威、刘萌伟、赵元、王丽娜、吴大放,每次与他们交流和讨论都会有所收获;感谢叶昌东博士在技术上对我的帮助,感谢刘艳艳博士从大洋彼岸帮我收集资料,感谢陈昆仑博士陪我走街串巷跑调研,感谢王龙、张媛媛、罗珂、袁洋、韩文超等师弟师妹帮我录入问卷。正是兄弟姐妹们的倾力相助,才使论文得以如期完成,此份友情,我将永远铭记在心!

感谢我的硕士导师、华中师范大学的龚胜生教授的长期关爱,是他将我引入学术殿堂,并持续督促鼓励我不断前进;感谢曾菊新教授、余斌教授、罗静教授、李家清教授在学习及生活上给予我的莫大帮助,谨报以最崇高的敬意!

感谢教育部人文社会科学青年基金(11YJC008411)、信阳师范学院博士科研启动基金和青年骨干教师项目对本书出版所提供的资助。感谢信阳师范学院城市与环境科学学院的余国忠院长和王义民老师在本书完善过程中所给予的工作支持和生活帮助。

感谢东南大学出版社徐步政和孙惠玉编辑为本书出版所付出的辛勤劳动,正是他们的细心雕琢使体无完肤的稿子逐渐变得能被看懂了,并得以顺利出版。

本书的研究工作和出版离不开父母、爱人和女儿的理解和支持,也正是他们默默的牺牲让我得以安心继续学业,他们始终是我最坚强的后盾。感恩之情,溢于言表!

最后祝愿所有关心、关怀我的老师、同学及亲人一生平安!

高军波

2013 年 5 月